Zeit für die Toskana
33 Traumziele zum Wohlfühlen

Thomas Migge · Mirko Milovanovic

Inhalt

Wie Gott in der Toskana …	6

DER NORDEN — 10

Radeln durch die Renaissance
Florenz per Bicicletta — 12

Kunst, Kakao und Schokolade
Pistoias Maestri della Cioccolata – die besten Italiens — 20

Die Unterschätzte
Prato – ein spannender Platz für Liebhaber der Künste — 24

Bummeln nach Lust und Laune
Lucca – ein wahres Paradies für Flaneure — 28

Natur- und Wanderparadies Garfagnana
Unterwegs in den Wäldern rund um Barga — 34

Dharamsala alla Toscana
Buddha, Lama und das kleine Bergdorf Pomaia — 38

Weißes Gold der Toskana
Carrara und Pietrasanta – Marmorbrüche, Marmormeister — 42

Auf der Suche nach der verlorenen Zeit
Die Kunst des Kurens – Montecatini Terme — 46

Weit mehr als ein schiefer Turm …
Pisas Altstadt – Schatztruhe einer Seehandelsstadt — 50

Baden der feinen Art
Mythos Versilia — 56

Winzer und Aristokraten
Weinparadies Nordtoskana — 62

DER WESTEN — 66

Lebendiges Museum des Mittelalters
Sonnenaufgang in San Gimignano — 68

Alabaster, Sarkophage, Amphitheater
Volterra – geheimnisumwitterte Etruskerstadt — 74

Eine Küste zum Verlieben
Entdeckungen an der Riviera delle Etruschi — 78

Juwelen romanisch-gotischer Baukunst
Massa Marittima – mittelalterliche Musterstadt — 84

Mystik, Legenden und Wunder
Auf den Spuren eines frommen Ritters im Val di Merse — 88

Inseln für jeden Geschmack
Kreuzfahrt durch das toskanische Archipel — 92

Populär und exklusiv zugleich
Weinparadies Westtoskana — 98

DER OSTEN — 102

Großartige Gotik
Siena – die Schöne — 104

Canaiolo, Sangiovese, Malvasia und mehr Dörfer und Burgen an der Strada del Chianti	112
Magie einer Landschaft Die Crete und das Kloster Monte Oliveto Maggiore	116
Wo schon Heilige sich wohl fühlten Bagno Vignoni und die Thermen der Osttoskana	120
Von Medici-Mauern behütet Arezzo – die Stadt großer Söhne und ein Adelspalast	124
Raue unbekannte Toskana Sansepolcro und die Bergklöster	130
Traumblick über das Chiana-Tal Die Mittelalterstädte Cortona und Castiglion Fiorentino	136
Im Garten Eden der Weine Chianti – Weinparadies Osttoskana	140

DER SÜDEN 144

Arme Maremma – tierreiches Biotop Bei den Butteri und im Naturschutzpark Uccellina	146
Kuren wie die Götter Saturnia und die Thermen der Südtoskana	150
Der grüne Berg und das blaue Meer Monte Argentario – mondäne Ferienorte und pure Natur	156
Das toskanische Jerusalem Entdeckungen in der Etruskerstadt Pitigliano	162
Drei Visionen im Val d'Orcia Daniel Spoerris Kunstpark, Pienza und die Abtei Sant'Antimo	166
Weingiganten Montalcino und Montepulciano ringen um die besten Weine	172
Im Reich des Brunello und des Vino Nobile Weinparadies Südtoskana	178

HISTORISCHE HOTELS 182

Stilvoll übernachten auf Bauernhöfen, Burgen und in Schlössern	184
Register	190
Impressum	192

1 Der romantisch gelegene Ort Rocca d'Orcia. 2 Umzug anlässlich des Giostra del Saracino in Arezzo. 3 Taufbecken des Giovanni Vaccà in Volterra. 4 Strandurlaub in Marina dei Ronchi. 5 Salat mit Radicchio, Schafskäse und Trauben. 6 Auf dem Corso von Arezzo trifft man sich. 7 Villa I Bossi bei Arezzo – Ferien in historischen Gemäuern. 8 Familienenfahrt auf der Vespa. 9 Barocke Pracht – der Garten der Medici-Villa Torrigiani bei Lucca. 10 Zuschauerinnen beim Palio in Siena. 11 Zimmer des Royal Victoria Hotels in Pisa. 12 Die Oldtimer-Rallye »Mille Miglia« führt von Brescia durch die Toskana nach Rom.

Wie ein Museum des Mittelalters wirkt San Gimignano. Gleichsam wie aufs Leben selbst blickt man auf einen kleinen Winkel vom Torre Grossa hinab. Juwelen der Stadtbaukunst sind viele Orte der Toskana. Plätze, Gassen, Bauwerke geben sich meist liebenswert und romantisch, oft stolz und herrschaftlich, aber auch zuweilen majestätisch kühl. Immer jedoch beziehen sich die kleinen und großen Plätze auf die Menschen, für die sie Bühne ist. Sie rahmen das Leben ein, werden Schauplätze, um zu sehen und um gesehen zu werden. In diesem großartigen Wechselspiel liegt vielleicht eines der zahlreichen Geheimnisse der Toskana, die man sich so gerne immer wieder neu erschließt.

Wie Gott in der Toskana ...

Es soll Menschen geben, die noch nie etwas von der Toskana gehört haben. Wie viele es genau sind, die zu dieser ungewöhnlichen Spezies von Mensch gehören, ist unklar. Außerhalb Europas, in fremden Kulturkreisen, sind es sicherlich mehr als in Europa oder in den toskanaverliebten Vereinigten Staaten. Man stelle sich vor: Ein solcher Mensch kommt in jene mittelitalienische Region, die sich zwischen der Emilia Romagna und Ligurien im Norden und Latium sowie Umbrien im Süden befindet. Was wird er empfinden?

Eine spannende Frage, denn dieser Besucher aus einer fernen Welt wird das ungemeine Glück haben, ganz unbelastet von positiven und negativen Vorurteilen durch die Landschaft zu reisen und die Kunststädte zu entdecken. Ohne die vielen, die unzähligen Bilder, die wir alle seit unserer Jugend im Kopf haben. Fantastische Bilder: von zypressenbestandenen Alleen, an deren Ende sich herrschaftliche Residenzen erheben, von stattlichen Weingütern, in denen unter azurblauem Himmel glückliche Menschen traumhafte Weine keltern. Von Museen und Städten, die vor Kunst nur so strotzen. Von Renaissance und zahllosen Bildungsgütern, die man auf Klassenreisen abklappern muss. Von gastronomischen Highlights, die von deutschen Feinschmeckermagazinen ständig nachgebetet werden. Begleitet von Fotografien, die wieder und immer wieder Lust auf »la Toscana« machen.

Alle diese Bilder wird der Mensch, der die Toskana nicht kennt, nicht in seinem Kopf haben. Der Glückliche, der nicht immer wieder das Gefühl haben wird, jenen Palazzo oder jene Gegend doch schon irgendwann und irgendwo einmal gesehen zu haben. Auf einer Postkarte oder auf einem Kalenderblatt, in Reiseführern oder Bildbänden oder in Reportagen und Fernsehfilmen.

Die Toskana ist chronisch in und out war sie nie. Jedenfalls nicht, seit die stressgeplagten und zivilisationsmüden Deutschen sich den Mythos vom toskanischen Landleben erschaffen haben.

Ein Mythos, der sich wie ein Virus überträgt. »Die Toskana? Ah, da war ich schon, da muss ich wieder hin!«, und wehe jenen, die Frankreich, das Burgund oder die Provence vorziehen. Verräter sind sie. Verräter an einer Idee, an einem Bild, an einem Mythos, der deutscher nicht sein kann. Was wäre die Toskana ohne die Deutschen? Ohne jene echten und Möchtegern-Aussteiger aus München, Berlin und Herne, die sich zwischen Florenz und Siena niederließen und die Kunde vom köstlichen Leben unter toskanischer Sonne über die Alpen ins wolkenverhangene Germanien brachten.

Auf diese ersten Aussteiger folgten die Toskana-Schickimickis. Politiker, Politbarden und Industrielle, die zu Hobbywinzern wurden. Sie alle sorgten mit ihren prall gefüllten Geldbeuteln dafür, dass die Preise auch für kleinste und total verfallene Bauernhäuser in die Höhe schnellten. Es wurde vor allem schick, im Chianti zu leben. Todschick, und heute gewinnt man eher im Lotto als dort noch einen Stall zum Um- und Ausbauen zu finden. Der große Vorteil dieser vor allem teutonischen und später auch britischen Landflucht ins »Chiantishire«: Die in die Städte und ins Ausland als Gastarbeiter abgewanderten Toskaner wurden durch zahlungskräftige Ausländer ersetzt, die die vielen alten und nun leer stehenden Gebäude und Ortschaften so perfekt restaurierten, dass der Mythos Toskana einen neuen Mythos erzeugte – die Mär von der reichen, der ordentlichen und aufgeräumten Toskana. Kalendertoskana, Hochglanztoskana wie in einschlägigen Zeitschriften.

Auch das ist Toskana, sicherlich, aber nicht nur. Allein schon die Größe dieser Region erlaubt kein Über-einen-Kamm-Scheren. Mit rund 23 000 Quadratkilometern Fläche und ungefähr 3,6 Millionen Einwohnern ist diese Region eine der größten und am wenigsten besiedelten des italienischen Stiefels. Eine Region von so großen landschaftlichen Gegensätzen, dass es einer Todsünde gleichkommt zu behaupten, die Toskana sei so oder so und nicht anders.

Da ist der bergige Apennin mit seinen Beckenlandschaften Garfagnana, Mugello oder auch Valdarno. Da sind die Tufflandschaften im Süden und der Berg Monte Amiata, der sich wie ein isoliert stehender Vulkan in die Höhe reckt. Es gibt zauberhafte Sandstrände an der Küste und die weitgehend unbevölkerte Maremma, die einzige Gegend der Toskana übrigens, in der auch Normalbürger noch ein Häuschen erstehen können. Es gibt Inseln en masse, die zum Teil unbewohnt sind und auf denen Tiere leben, die es woanders nicht mehr gibt.

Berühmt wurde die Toskana erst mit der Renaissance. Mit den Medicifürsten, die sich Stück für Stück die Region erkämpften und als kunstsinnige Mäzene die besten Künstler ihrer Zeit beschäftigten, um ihr Image als skrupellose Herrscher loszuwerden. So gelten die Medici heute als beispiellose Förderer der Künste und nicht mehr als brutale Eroberer.

1 Wohnen im Schloss der Großherzöge: Speiseraum des Castello di Magona in Campiglia Marittima. **2** Zypressenallee bei Pienza. **3** Im letzten Krieg zerstört und liebevoll wieder aufgebaut: der Camposanto in Pisa. **4** Mahl auf der Piazza Chigi Saracini während des Palio in Siena.

Die Geschichte der Toskana begann mit den Etruskern, mit jenem immer noch recht geheimnisvollen Volk, dessen Sprache nur teilweise entschlüsselt ist und dessen Ursprung niemand genau bestimmen kann. Für die einen kamen sie aus Osteuropa, andere wiederum sind davon überzeugt, dass sie mit den Basken verwandt waren. Das ist keine verwegene Theorie, denn Sprachwissenschaftler konnten nachweisen, dass zwischen dem Baskischen und dem Etruskischen große Ähnlichkeit besteht.

Wie auch immer: Die Etrusker schufen die ersten toskanischen Städte. Die meisten dieser Städte wurden später römisch und von den neuen Herren ausgebaut. Die Region teilte das Schicksal des

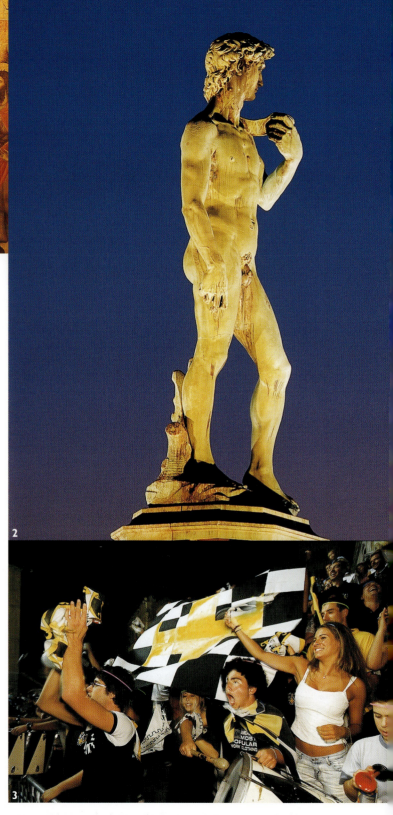

gesamten Römischen Reiches, das heißt: Mit dessen Ende verfielen die Städte in Schutt und Asche oder aber in Anarchie.

Im Mittelalter wurde Tuszien, wie es damals genannt wurde, nacheinander von Ostgoten, von Byzantinern und Langobarden regiert. Letztere machten aus Lucca 568 die Hauptstadt ihres Herzogtums. Seit 774 gaben die Franken den politischen Ton an. Im 11. Jahrhundert waren es die Markgrafen von Tuszien aus dem Hause der Grafen von Canossa (besonders die berühmte Mathilde von Canossa, jene adlige Dame, die den deutschen Kaiser Heinrich IV. 1077 zur Kirchenbuße auf ihrer Burg empfing), die fast die ganze Toskana und die benachbarte Region Emilia unter ihrer Herrschaft vereinigten. Ihr weitläufiges Erbe, die so genannten Mathildischen Güter, war zwischen den Päpsten und den Kaisern heftig umstritten. Eine Zeit lang stand Tuszien sogar unter der Herrschaft der Staufer, die unter Kaiser Friedrich II. ihr Reich von Sizilien aus regierten. Im Zug epochaler politischer und wirtschaftlicher Veränderung errang die Stadt Florenz seit dem 13. Jahrhundert die Vormachtstellung in der Toskana. 1406 warf sie die politisch autonome Seerepublik Pisa nieder und 1555 Siena. Nur Lucca blieb eigenständig. 1737 ging die Toskana an Österreich, genauer gesagt an Franz Stephan von Lothringen, den späteren österreichischen Kaiser Franz I. Als dieser 1765 starb, wurde die Region als so genannte habsburgische Sekundogenitur zum Musterland der europäischen Aufklärung. Folter und Todesstrafe wurden radikal eingeschränkt.

1801 bis 1807 war die Toskana als Königreich Etrurien im Besitz der Herzöge von Parma und Piacenza und schließlich Teil des französischen Imperiums. Napoleons Schwester Elisa Bonaparte wurde 1809 der Titel einer Großherzogin der Toskana verliehen. Nach dem Sturz des französischen Kaisers ging es wieder besonders hoch her in dieser Region. Sie wurde wieder habsburgisch, doch Leopold II. konnte nur im Schutz österreichischer Truppen regieren. 1859 floh der ungeliebte Großherzog und ein Jahr später sprach sich eine Volksabstimmung für den Anschluss der Toskana an das Königreich Piemont-Sardinien aus. Von 1865 bis 1871 war Florenz Hauptstadt des Vereinten Italienischen Königreichs.

1 Mystischer Glanz des Mittelalters: Altarbild von Duccio di Buoninsegna in Siena. **2** Michelangelos »David« auf der Piazzale Michelangelo in Florenz (Original in der Accademia). **3** Jubel beim »Balestro del Girifalco«, Wettkampf der Armbrustschützen. **4** Der »cacio« aus Schafsmilch ist eine traditionelle Käsesorte der Toskana. **5** Villa Torrigiani bei Lucca.

Die Toskana ist ein italienisches Unikum. Hier entstand die italienische Hochsprache und wehe jenen naiven Ausländern, die mit ihrem Volkshochschul-Italienisch daherkommen und davon reden, dass in Zeiten der Globalisierung doch alle Sprachen irgendwie gleich seien. »Per carità!« Um Gottes Willen! Der toskanische Mensch versteht sich als Krone der italienischen Schöpfung. Mit seiner scharfen Intelligenz, seiner eleganten Liebenswürdigkeit, seiner Arroganz und seinem Spöttertum grenzt er sich bewusst vom Rest seiner italienischen Landsleute ab. Ja, für einen Florentiner ist ein Sienese schon ein Fremder, ein anderer, jemand, dem man nicht unbedingt über den Weg traut. Für den Sienesen hingegen sind die Bewohner der Maremma Wilde genauso wie die Menschen in der Maremma mit kritischer Distanz auf die übrigen Toskaner blicken, die sie als kunstverliebt, als künstlich und viel zu abgehoben verurteilen. Sie alle leben zwar in der Toskana, doch bestehen sie auf ihre kommunalen Unterschiede. Damals, als man sich noch gegenseitig mit Waffen bekämpfte, ebenso wie auch heute.

Der Reisende wird von diesen traditionellen Animositäten nicht viel zu spüren bekommen. Er wird fast immer auf freundliche und aufgeschlossene Menschen stoßen, die genau zu wissen scheinen, was deutsche Urlauber wünschen. In den letzten Jahrzehnten hat man sich an die Deutschen gewöhnt, weiß, dass sie liebevoll restaurierte Ortschaften und Weingüter lieben und sich verwöhnen lassen wollen. Vor allem kulinarisch. Auch wenn alle italienischen Regionen in Sachen Wein und Leckereien viel zu bieten haben, so hat doch keine andere den Kult um das Essen und das Trinken so sehr verfeinert wie die Toskana. Von der einfachen Trattoria mit rustikalen Gerichten bis hin zum Michelin-Restaurant: Es schmeckt traumhaft gut. Und dazu reicht man jene wunderbaren Weine: Vom einfachen Landwein bis zu jenen bei Auktionen versteigerten Spitzenweinen ist alles zu finden!

Der Chiantiwein ist so berühmt, dass jeder ihn kennt, aber die wenigsten wissen, was für edle Tropfen es sonst noch zu entdecken gilt. Ob Brunello oder Vino Nobile di Montepulciano, ob Vernaccia di San Gimignano oder ein Carmignano: Seit einigen Jahren produzieren fast alle Winzer ausgezeichnete Qualität – auch für schmale Geldbeutel. Es ist wie mit den Kunstschätzen in der Toskana: Lassen Sie sich einfach treiben und Sie werden viel entdecken. Überraschungen erlebt man besonders auf den kleinen Weingütern, wo man selbst weniger gut betuchte Kunden königlich empfängt.

Ja, in der Toskana residieren im Sommer Stars wie Sting, Dirigenten wie Zubin Metha und gekrönte Häupter wie Beatrix der Niederlande. Ja, die Toskana ist teuer. Aber auch ein elegantes Kleid von Armani oder eine Handtasche von Prada oder auch ein Lancia-Cabrio sind kostspielig. So, wie man sich eine Designerbrille gönnt – wenigstens alle paar Jahre – oder einen gemieteten Rolls-Royce für die Hochzeit, so sollte man doch wenigstens einmal im Leben tief in die Tasche greifen oder das Geld zusammensparen, um wie Herrgott in ... nein, nicht wie in Frankreich, sondern wie in der Toskana zu leben! Der Herrgott, das wissen die Toskaner, kann gar nicht Frankreich gemeint haben, denn er hat sie und ihre Region mit so viel Kunst und Landschaft, mit so viel Leckereien und zauberhaften Orten beschenkt, dass er nur dort und nirgends anders Ferien machen würde.

Wie Gott in der Toskana …

Die Apuanischen Alpen bei der Grotta del Vento.

Der Norden

Radeln durch die Renaissance
Florenz per Bicicletta

Die Kapitale der Kunst lässt sich per Bicicletta individuell und genussvoll erleben: Mit dem Rad findet sich in einer der schönsten Altstädte der Welt leicht das Besondere.

Von einer zentral gelegenen Herberge aus – sagen wir dem »Gallery Hotel Art« – kann man Florenz ausgezeichnet zu Fuß entdecken. Drinnen totaler Minimalismus, trendige Chill-out-Klänge und gedämpfte Musik, draußen das quirlige Leben in und vor den Kulissen einer atemberaubend schönen Architektur.

Ein ganz besonderes Erlebnis, das in der Regel nicht durch hektischen Innenstadtverkehr geschmälert wird, ist jedoch eine Rundfahrt mit dem Bicicletta, dem Fahrrad. Empfehlenswert ist diese hinreichend langsame und flexible Art, um individuell das Besondere zu entdecken. Außerdem ist das Centro storico, das historische Zentrum, fast komplett Pkw-frei, und wo Autos fahren dürfen, müssen sie die Geschwindigkeitsbeschränkungen beachten. Deren Einhaltung wird von den strengen Florentiner Vigili, den Verkehrspolizisten, überwacht. Fahrräder kann man sich an verschiedenen Stellen mieten. Das Fremdenverkehrsbüro gibt darüber gerne Auskunft und auch viele Hotels kennen solche Adressen.

Eine Radtour sollte man mit einer Kaffeestärkung beginnen. Nicht auf der Piazza della Signoria – auch wenn die Cafés dort traumhafte Blicke auf den mittelalterlichen Palazzo della Signoria mit dem alten Turm und die Loggia dei Lanzi aus der Renaissance bieten. Der Genuss jedes Getränks verflüchtigt sich nach der Präsentation des Scontrino, der Rechnung. Die Preise sind inzwischen so gesalzen, dass man diese Adressen entschieden meiden sollte. Reizvoller ist es sicherlich, im »Gilli« an der Piazza della Repubblica den Morgen zu beginnen. Diese Kaffeebar wurde 1733 gegründet, als der Platz noch Markt war. Drinnen am Tresen stehend fühlt man sich wie in einer Ruheoase mitten im Florentiner Trubel. Ausgezeichnet schmeckt hier die heiße Schokolade. Auf diese Weise gestärkt empfiehlt sich die Fahrt durch die Via Tornabuoni. Dicht an dicht stehen hier mächtige Renaissancepaläste. Der Palazzo Strozzi zum Beispiel aus dem 15. Jahrhundert wirkt wie eine Trutzburg. Auch wer an den Wechselausstellungen, die hier gezeigt werden, nicht interessiert ist, sollte sich den eleganten Innenhof anschauen. Nicht

1 In den Boboli-Gärten, dem größten und schönsten Park von Florenz. **2** Der David und andere Skulpturen Michelangelos befinden sich heute im Akademie-Museum. **3** Der Ponte S. Trinità. **4** Von Giottos Campanile aus bietet sich der schönste Blick auf die Domkuppel.

weit entfernt erhebt sich ein anderer Bauriese: Der Palazzo Antinori an der Piazza Antinori wird auch nach Jahrhunderten immer noch von der Familie Antinori bewohnt. Heute sind diese Adligen Topwinzer und keltern einige der besten Tropfen der Toskana. Tropfen, die man im Erdgeschoss des Palazzo in der hauseigenen »Enoteca Antinori« zu toskanischen Gerichten probieren kann.

Durch die Via de' Pecori geht es auf den Domplatz. Achtung vor Fahrrad- und Taschendieben! Der Dom ist die Basilica di Santa Maria del Fiore. Die Kuppel, deren Besteigung in schmalen Gängen zwischen der inneren und äußeren Kuppelschale immer noch ein Erlebnis ist, war mit ihrer Höhe von 91 Metern bis zum Bau der Peterskirche in Rom die größte freitragende Konstruktion im damaligen Europa. Der Blick von der marmornen Kuppellaterne auf Florenz ist umwerfend. Direkt vor dem Dom erhebt sich ein architektonisches Kleinod, das man sich trotz Eintrittsgebühr nicht entgehen lassen sollte. Das Battistero di San Giovanni ist eine reich mit goldglänzenden Mosaiken ausgestattete Taufkapelle, die im romanischen Stil der Toskana errichtet wurde und deutlich zeigt, dass das italienische Mittelalter die Eleganz der klassischen antiken Formensprache nutzte, um seine Bauten zu verschönern. Die Bronzeportale stammen von Lorenzo und Vittorio Ghiberti (1378–1455 und 1416–1496) und stellen biblische Szenen dar. Die »Paradiestür« gilt als Highlight der Renaissancekunst.

Nur wenige Stadtbesucher machen Halt im Museo dell' Opera del Duomo – unbegreiflicherweise! Das Dommuseum zeigt Meisterwerke des 14. und 15. Jahrhunderts. Darunter eine ergreifende Pietà von Michelangelo (1475–1564), eine Muttergottes, die ihren toten Sohn in den Armen hält, und 16 Originalskulpturen aus der Hand des berühmtesten Bildhauers der italienischen Romanik, Andrea Pisano (um 1290–1349). Diese Werke stammen von der Fassade des Glockenturms, an der heute Kopien angebracht sind.

Durch die kerzengerade Via dei Servi erreicht der Radler die Piazza della Santissima Annunziata. Der rechteckige Platz mit seinen Bogengängen aus der Renaissance wirkt ungemein elegant. Rechter Hand erhebt sich das Ospedale degli Innocenti aus dem frühen 15. Jahrhundert mit einer an Madonnendarstellungen reichen Pinakothek. Etwas weiter führt der Weg im Museo Archeologico in die

1 Die Domfassade aus dem 19. Jahrhundert. **2** Monumentale Schlichtheit: Das romanische Baptisterium hielt man in der Renaissance für einen antiken Bau. **3** Florenz birgt die meisten Werke Michelangelos, wie diese Pietà im Dommuseum. **4** Hier befinden sich auch Lorenzo Ghibertis vergoldete Bronzeskulpturen. **5** Die Kuppelfresken im Dom. **6** Die Baptisteriumskuppel mit dem wohl besterhaltenen Goldmosaik Italiens.

14 Der Norden

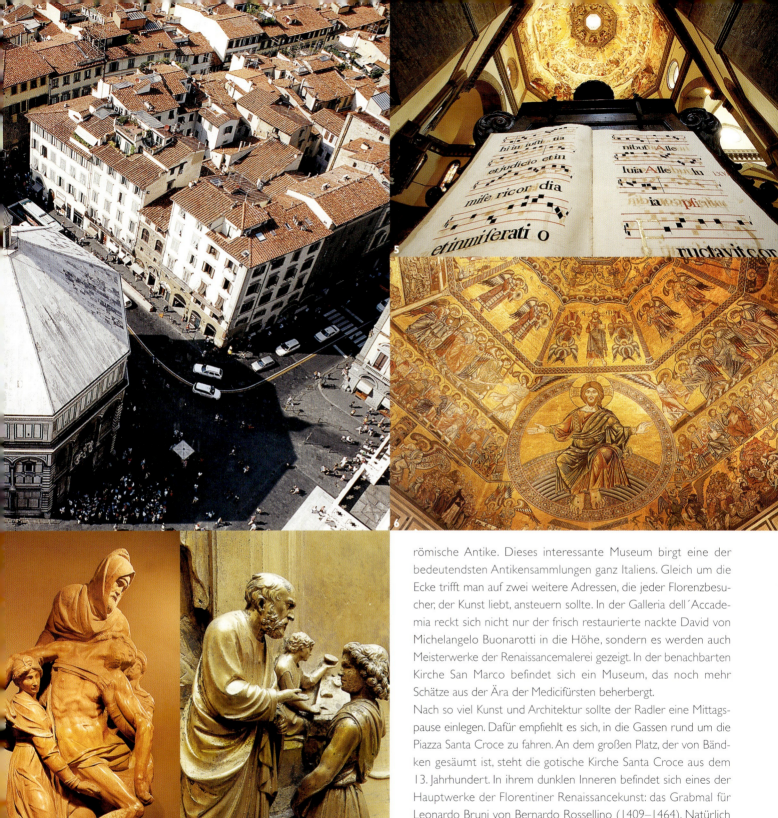

römische Antike. Dieses interessante Museum birgt eine der bedeutendsten Antikensammlungen ganz Italiens. Gleich um die Ecke trifft man auf zwei weitere Adressen, die jeder Florenzbesucher, der Kunst liebt, ansteuern sollte. In der Galleria dell´Accademia reckt sich nicht nur der frisch restaurierte nackte David von Michelangelo Buonarotti in die Höhe, sondern es werden auch Meisterwerke der Renaissancemalerei gezeigt. In der benachbarten Kirche San Marco befindet sich ein Museum, das noch mehr Schätze aus der Ära der Medicifürsten beherbergt.

Nach so viel Kunst und Architektur sollte der Radler eine Mittagspause einlegen. Dafür empfiehlt es sich, in die Gassen rund um die Piazza Santa Croce zu fahren. An dem großen Platz, der von Bänkken gesäumt ist, steht die gotische Kirche Santa Croce aus dem 13. Jahrhundert. In ihrem dunklen Inneren befindet sich eines der Hauptwerke der Florentiner Renaissancekunst: das Grabmal für Leonardo Bruni von Bernardo Rossellino (1409–1464). Natürlich gibt es auch noch viele andere Meisterwerke und natürlich verfügt auch sie über ein eigenes Museum, das Museo dell'Opera di Santa Croce mit der traumhaft schönen Cappella Pazzi von Baumeistergenie Filippo Brunelleschi (1377–1446). Diese sollte man unbedingt besichtigen.

Florenz 15

Das »Baldovino« ist eine zünftige Trattoria, in der es neben einer ausgezeichneten Pizza auch deftige Nudel- und Fleischgerichte gibt. Der Weinkeller ist reich bestückt. Der Besitzer David Gardner ist Schotte und ein Cousin von Hugh Grant. Gardner gehört auch das »Beccofino«, das feine Mäulchen, am Arnoufer Lungarno degli Scarlatti – ein Trendlokal mit hervorragenden Fischgerichten und einer beeindruckenden Weinkarte. Eine Adresse, die bestens geeignet ist, um einen Florentiner Abend elegant ausklingen zu lassen. In der Via Ghibellina, nicht weit von der Piazza Santa Croce, kocht Annie Feolde. Die Französin führt das vielleicht international berühmteste Restaurant Italiens. Ihre »Enoteca Pinchiorri« hat Gerichte auf der Speisekarte, die allerdings nicht jedermanns Geldbörse entsprechen. Wer es sich leisten kann, sollte auf jeden Fall Annies Neuinterpretation klassischer toskanischer Gerichte probieren. Preiswerter isst man im »Il Cibrèo« in der Via dei Macci, einer Querstraße der Via Ghibellina. Die von der Feinschmeckervereinigung Slow Food mit der Qualitäts-Schnecke ausgezeichnete Trattoria präsentiert beste Florentiner Hausmannskost.

Über den Ponte alle Grazie erreicht der Radler das gegenüberliegende Arnoufer. Dort angekommen erhebt sich rechter Hand der

1 Jenseits des Arno liegen die Uffizien und der Turm des Palazzo Vecchio. **2** Auf einem der Pfeiler des Ponte S. Trinità lässt sich der Abend genießen. **3** Ursprünglich waren sie Büros, erst später wurden die Uffizien ein Museum. **4–5** Heute befinden sich dort Piero della Francescas Porträts der Battista Sforza und des Federico da Montefeltro, einem erfolgreichen Condottiere um 1450, sowie Sandro Botticellis »Frühling« **(6)**.

16 Der Norden

Palazzo Torrigiani mit dem zoologischen Museum und daneben der Palazzo de´Mozzi aus dem 13. Jahrhundert. Hier lebte der Kunsthändler Stefano Bardini, dessen beeindruckende Sammlung von Gemälden, Skulpturen und Möbeln sich anzuschauen lohnt. Angenehmer Nebeneffekt: Hierher verirren sich nur wenig Touristen.
Durch die nahezu komplett erhaltene mittelalterliche Gasse Via di San Niccolò mit ihren schmalen und uralten Häusern gelangt der Florenzbesucher in der Via del Monte alle Croci zur Bar »Fuoriporta«. Bei schönem Wetter sitzt man vor der Tür unter Sonnenschirmen und trinkt Kaffee oder einen Verdauungsgrappa. Die Weinbar ist eine der besten von Florenz und wird nur selten von Touristen besucht. Nicht weit entfernt bietet sich von der Terrasse vor der romanischen Kirche San Miniato al Monte ein schöner Blick auf die Stadt. Ein wunderbares Plätzchen für manch ein romantisches tête-à-tête zum Sonnenuntergang.
Weiter geht es zu den Boboligärten. Dieser barocke Park mitten in der Stadt ist eine grüne Oase mit Skulpturen und Liebespavillons. Wer Lust hat, sollte den Palazzo Pitti besichtigen, der auf einen Entwurf von Brunelleschi zurückgehen soll. Eine gründliche Restaurierung des Palastinneren sorgte dafür, dass in der Galleria Palatina, einer der umwerfendsten Gemäldegalerien ganz Italiens, die Meisterwerke von Tizian, Rafael & Co. jetzt endlich richtig ausgeleuchtet werden. Unverständlicherweise wird das ebenfalls im Palazzo untergebrachte Museo degli Argenti nur selten aufgesucht. Hier werden Silberschmiede- und Elfenbeinarbeiten präsentiert, die vielleicht noch faszinierender sind als die berühmten Ölbilder ein Stockwerk höher.
Von der Piazza vor dem Palazzo Pitti aus führen kleine Gassen zur Kirche Santo Spirito: ein Bau der frühen Renaissance mit einer so kahlen Fassade, dass man in seinem Inneren nicht kostbarste Skulpturen von Antonio Rossellino (1427–1479) und Andrea Sansovino (1467–1529) vermuten würde. Links von der Kirche sollte im Cenacolo di Santo Spirito das grandiose Kreuzigungsfreskenbild von Andrea Orcagna (1320–1368) besucht werden. Schön ist der gegenüberliegende Palazzo Guadagni, einer der architektonisch interessantesten Paläste von Florenz aus dem 15. Jahrhundert. Mit dem Rad sind es nur wenige Minuten durch die Via di Sant´Agostino zu den herrlichen Fresken biblischer Szenen von Masaccio und Masolino aus dem 15. Jahrhundert in der berühmten Capella Brancacci. Sie befindet sich in der Kirche Santa Maria del Carmine.

Über den Ponte Vecchio mit seinen vielen Goldschmuckgeschäften und leider auch Touristen muss man sein Fahrrad schieben. Rechter Hand geht es zu den Uffizien, die mindestens einen halben Tag an Besichtigungszeit erfordern. An der Kasse sollte man sich erkundigen, wann die Porträtsammlung, die von den Uffizien aus durch den Vasari-Korridor über den Ponte Vecchio bis zum gegenüberliegenden Arnoufer führt, geöffnet ist. Nicht nur die dort dicht an dicht hängenden Porträtbilder, sondern auch die unterschiedlichen Blicke von diesem Corridore aus auf die Stadt sind fantastisch.

Linker Hand geht es über den Lungarno Corsini zum Palazzo Corsini. In diesem Barockpalast mit Aussicht auf den Arno befindet sich eine der kostbarsten Privatsammlungen Florentiner Malerei des 14. und 15. Jahrhunderts. Durch die Via de' Fossi ist es nicht weit bis zur Kirche Santa Maria Novella, hinter der der Bahnhof liegt, ein viel beachtetes faschistisches Bauwerk aus den dreißiger Jahren des 20. Jahrhunderts im Stil des italienischen Rationalismus. In Santa Maria Novella malte Paolo Uccello (1397–1475) Fresken an die Wände, die zum Schönsten gehören, was im 14. Jahrhundert in Florenz geschaffen wurde.

Wer abends nach der anstrengenden Rundfahrt keine Lust mehr hat, sich für ein Restaurant schick zu machen, der sollte in der

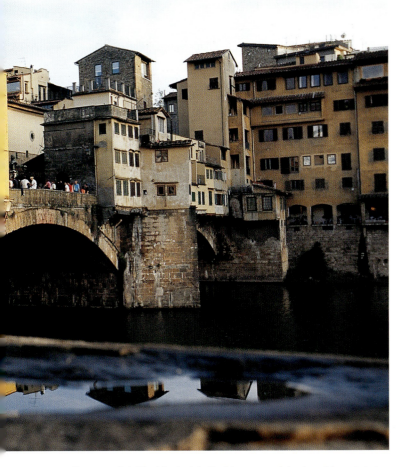

»Enoteca de´ Giraldi« bei Anita Hauser und Andrea Moradei einkehren. Die kleine und von außen unscheinbar wirkende Weinbar in der schmalen Via de´ Giraldi ist ein Geheimtipp der Florentiner. Man sitzt an nackten Holztischen, es geht unprätentiös zu und die Weinauswahl ist hervorragend. Zu den guten Tropfen gibt es Käse und toskanische Wurst.

Nach einem ereignisreichen Tag kehrt man gerne in ein Hotel wie das »Gallery Hotel Art« zurück. In den schalldichten Zimmern erinnern nur die Motive großer Schwarz-Weiß-Fotografien daran, dass man sich in Florenz befindet. Ein Zeitsprung führt aus Mittelalter und Renaissance zurück in die kühle Gegenwart. Das Vier-Sterne-Haus gehört der Familie Ferragamo, die edle Schuhe macht. Ein letzter Blick zurück auf die hervorragende Architektur in der Umgebung. Die Uffizien liegen gleich um die Ecke, der Arno fließt nur einen Katzensprung entfernt – dazu aber morgen …

1 Erst vor kurzem wurden die Liebestempelchen und Brücken der Boboligärten von den Zeichen der Zeit gereinigt. **2** Schon im Mittelalter hatten vor allem Goldhändler ihre Stände auf dem Ponte Vecchio. **3** Wie der Palazzo Magnani Feroni werden immer mehr barocke Paläste zu luxuriösen Herbergen umfunktioniert. **4** Die Posamentenhandlung Valmar in der Via Porta Rossa. **5** Der Löwe mit der Herzogskrone: das Machtsymbol der Medici, ein Detail des Palazzo Pitti.

Florenz – Radeln durch die Renaissance

Wichtigste Sehenswürdigkeiten
Piazza della Signoria, Uffizien, Dom und Battistero di S. Giovanni, Ponte Vecchio, Palazzo Pitti und Boboligärten, S. Croce, Galleria dell´Accademia.

Geschichte
Die etruskische Gründung wurde römische Garnisonsstadt. Bankiers und Kaufleute förderten seit dem 13. Jahrhundert die Künste. Unter den Mediciherrschern wurde Florenz zur stilbildenden Kunstmetropole Europas. Nach dem Tod des letzten Medicifürsten ging die Stadt an die Habsburger. Zwischen 1865 und 1870 war Florenz Italiens Hauptstadt. Während des Zweiten Weltkriegs wurden Teile des historischen Stadtgebiets zerstört.

Essen und Trinken
Baldovino, Via S. Giuseppe 22 r, Tel. 0 55-24 17 73; zünftige Gaststätte.
Beccofino, Piazza degli Scarlatti, im *Baldovino* nachfragen; trendiges Restaurant mit ausgezeichneten Fischspeisen.
Enoteca Pinchiorri, Via Ghibellina 87, Tel. 0 55-24 27 77; Toprestaurant, kreative toskanische Küche.
Il Cibrèo, Via dei Macci 118 r, Tel. 0 55-2 34 11 00; rustikales Ambiente, Traditionsgerichte.
Fuoriporta, Via del Monte alle Croci 10 r, Tel. 0 55-2 34 24 83; Weinbar mit guten Aufschnitt- und Nudeltellern.
Enoteca Antinori, Piazza Antinori, Tel. 0 55-29 22 34; elegante Weinbar, klassische Gerichte.
Gilli, Piazza della Repubblica; eines der ältesten Kaffeehäuser.
Rivoire, Piazza della Signoria; Tel. 0 55-21 44 12.
Enoteca de´Giraldi, Via de´Giraldi 4 r, Tel. 0 55-21 65 18; Wurst und Käse werden zu hervorragenden Weinen serviert.

Übernachten
****Gallery Hotel Art,* Vicolo dell´Oro 5, 65 Zimmer, Tel. 0 55-2 72 63, Fax 0 55-26 85 57, E-Mail: gallery@lungarnohotels.com; modernes Designhotel in altem Gemäuer.
***Le Residenze Johlea,* Via Sangallo 76, 12 Zimmer, Tel. 0 55-4 63 32 92, Fax 055-4 63 45 52, E-Mail: johlea@johanna.it; preiswerte und komfortable Unterkunft.

Einkaufen
Antica Gastronomia, Via degli Artisti/Ecke Via Masaccio, Tel. 0 55-57 84 60; Spezialitäten aus ganz Italien.
Officina Profumo di Santa Maria Novella, Via della Scala 16, Tel. 0 55-21 62 76; seit 1612 werden hier Duftwässerchen kreiert.
Dolci e Dolcezze, Piazza Cesare Beccaria 8 r, Tel. 0 55-2 34 54 58; Konditorei.
La Bottega dell´Olio, Piazza del Limbo 2 r, Tel. 0 55-2 67 04 68; Spezialist für Olivenöl.
Enoteca Internazionale De Rham, Via del Bandino 36, Tel. 0 55-6 81 50 71; eine der besten Weinhandlungen.

Information
Via Cavour 1 r, Tel. 0 55-29 08 32, E-Mail: infoturismo@provincia.fi.it

20 Der Norden

Kunst, Kakao und Schokolade
Pistoias Maestri della Cioccolata – die besten Italiens

Nirgendwo sonst in Italien kreieren so viele Maestri della Cioccolata so viele fantastisch gute Leckereien, die jedes Jahr mit internationalen Preise ausgezeichnet werden.

Giorgia Corsini bummelt am liebsten nachts durch Pistoia – wenn die Stadt ganz ruhig ist und die vielen historischen Monumente angeleuchtet werden und wie Bühnenbilder wirken. Vor allem den Domplatz, die Piazza del Duomo, mag sie in den Nachtstunden. Wie Szenenbilder erheben sich in einem Kreis der mächtige romanische Dom aus dem 12. und 13. Jahrhundert, das achteckige, ebenfalls romanische Baptisterium sowie das Rathaus, das in einem großen Palazzo aus dem 14. Jahrhundert untergebracht ist. Der nahezu perfekte Eindruck mittelalterlicher Architekturblüte lässt sich natürlich auch tagsüber bewundern. Am besten in einem Café auf der Piazza und am besten bei einer heißen Schokolade oder, wenn es Sommer ist, mit einem Té freddo, einem kalten Teegetränk. Dazu sollte man sich unter allen Umständen ein wenig Schokolade bestellen. Schokolade aus Pistoia, der Stadt, in der die verführerische Kakaomasse großes Ansehen genießt. Denn Pistoia, erklärt Giorgia Corsini, gilt unter Schoko-Feinschmeckern als Italiens heimliche Hauptstadt. Nirgendwo sonst in Italien wird so viel hochwertige Schokolade produziert – keine immer gleich schmeckenden Industrieprodukte, sondern ausschließlich Qualitätsschokolade.

Giorgia Corsini ist Pistoiaerin mit Herz und Seele. Ihre Konditorei mit dem Familiennamen Corsini ist ein guter Ausgangspunkt für einen Rundgang durch Pistoia. Das historische Geschäft mit dem Großpapa-Charme befindet sich an der Piazza San Francesco, wo man auch bequem sein Auto parken kann. »Mein Urgroßvater gründete das Geschäft 1918«, berichtet die Schoko-Fachfrau. »Wir produzieren die gleichen Produkte wie damals und verpacken sie auch wie vor fast 100 Jahren.«

Nur einen Katzensprung vom Corsini entfernt erhebt sich die Kirche Sant´Andrea. Ein Gotteshaus im strengen Stil des 12. Jahrhunderts mit dem Pulpito, die Kanzel, einem Meisterwerk des großartigen Bildhauers Giovanni Pisano (1248–1314). Durch die Via delle Pappe erreicht der Besucher das Ospedale del Ceppo, ein original

1 Obstparadies: der Laden »Sauro e Assunta« an der Piazza della Sala. **2** Weltliche und kirchliche Macht auf einem Platz: Dom und Rathaus in Pistoia. **3** Madonna über dem Eingangsportal des Doms. **4** Pistoia hat einen komplett erhaltenen mittelalterlichen Stadtkern.

mittelalterliches Krankenhaus. In der Nähe des Domplatzes bietet auch die Kirche San Giovanni Fuorcivitas mittelalterliche Kunst, darunter einen Flügelaltar von Taddeo Gaddi (1300–1366).
Stille Gassen und kleine Trattorien wie »La Bottegaia« an der uralten Piazza della Sale oder »Baldo Vino« an der Piazza San Lorenzo bieten noch jene Toskana, in der Würstchenbuden und Hamburgerimbisse nichts verloren haben. Wo regionale Gerichte zu den besten lokalen Tropfen serviert werden und Schickimicki fehl am Platz ist. In Pistoia liebt man die gute Küche – vor allem aber die Dolcetti, das Süße. Stadt und Umgebung werden inzwischen auch Chocolat Valle, genannt, Schokoladental. Nirgendwo sonst, weiß Giorgia Corsini, »leben so viele Meister der Kakaomasse auf so engem Raum zusammen«. Das ist nicht übertrieben: In keinem anderen Ort Italiens können Besucher neben den zahlreichen historischen Gebäuden auch so viele unterschiedliche Schokoladengeschäfte aufsuchen. Wie zum Beispiel die Boutique Chocolate & Company von Fabio Moschini und Adria Grazzini. Die Spe-

zialitäten sind Pralinen, die mit Gewürzen gefüllt werden. Adria ist mit einem Marokkaner verheiratet und reist häufig nach Casablanca, um bei den dortigen Händlern auf den Märkten besonders geschmacksintensive Gewürze zu erwerben, die dann im eigenen Laboratorio verarbeitet werden. »Unser Hit«, so der verführerische Ratschlag Fabios, »ist eine Praline mit Skingbir aus Marokko, das ist eine Art Ingwer.«
Keine zehn Autominuten von Adrias würzigen Schokoschätzen entfernt, in der benachbarten Ortschaft Monsumanno Terme, führt Andrea Slitti Interessierte durch seinen unwiderstehlichen Laden, wo es so intensiv nach Schokolade duftet, dass man gar nicht weiß, was man zuerst probieren soll: die Schokocremes oder die Pralinen, die Schokoladen mit Earl-Grey- und grünem Tee oder aber die Teelöffel aus purer Schokolade, die man – direkt an der hauseigenen Kaffeebar – in eine Tasse heißen Kaffee stellt, damit sie sich auflösen und dem Getränk einen fantastischen Geschmack verleihen. So unterschiedlich die vielen historischen Kirchen Pistoias in Aus-

stattung und Baustil sind, so verschieden sind auch die Auslagen der Chocolatiers in der italienischen Schokoladenhauptstadt. Das urige und mit Schokowaren bis unter die Decke voll gepfropfte Geschäft von Roberto Catinari liegt an der Ausfallstraße Richtung Florenz. Keine 20 Meter entfernt empfängt der Maestro Neugierige in seiner Werkstatt – einem zauberhaften Ort nicht nur für schokoladenversessene Kinder, wo etwa ein Dutzend Personen rund um die Uhr Pralinen und andere Leckereien zubereiten. Catinari liebt heiße Schokolade, verrät er uns, und wir bitten ihn um einen Tipp, wo man diese Kalorienbombe in Pistoia am besten trinken könne. »Bei ›Valiani‹«, schießt es aus ihm heraus. In dem historischen Kaffeelokal, nicht weit vom Dom entfernt, wird eine heiße Schokolade serviert, die wirklich umwerfend gut schmeckt.

1 Das Ospedale del Ceppo mit einem Terracottafries von Luca della Robbia (1400–1482). **2** Detail: Mönche bei der Letzten Ölung. **3** Giovanni Pisanos Kanzel in S. Andrea, 1301 geschaffen – ein Höhepunkt der Bildhauerkunst. **4** Im Palazzo Pretorio. **5** Schokolade bei Andrea Slitti.

Pistoia – Italiens Schokoladenhauptstadt

Wichtigste Sehenswürdigkeiten
Piazza del Duomo (mit historischen Gebäuden), S. Andrea (beispielhafte Kirche für die Romanik in der Toskana), San Giovanni Fuorcivitas.

Geschichte
Unter den Langobarden entstand das städtische Zentrum im 8. Jahrhundert, aber erst als unabhängige Kommune wurde Pistoia im 11. Jahrhundert zu einem Handelszentrum. Ab dem 14. Jahrhundert unterstand die Stadt den Medici und teilte das politische Schicksal von Florenz.

Essen und Trinken
Valliani, Via Cavour 55, Tel. 05 73-2 30 34; historisches Café, Spezialität ist die hausgemachte heiße Schokolade.
La Bottegaia, Via del Lastrone 17, Tel. 05 73-36 56 02; urige Trattoria, die über jenen Charme verfügt, den man in der Toskana in einfachen Lokalen immer seltener findet.
Baldo Vino, Piazza San Lorenzo 5, Tel. 0573-2 15 91; kleine Trattoria, in der lokale Speisen serviert werden.

Einkaufen
Roberto Catinari, Via Provinciale 378, Tel. 05 74-67 32 96; beim Altvater der Schokoladenmeister von Pistoia schmecken vor allem die Pralinen gut.
Bruno Corsini, Piazza San Francesco 42, Tel. 05 73-2 01 38; fantastische Kuchen aus Schokolade und getrockneten Früchten.
Andrea Slitti, Via Francesca Sud 1268, Monsummano Terme, Tel. 05 72-64 02 40; modernes Schokoladenparadies. Originell: Kaffeelöffel aus Schokolade.
Boutique Chocolate & Company, Via Bruceto 4, Massa e Cozzile, Tel. 05 72-91 11 20; Schokolade mit Gewürzen verfeinert.
Gastronomia Capecchi, Via Dalmazia 445, Tel. 05 73-40 02 08; bester Feinkostladen der Stadt.
Enoteca La Botte Gaia, Via del Lastrone 4, Tel. 05 73-36 56 02; Weine aus dem Umland und aus der ganzen Toskana können in diesem Lokal verkostet und erworben werden.

Information
Piazza del Duomo, Tel. 05 73-2 16 22,
E-Mail: aptpistoia@tiscanlinet.it

Die Unterschätzte
Prato – ein spannender Platz für Liebhaber der Künste

Nur kurz anhalten wäre ein Fehler: Prato bietet Freunden der modernen Kunst ein ganz besonderes Museum und dazu auch noch große Kunstwerke der Romanik und der Renaissance.

Der Reisende sollte am besten abends ankommen und den Wagen auf der Wiese unter den Olivenbäumen vor dem Eingangstor parken. Über eine uralte Treppe geht es zur Eingangstür. Man sollte vorher anrufen, so dass jemand zu Hause ist und die Tür öffnet. Und: Man sollte das Zimmer direkt beim Salotto, dem herrschaftlichen Wohnzimmer, buchen. Das Besondere und Schöne der »Villa Rucellai« ist aber nicht das große und einfach eingerichtete Gästezimmer mit Bad, sondern das sind die Salons, in die man direkt vom Zimmer aus gelangen kann. Es sind die Räumlichkeiten einer prächtigen Renaissancevilla, die die Familie Piqué-Rucellai ihren Gästen zur Verfügung stellt. Weiche Sofas, um einen riesigen Kamin gruppiert, laden zum Verweilen ein. Weine von den familieneigenen Ländereien stehen für die Gäste auf einer Kredenz bereit und es gibt Kekse, die man zu Tee und Kaffee naschen kann. Morgens zum Frühstück werden die heißen Getränke in altem Familiensilber serviert und bei gutem Wetter wird der Tisch draußen gedeckt – mit Blick auf Prato.

Prato ist ein kleines Städtchen, an dem Toskanabesucher in der Regel achtlos vorbeifahren. Das erweist sich schnell als Fehler, denn außer der herrlichen Unterkunft in der »Villa Rucellai«, die an einem Hügel außerhalb der Stadt liegt und über eine wildromantische Landstraße erreicht wird, gibt es auch hier für einen ganztägigen Spaziergang genügend zu sehen. Seit dem Mittelalter werden in Prato Wolle und Stoffe verarbeitet. Bürger wurden mit dem Stoffhandel reich und ließen sich nicht lumpen: Wie ihre Standesgenossen im benachbarten Florenz, heute keine 30 Autominuten entfernt, schmückten sie ihr Städtchen mit Kunst und demonstrierten damit ihren Wohlstand. Im 13. Jahrhundert errichtete man in der Nähe des Flusses Bisenzio den Dom, ein Meisterwerk der romanischen Kunst. Oberhalb des Eingangsportals brachte Renaissancekünstler Andrea della Robbia 1489 eine Lünette aus Terrakotta an, die zu den schönsten ihrer Art in der Toskana gehört. Im

1 Das Centro per l'Arte Contemporanea »Luigi Pecci« birgt eine der umfangreichsten Sammlungen zeitgenössischer Kunst Italiens. **2** Kunst im Park, von Anne und Patrick Poirier. **3** Im Park des Museums »Luigi Pecci« stellt man jedes Jahr neue Skulpturen auf. **4** Im Dommuseum von Pistoia, das im Palazzo dei Vescovi untergebracht ist.

Kircheninneren tragen grüne Marmorsäulen das romanische Deckengewölbe. Von Giovanni da Maiano und von Filippo Lippi stammen einige schöne Heiligenbilder. Der ganze Stolz der Bürger von Prato sind die Wandfresken von Lippi aus der Mitte des 15. Jahrhunderts. Sie gelten als der wichtigste Freskenzyklus der frühen Renaissance. Kunst, die heute nicht mehr im Dom zu besichtigen ist, wird im nahen Museo dell´Opera del Duomo ausgestellt, dem Museum der Dombauhütte in der Via Mangolfi. Ein wichtiges Werk ist hier das berühmte Flachrelief »Der Tanz der Putten« aus der Hand Donatellos (1386–1466).

Mehr Kunst, vor allem Gemälde aus der Renaissance, zeigt die Galleria Comunale Palazzo Pretorio, keine fünf Minuten Fußweg entfernt. Durch die Via Cairoli geht es zur Kirche Santa Maria delle Carceri – einem Renaissancejuwel. Begonnen von Giuliano da Maiano und Ende des 15. Jahrhunderts fertig gestellt von Giuliano da Sangallo zeichnet sich dieses Gotteshaus durch seine große Eleganz aus. Die Burg gleich in der Nähe ist ein Auftragswerk eines Staufers. Kaiser Friedrich II. (1194–1250) ließ sie im Stil jener Wehranlagen errichten, wie sie der Reisende aus dem süditalienischen Apulien kennt. Unweit der Stauferburg und gleich hinter der Stadtmauer serviert Aldo Mattei in seiner Trattoria »La Vecchia Cucina di Soldano« typisch lokale Speisen wie zum Beispiel Fettunta, geröstete Weißbrotscheiben mit herzhaftem Aufstrich, oder die Ribollita, eine Suppe aus Bohnen und Schwarzkohl, mit geriebenem Parmesan bestreut und im Ofen überbacken. Eine wahre Gaumenfreude! Festlicher isst man in der »Enoteca Barni«. Das Menü wechselt alle zwei Monate. Finden sich auf der Speisekarte die Ravioli di Fagianella, Ravioli gefüllt mit Fasanenfleisch, sollte man unbedingt zugreifen.

1 Die Skulptur »Square Form with Cut« von Henry Moore schmückt die Piazza San Marco. **2** Romanik pur auf dem Domplatz. **3** Eliseo Mattiaccis Werk »Reflex der kosmischen Ordnung« im Park des Centro per l'Arte Contemporanea Luigi Pecci. **4** Renaissancekunst im kuriosen Museo di Pittura Murale in Prato. **5** Stauferkaiser Friedrich II. ließ das Castello dell'Imperatore 1237 zur Festung ausbauen.

Im Unterschied zu den meisten toskanischen Ortschaften bietet Prato auch zeitgenössische Kunst. Das »Pecci« – so nennen die Bürger in Prato das moderne Museum für zeitgenössische Kunst – gilt als eines der reichsten Museen seiner Art in Italien, einem Land, in dem es nicht viele bedeutende Museen für die Kunst des 20. Jahrhunderts gibt. Im »Pecci« finden sich Meisterwerke von Enzo Cucchi und Fabrizio Plessi und anderen international bekannten Künstlern aus Italien. Außerhalb des historischen Stadtkerns, direkt hinter dem Stadttor Porta Santissima Trinità, lockt in der Via Lazzerini das kleine Paradies von Luca Mannori. In seiner Pasticceria gibt es traumhafte Plätzchen und Desserts. Lohnenswert ist für Feinschmecker ein Besuch in der Gastronomia »Tempestini«. Die Auswahl an Senf, Würsten und Käse ist beachtlich.

Keine acht Kilometer außerhalb von Prato verfügten die Florentiner Medici über eine ihrer schönsten Landvillen. Die Villa Medicea in Poggio a Caiano wurde für Lorenzo il Magnifico Ende des 15. Jahrhunderts von dem Baumeister Giuliano da Sangallo errichtet. In diesem Landhaus werden eigentümliche Barockbilder präsentiert. Sie zeigen Obst- und Gemüsesorten, die heute allerdings von handelsüblichen Standardsorten verdrängt worden sind. Genau das aber macht das Betrachten der Gemälde so faszinierend: zu sehen gibt es Leckereien, die wir heute leider nicht mehr kosten können.

Prato – die Unterschätzte

Wichtigste Sehenswürdigkeiten
Dom (Hauptwerk der toskanischen Romanik), Museo dell'Opera del Duomo (Basrelief von Donatello), S. Maria delle Carceri, Centro per l'Arte Contemporaneo Luigi Pecci (eines der wichtigsten toskanischen Museen für zeitgenössische Kunst).
Umgebung: Medici-Villa Poggio a Caiano

Geschichte
Gründung des 9. Jahrhunderts. Stauferkaiser Friedrich II. errichtete eine Burg. Unabhängiger Stadtstaat bis zur Eroberung durch die Medici.

Essen und Trinken
Trattoria La Vecchia Cucina di Soldano, Via Pomeria 23, Tel. 05 74-3 46 65; lokale Gerichte und kräftige Weine werden in diesem einfachen Lokal serviert.
Enoteca Barni, Via F. Ferrucci 22, Tel. 05 74-60 78 45; die vielleicht beste Weinauswahl der ganzen Stadt.
Il Pirana, Via G. Valentini 110, Tel. 05 74-2 57 46; Toprestaurant mit einem Michelin-Stern. Die Fischgerichte probieren.

Übernachten
**Villa Rucellai, Via di Canneto 16, 8 Zimmer, Tel. 05 74-46 03 92, Fax 05 74-46 03 92, E-Mail: canneto@scotty.masternet.it; Wohnen in einer privaten Renaissancevilla. Besonders schön: das Gästezimmer beim hochherrschaftlichen Wohnzimmer.

Einkaufen
Pasticceria Mannori, Via Lazzerini 2, Tel. 05 74-2 16 28; Kuchen und Törtchen vom Feinsten.
Gastronomia Tempestini, Via dei Cilani 84, Tel. 05 74-46 66 71; Würste und Käsesorten aus der Umgebung, aber auch aus der übrigen Toskana.

Information
Piazza delle Carceri 1, Tel. 05 74-2 41 12, E-Mail: apt@prato.turismo.toscana.it

Bummeln nach Lust und Laune
Lucca – ein wahres Paradies für Flaneure

Stille Gassen und hinreißende Plätze, Geschlechtertürme, stolze Paläste und eine alte Stadtmauer, die atemberaubende Ansichten uralter Dächer und Kuppeln bietet, auf Lucca, die mit Seide Reichgewordene.

Der Weg zu Fuß oder auch mit dem Fahrrad ist herrlich. Auf der einen Seite Grünflächen und hohe Bäume und auf der anderen Seite Einblicke in alte Parks und Gärten und auf jahrhundertealte Dächer. Die ehemaligen Stadtmauern von Lucca bieten einen der schönsten Spazierwege der ganzen Toskana. Die Passeggiata delle Mura ist ein absolutes Muss für Lucca-Besucher, die sich ein wenig Zeit zur Besichtigung nehmen und nicht nur von einer Sehenswürdigkeit zur anderen hetzen wollen. Der Reiz der Stadt, deren historische Altstadt weitgehend erhalten geblieben ist, erschließt sich nur dem Spaziergänger. Beispielsweise Michel de Montaigne. Der berühmte französische Literat und Reiseschriftsteller besuchte Lucca 1581, schrieb die Beobachtugnen auf seinen Spaziergängen nieder und begründete damit den Mythos der Stadt. Ihm folgten alle, die in den späteren Jahrhunderten ihre Bildungsreisen nach Italien, die Grand Tour, unternahmen, darunter im 18. Jahrhundert auch der französische Baron Montesquieu. Er äußerte sich lobend über die »höchst erstaunlich und gut errichteten Mauern« und ging auf ihnen spazieren.

Lucca geht auf eine römische Gründung zurück. Viele der kerzengeraden Straßen sind rund 2000 Jahre alt. Deutlich wird diese Vergangenheit vor allem auf der Piazza del Mercato. Dort, wo heute Obst und Gemüse feilgeboten werden, kämpften zur Zeit der alten Römer Gladiatoren um ihr Leben. Das berühmte Platzoval gibt exakt den Grundriss des römischen Amphitheaters aus dem 2. Jahrhundert n. Chr. wieder.

Durch Lucca sollte man sich treiben lassen. Der historische Innenstadtkern ist nicht groß und das Verlaufen praktisch unmöglich. Überall stößt der Besucher auf Kunst und Architektur. Seinen Wagen sollte man außerhalb der Stadtmauern parken, um unliebsame Begegnungen mit den in Lucca sehr wachsamen Vigili, den Verkehrspolizisten, zu vermeiden. Ein Parkplatz befindet sich beispielsweise bei der Porta Vittorio Emanuele. Von hier aus führt eine Straße zur platanenbestandenen Piazza Napoleone. Der Korse ist

1 Glänzt golden auch noch nach Jahrhunderten: das Fassadenmosaik von San Frediano. **2** Eleganz im spätbarocken Stil – die Villa Mansi. **3** In der Antike ein Amphitheater, heute ovaler Marktplatz. **4** Vom mittelalterlichen Torre dei Guinigi aus schaut man den Lucchesern ins Privatleben.

in Lucca allgegenwärtig. War er es doch, der 1805 die Stadt und ihre Umgebung seiner Schwester Elisa vermachte. Sie regierte so beispielhaft, dass die Lucchesern noch heute viele ihrer Reformen würdigen. So erlaubte sie es ihren Bauern zum Beispiel nicht, am Kriegsdienst teilzunehmen, wenn sie ihre Felder bestellen mussten. Diese und andere für ihre Zeit ungewöhnlichen Entscheidungen sorgten dafür, dass Elisa unvergessen ist. Unvergesslich für Lucca-Besucher sind die leckeren Reistörtchen, die an der Piazza Napoleone im »Caffè Ninci« verkostet werden können.

Lucca ist ein Dorado für Kirchenfreunde. Jede adlige Familie errichtete sich ein eigenes Gotteshaus. Vorbei an Sante Giovanni e Reparata aus dem 12. und 17. Jahrhundert geht es zum Dom aus dem 11. und 13. Jahrhundert, einem Meisterwerk der italienischen Romanik. Die asymmetrische Fassade mit den Reliefs, die die Geschichte des heiligen Martin erzählen, verdient besondere Beachtung. Das Kircheninnere wirkt wie ein Museum romanischer Kunst. Zauberhaft ist das Grabmonument für Ilaria del Carretto. Jacopo della Quercia (1371–1438) schuf es im frühen 15. Jahrhundert. Die junge und bildschöne Frau ist von dem Renaissancekünstler ungemein realistisch in Marmor wiedergegeben worden. Hinter der Domapsis gelangt man zur Via Guinigi. Sie ist eine der eindrucksvollsten Straßen Luccas. Die Case dei Guinigi sind mittelalterliche Paläste, die so gut erhalten geblieben sind, dass sie wie Filmkulissen wirken. An der Ecke zur Via Sant'Andrea erhebt sich ein Eckturm, auf dessen Dach in windiger Höhe Steineichen wachsen. Der Aufstieg ist mühsam, lohnt sich aber unbedingt wegen des Blicks aus 44 Meter Höhe auf die Stadt und die ehemaligen Wehrmauern.

Durch die Via Santa Croce erreicht der Besucher die Piazza San Michele mit der gleichnamigen Kirche. Hier schlägt das Herz der Kleinstadt; hier treffen sich die Bürger aus Lucca. In der Antike befand sich an diesem Ort das Forum, das politische und wirtschaftliche Zentrum der Stadt. Die romanische Kirche San Michele in Foro ist sicherlich das schönste Gotteshaus von Lucca. Die Fassade ist so reich verziert, dass man sich mit einem Fernglas ausrüsten sollte, um die unzähligen Marmorintarsien in ihrer ganzen Pracht genießen zu können. Nicht weit entfernt ist im barocken Palazzo Mansi die städtische Pinakothek untergebracht. Sicherlich nicht so ausgeleuchtet, wie sie es verdient hätten, hängen hier Juwelen italienischer und europäischer Malerei, Werke von Jacopo Pontormo und Tintoretto, von Paul Bril und Domenichino.

1 Auf der Stadtmauer. **2** Ein kulinarisches Schatzkästchen lädt zum Probieren ein. **3** S. Michele in Foro – die Stelle des römischen Forums ist noch heute Mittelpunkt der Stadt. **4** Der Dom behütet eines der schönsten Grabmonumente Italiens: den Sarkophag der Ilaria del Carretto. **5** Der Aufstieg auf den Torre dei Guinigi (um 1400) lohnt vor allem im Abendlicht. **6** Schlanke antike Säulen bestimmen das Innere von S. Frediano.

Auf dem Rückweg zu San Michele lohnt ein Abstecher in die Via San Paolino. Am Schaufenster der »Cioccolateria Caniparoli« darf man nicht einfach vorbeigehen. Die Pralinen und Schokoladentorten sind ausgezeichnet.

Östlich von der Piazza San Michele beginnt die Via Fillungo, auf Deutsch: der lange Faden. Sie bildet die Zentralachse von Lucca. Hier locken die Vitrinen eleganter Geschäfte und die Fassaden alter Paläste. Bei der Hausnummer 58 ist der Eingang in das »Antico Caffè di Simo«. Dieses Lokal bietet in seinem Inneren originales Jugendstilambiente. Besonders gut schmeckt die heiße Schokolade. Im Haus Nummer 242 finden sich in »La Cacioteca« 150 verschiedene Käsesorten sowie Milchspezialitäten aus ganz Italien.

Im Norden der Stadt, der Via Fillungo folgend, wurde im 12. Jahrhundert San Frediano errichtet. Beachtung verdienen im Kircheninneren Reliefs von Jacopo della Quercia. Bei der Kirche erhebt sich

1 Barocke Pracht in der Umgebung von Lucca: die Villa Mansi. **2** Die Gobelins des Palazzo Mansi in Lucca sind nationales Kulturgut. **3** Die Villa Mansi ist von einem romantischen Landschaftsgarten umgeben. **4** Das Caffè di Simo führt die alte Kaffeehaustradition Luccas weiter.

der Palazzo Pfanner mit einem herrlichen Barockgarten direkt unterhalb der Stadtmauern. Nicht wenige der Paläste Luccas, die in der Nähe der Stadtmauern stehen, verfügen über Gärten, die in den letzten Jahren wieder im Stil des Barock hergerichtet wurden. Einen Garten besitzt auch die Villa Guinigi, die sich der Renaissancemann Paolo Guinigi im frühen 15. Jahrhundert bauen ließ. Im Palastinneren sind archäologische Funde aus der Umgebung ausgestellt. Im Garten stehen zwischen Blumen und Büschen Steinskulpturen aus der Römerzeit. Ganz in der Nähe befindet sich »Il Magnifico«. – ein Besuch lohnt. Das mittelalterlich wirkende Lokal bietet gute Fisch- und Nudelgerichte. Die Weinliste ist hervorragend. Das unbestritten beste Restaurant Luccas liegt in der Via della Cervia. Das »Buca di Sant´Antonio« war einmal eine Pferdestation. In

gemütlichem Ambiente bietet man lokale Spezialitäten an, der Weinkeller bewahrt die herausragendsten Tropfen Italiens auf.

Auch die Villa Buonvisi verfügt über einen kleinen Park. Diese Renaissancevilla ist durch die Via del Fosso zu erreichen – eine ebenfalls uralte Straße, die zum Botanischen Garten führt. Die meisten der Adelsfamilien Luccas imitierten die Florentiner und ließen sich deshalb im 17. und 18. Jahrhundert an den sanften Hügeln in der Nähe der Stadt prächtige Landvillen errichten. Diese sind heute mit dem Auto schnell zu erreichen. Eine der schönsten Landresidenzen ist die Villa Reale. Park und Gebäude sind vor kurzem aufwändig restauriert worden und können besichtigt werden. Die Villa Mansi stammt aus dem 17. Jahrhundert. Ihr Park bietet eine reizvolle Mischung aus einem italienischen Barock- und einem englischen Landschaftsgarten. Komplett eingerichtet präsentiert sich die Villa Torrigiani aus dem 17. Jahrhundert. Viele der Landresidenzen sind von Olivenplantagen und Zypressen umgeben – die Landschaft wirkt ungemein bukolisch.

Lucca – ein wahres Paradies für Flaneure

Wichtigste Sehenswürdigkeiten
Dom (romanisches Meisterwerk), Via Giunigi, S. Michele in Foro (Romanik), Via Fillungo (elegante Straße mit Palästen), S. Frediano (Reliefkunst von Jacopo della Quercia), Piazza del Mercato (hier stand ehemals das Amphitheater), Le mura (Stadtmauern zum Bummeln und Radfahren).

Geschichte
Schon im Mittelalter wichtiger Handelsort. Seit dem 13. Jahrhundert Finanz- und Kunstzentrum. Politisch unabhängig, bis Napoleon die Stadt seiner Schwester Elisa als Fürstentum schenkte.

Essen und Trinken
Caffè Ninci, Piazza Napoleone 2, Tel. 05 83-49 19 95; tolle Reistörtchen.
Antico Caffè di Simo, Via Fillungo 58, Tel. 05 83-49 62 34; heiße Schokolade und andere Kalorienbomben in historischem Ambiente.

Gelateria Veneta, Via Veneto 74, Tel. 05 83-46 70 37; Eisleckereien, Spezialität: die Sorbets.
Il Magnifico, Piazza San Francesco 1, Tel. 05 83-46 46 59; Traditionsrestaurant in einem Palazzo des 16. Jahrhunderts.
Buca di Sant'Antonio, Via della Cervia 1, Tel. 05 83-5 58 81; Luccasbestes Lokal mit traditioneller Küche.

Übernachten
*****Villa la Principessa,* Via Nuova per Pisa 1616, Massa Pisani, 35 Zimmer, Tel. 05 83-37 00 37, Fax 05 83-37 91 36, E-Mail: info@hotelprincipessa.com. Kleines Luxushotel in einem Gebäude aus dem 14. Jahrhundert, mit Pool.
***Alla Corte degli Angeli,* Via degli Angeli 23, 6 Zimmer, Tel. 05 83-46 92 04, Fax 05 83-99 19 89, E-Mail: info@allacortedegliangeli.com. Liebevoll ausgestattete Pension in der Altstadt.
*****Locanda l'Elisa,* Via Nuova per Pisa 1952, 10 Zimmer, Tel. 05 83-37 97 37, Fax 05 83-37 90 19, E-Mail: info@licanda-elisa.it. Villa aus dem frühen 19. Jahrhundert, mit Pool.

Einkaufen
La Cacioteca, Via Fillungo 242, Tel. 05 83-49 63 46; 150 Käsespezialitäten.
Delicatezze, Via San Giorgio 5, Tel. 05 83-49 26 33; seit 100 Jahren der vielleicht bestsortierte Feinkostladen Luccas.
Cioccolateria Caniparoli, Via San Paolino 96, Tel. 05 83-5 34 56; ausgezeichnete Pralinen und Schokoladentorten.

Information
Piazza Santa Maria 35, Tel. 05 83-91 99 31, E-Mail: info@luccaturismo.it

Natur- und Wanderparadies Garfagnana
Unterwegs in den Wäldern rund um Barga

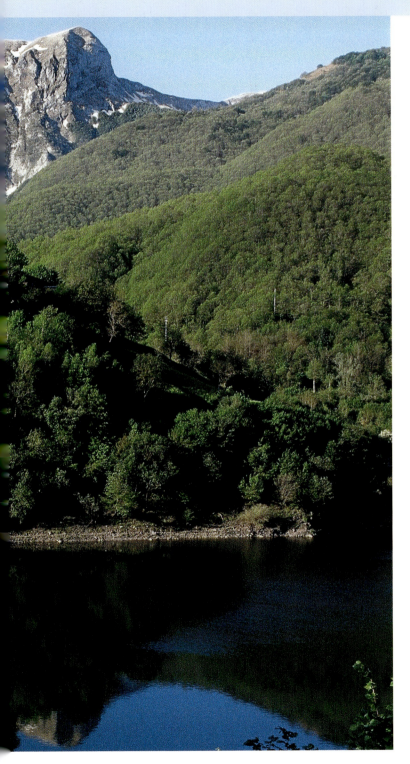

Die Garfagnana zeigt die waldige Seite der Toskana mit einsamen Wanderwegen. Eine außergewöhnlich reiche Flora lädt besonders im Frühsommer und im Herbst zu ausgedehnten Spaziergängen ein.

Nicolas Hunt kennt die Gegend wie seine Westentasche. Schon als kleiner Junge verbrachte er mit seinen Eltern, die Briten und Wahltoskaner waren, jeden Sommer in Barga. Nicht etwa, um sich auszuruhen und das frische Bergklima zu genießen. Die Familie Hunt rief in dem verschlafenen Örtchen, dessen Gassen und Straßen von der Moderne unberührt sind, eines der interessantesten Sommerfestivals Italiens ins Leben. Das »Festival di Barga« bietet jedes Jahr im Juli Musik verschiedener Jahrhunderte. Seit einiger Zeit werden im kleinen Stadttheater immer wieder Barockopern in Szene gesetzt, Opern von Vivaldi und anderen Komponisten. So zieht es viele Musikfreunde im Sommer nach Barga. Die wenigen Hotels in der Umgebung sind dann schnell ausgebucht. Wer aber eine Anfahrt durch eine wildromantische Landschaft nicht scheut, findet problemlos Unterkunft in der Umgebung.

Barga gehört zur Garfagnana, einer bergigen, waldreichen Landschaft, die heute ein Naturschutzgebiet ist. Die Garfagnana war jahrhundertelang eine arme Gegend. Landwirtschaft konnte wegen der Berge nicht betrieben werden. Noch heute finden sich hier große Kastanienwälder, Akazien-, Buchen- und Nadelbäume. Über ihnen ragen die Apuanischen Alpen mit ihren fast 2000 Meter hohen Spitzen in die Höhe. Ein ideales Wandergebiet! Vor allem im Herbst kann man die reiche Flora genießen, die, je nach Höhenlage, entweder mehr mediterranen oder alpinen Charakter hat.

Die Garfagnana inspirierte viele Dichter. Darunter auch Ludovico Ariosto im frühen 16. Jahrhundert und Giovanni Pascoli, der in der ersten Hälfte des letzten Jahrhunderts lebte. Sie zog es in die Natur dieser Täler und Berge. Barga liegt in 410 Meter Höhe und bietet herrliche Aussichtspunkte. Der Ort im Serchiotal zwischen Monte Giovo (1991 Meter) und Monte Pisanino (1945 Meter) ist in gewissem Sinn das Zentrum der Garfagnana. Von hier aus lassen sich alle anderen Ortschaften schnell erreichen. Der Dom ist ein kleines Juwel mit Kunst aus dem 13. bis 15. Jahrhundert. Man sollte durch die engen Gassen flanieren, in denen man sich vor allem

1 Castelnuovo di Garfagnana ist ein idealer Ausgangspunkt für Wanderungen durch die wilde Nordtoskana. **2** Durchscheinende Sintervorhänge in der Grotta del Vento. **3** Einsam gelegene Häuser und Brücken kennzeichnen bei Poggio eine wildromantische Landschaft **4** Ungewohnte Toskana, wilde Garfagnana – der Weiler Vagli Sotto.

während der Dämmerung wie in einem Theaterstück fühlt. Es fehlen eigentlich nur noch Ritter und Burgfräulein.

Die kulinarische Auswahl in Barga nicht groß. Theaterbesucher stärken sich vor den Vorstellungen gern in der »Bar Onesti«. Kleine Desserts vom Allerfeinsten gibt es hier – leckere Torten und Kuchen. Wer in einem Restaurant essen gehen will, muss ins südlicher gelegene Borgo a Mozzano fahren. Die »Osteria I Macelli« verfügt über eine reiche Cantina mit den besten Tropfen der Toskana und serviert deftige Nudel- und Wildgerichte. Mit Wild, Pilzen und Kastanien kocht man hier gern und gut. Nicht weit von Borgo a Mozzano entfernt lässt es sich im »Corona« gut schlafen. Das kleine Hotel befindet sich in dem idyllischen Örtchen Bagni di Lucca. Die schönsten Zimmer gehen zum Fluss hinaus.

Ludovico Ariosto, einer der italienischen Nationaldichter, lebte in Castelnuovo di Garfagnana. Er regierte als Gouverneur die Gegend und bewohnte die Rocca, die mächtige Burg aus dem 13. Jahrhundert. Vor Wanderungen oder der Weiterfahrt lohnt ein Besuch bei der Familie Marchetti. Sie betreibt die Trattoria »Da Marchetti« – ein Lokal wie aus dem Bilderbuch! Die Gemüsesuppe und die Maispolenta mit Trockenfleisch gehören zum Besten, was man in der Garfagnana an traditioneller Kost probieren kann.

Sieben Kilometer nördlich von Castelnuovo empfiehlt sich ein Abstecher nach Castiglione di Garfagnana. Das bewehrte Dorf in fast 600 Meter Höhe bietet fantastische Panoramablicke. In der kleinen Kirche San Michele aus dem 16. Jahrhundert ist eine schöne Madonna von Giuliano di Simone von 1389 zu besichtigen. Weiter nordöstlich an der Quelle des Flusses Radici in 1529 Meter Höhe liegt San Pellegrino in Alpe, ein der frommen Legende nach bereits im 7. Jahrhundert gegründetes frühchristliches Kloster. Von hier aus ist es nicht mehr weit auf die Alpe San Pellegrino (1700 Meter), von der aus der Blick in die Täler und auf die Berge umwerfend ist. Zum Wandern empfiehlt sich der Parco Naturale dell´Orecchiella, 23 Kilometer nördlich von Castelnuovo. Dieser Naturpark ent-

1 Castelnuovo di Garfagnana. **2** Sintervorhänge in der Grotta del Vento. **3** Der asymmetrische Ponte della Maddalena wurde angeblich vom Teufel über Nacht errichtet. **4** Deftige Kost im »Corona«.

stand auf Druck der einheimischen Bevölkerung, die ihre unberührte Landschaft geschützt wissen wollte. Für Wanderungen eignen sich die großen Buchenwälder und die felsigen Apenningipfel mit einer Höhe von bis zu 2000 Metern. Zu den Hauptattraktionen dieses Naturparks gehört die Blumenpracht der ausgedehnten Bergwiesen. Im Kalkmassiv Pania di Corfino brüten noch Steinadler. Die Mitarbeiter des Informationszentrums klären über die Wanderwege auf, die allerdings, wie fast immer in Mittelitalien, nicht besonders gut ausgezeichnet sind. Auch brauchbare Wanderkarten sind selten. Viele Buchhandlungen führen deshalb Militärkarten, auf denen selbst kleinste Gebirgswege verzeichnet sind.

Eilige Garfagnana-Besucher sollten diese Landschaft über die Staatsstraße von Lucca Richtung Fivizzano durchqueren. In diesem Städtchen lohnt sich vielleicht ein Halt bei der Farmacia Clementi. Der Großvater des jetzigen Besitzers mixte nach einem geheimen Rezept das Elixier »China«, einen sehr aromatischen Magenbitter, der über die Grenzen der Toskana hinaus bekannt ist und sogar aphrodisische Wirkung haben soll.

Die Garfagnana – Natur- und Wanderparadies

Wichtigste Sehenswürdigkeiten
Dom von Barga und der gesamte historische Stadtkern, S. Michele in Castiglione di Garfagnana, links und rechts des Serchiotals die Berge des Parco Naturale delle Alpi Apuane sowie der Garfagnana zum Wandern.

Geschichte
Vom 15. bis zum 19. Jahrhundert herrschten in der Garfagnana die Este, eine Fürstenfamilie aus der Emilia. Sie scheinen weise Herrscher gewesen zu sein, ernannten sie doch zwei der bekanntesten italienischen Literaten zu Gouverneuren: Ludovico Ariosto und Fulvio Testi.

Essen und Trinken
Barga:
Bar Onesti, Via Giovanni Pascoli 34, Tel. 05 83-71 12 60; Snacks und Desserts zum Mitnehmen oder zum Verzehren vor Ort.
Borgo a Mozzano:
Osteria I Macelli, Via di Cerreto, Tel. 05 83-8 87 00; deftige Nudel- und Fleischgerichte, zu denen kräftige Rotweine auf den Tisch kommen.
Castelnuovo di Garfagnana:
Da Marchetti, Via Fulvio Testi 10, Tel. 05 83-63 91 57; Bilderbuchtrattoria mit ausgezeichneten Suppen.

Übernachten
Bagni di Lucca:
**Corona,* Via Serraglia 78, 20 Zimmer, Tel. 05 83-80 51 51, Fax 05 83-80 51 34, www.coronaregina.it. Hübsches Hotel am Torrente Lima (mündet in den Serchio) gelegen. Empfehlenswert sind die Zimmer mit Fenster zum Fluss.

Einkaufen
Farmacia Clementi, Fivizzano, Via Roma 107, Tel. 05 85-9 20 56; alte Drogerie, in der der aphrodisische Trunk »China« verkauft wird.

Information
Lucca: Piazza S. Maria 35, Tel. 05 83-91 99 31, E-Mail: info@luccaturismo.it

Dharamsala alla Toscana
Buddha, Lama und das kleine Bergdorf Pomaia

Gebetsmühlen drehen sich, Gebetsfähnchen flattern im Winde. Mitten in der Toskana stößt man auf Oasen der Meditation und Stille, auf einen Ort fernöstlicher Ruhe und Weisheit.

Sie schreiten gemessen über den Boden des Innenhofs, der mit kleinen Flusskieselsteinen ausgelegt ist. Sie sind in rötliche und orangefarbene Gewänder gehüllt und gehen einer nach dem anderen in einer langen Reihe. Die Szene erinnert an den bekannten Film »Sieben Jahre in Tibet« mit dem amerikanischen Schauspieler Brad Pitt. Doch die tibetischen Mönche, die sich Gebete murmelnd in einer Prozession fortbewegen, leben mitten in der Toskana – in einer mittelalterlich anmutenden und restaurierten Burg. Pisa liegt rund 40 Kilometer entfernt und der Besucher nähert sich der ungewöhnlichen Festung über die kleine Ortschaft Rosignano Marittimo. Von dort aus biegt man nach Pomaia ab, einem kleinen und verschlafen wirkenden Dorf. Wer von den asiatischen Mönchen nichts weiß und in der örtlichen Kaffeebar eine Pause einlegt, wird sich über die vielen verschiedenen Sprachen wundern, die am Tresen gesprochen werden. Pomaia ist weltbekannt – unter Buddhisten.

In der nicht weit von Pomaia entfernt liegenden Burg residiert das Istituto Lama Tzong Khapa. Dabei handelt es sich um keine New-Age-Aussteiger-Gemeinschaft und auch nicht um eine mehr oder minder gefährliche Sekte. Das Institut in der Burg genießt allerhöchstes Ansehen. Der Dalai Lama persönlich empfängt in der Regel einmal im Jahr in einem großen Saal seine Jünger und alle, die ihn sehen und sprechen wollen. Das Institut gilt als eines der wichtigsten europäischen Studienzentren für den tibetischen Buddhismus. Es ist eine Art Dharamsala, ein Exil-Tibet alla Toscana. Seit 1978 steht der Lama Ghesce Ciampa Gyatso der Gemeinschaft vor. Ihm und seinen Mitbrüdern geht es darum, die Frieden stiftende Lehre des tibetanischen Buddhismus in Italien zu verbreiten. Der fromme Mann führt seine Besucher gern durch die Burg und zu deren Zinnen, von denen, wie in Tibet vor der chinesischen Besetzung, Hunderte von Gebetsfähnchen im toskanischen Wind wehen.

Im Institut unterrichten die berühmtesten Gelehrten des tibetischen Buddhismus, einer Religion, die sich in Italien, vor allem unter

1 Mitten in der Toskana: »Vajra Dance« auf einem Mandala. **2** Schild an der Straße des Instituts Lama Tzong Khapa. **3** Lama Ghesce Ciampa Ghiatso im toskanischen Kontemplationstempel. **4** Buddhistische Meditation in der Dzogchen Community.

Prominenten, einer großen Anhängerschaft erfreut. Die Gästezimmer in der Burg sind deshalb fast immer ausgebucht. Italienischer Nachwuchs findet sich en masse ein. Ohne eine weite Reise nach Asien ins Exil des Dalai Lama antreten zu müssen, können Interessierte in der Toskana, gewissermaßen vor der Haustür, dem Buddhismus annähern.

Reizvoll sind für den buddhistisch angehauchten Toskanareisenden vor allem die verschiedenen Kurse, die das Institut anbietet: Feng Shui und Bachblütentherapie, Musiktherapie, spirituelles Zeichnen, Massage mit Ölen und viele andere Themen. Buddhismus pur in der Toskana – das zieht viele Wochenendaussteiger an. Den Besuchern der Burg in Pomaia steht auch eine der umfangreichsten europäischen Bibliotheken zur Geschichte des Buddhismus zur Verfügung. In einem eigenen Verlag, den Chiara Luce Edizioni, werden Nachschlagewerke in verschiedenen Sprachen gedruckt.

Die Toskana scheint Buddhisten erstaunlicherweise besonders anzuziehen. Im Naturschutzpark des Monte Amiata bietet eine andere Gemeinschaft, die Comunità Dzogchen, ebenfalls buddhistische Einkehr. Dieser Zusammenschluss buddhistischer Laien ist in der Nähe der kleinen Ortschaft Bagnore in einem Gebäude untergebracht, das in der Form eines orientalischen Mandala errichtet wurde. Das Städtchen Arcidosso liegt nicht weit entfernt. Die Comunità Dzogchen wurde in den siebziger Jahren des 20. Jahrhunderts gegründet. In der Zwischenzeit sind weltweit Zweigstellen dieses Studieninstituts entstanden, die so genannten Gar. Die Comunità Dzogchen ist das Zentrum der Gar und deshalb trifft man hier immer wieder Menschen aus aller Herren Ländern. Die Buddhisten dieser Gemeinschaft haben sich der Lehre des tibetischen Lama Chogyal Namkhai Norbu verschrieben, der auch an der Universität Neapel asiatische Religionskunde unterrichtet. Besucher der Gemeinschaft können in einer gut ausgestatteten Bibliothek stöbern und sich an der Arbeit der Laien beteiligen, denen es allerdings nicht nur um die Verbreitung der Lehre ihres Lama geht. Sie organisieren auch kunsthistorische Expeditionen nach Tibet, um dort antike Gebäude vor dem Verfall zu retten.

1 Pomaia – auf den ersten Blick ein typisches italienisches Bergdorf. **2** Stupas mit Reliquien vor toskanischem Sommerhimmel. **3** Italienische Buddhisten beim Gebet im Tempel. **4** Das Drehen der buddhistischen Gebetsmühlen: im toskanischen Sommer eine sportliche Leistung. **5** Skulptur des Lama Yesce, der das buddhistische Zentrum Pomaia gründete.

Pomaia – Dharamsala alla Toscana

Wichtigste Sehenswürdigkeiten
Istituto Lama Tzong Khapa, Comunità Dzogchen

Geschichte
In den achtziger Jahren des 20. Jahrhunderts entstanden die buddhistischen Zentren in diesem Teil der Toskana. Befragt man die buddhistischen Mönche, warum sie sich ausgerechnet dort niedergelassen haben, deuten sie mit den Händen auf die umgebende Landschaft und verweisen auf die Einsamkeit und Stille dieses Ortes.

Essen und Trinken
Es gibt die Möglichkeit in den buddhistischen Zentren Mahlzeiten einzunehmen.

Rosignano Marittimo: *Baia del Sorriso,* Loc. Castiglioncello, Tel. 05 86-75 25 70; ein Hotelrestaurant, aber für Fischgerichte eine der besten Adressen der Gegend. *La Gattabuia,* Via Antonio Gramsci 32, Tel. 05 86-79 97 60; rustikales Lokal mit verlässlicher Landkost, dazu werden einfache, aber recht gute Weine serviert.

Übernachten
Es kann in den buddhistischen Klöstern nachgefragt werden, ob dort Zimmer frei sind.

Rosignano Marittimo (etwa 20 Kilometer westlich):
****Villa Godilonda,* Loc. Castiglioncello, Via G. Biagi 16, 19 Zimmer, Tel. 05 86-78 82 44, Fax 05 86-75 11 77. Komfortables Hotel direkt am Meer, mit Pool.
****Residenza Solferino,* Loc. Castiglioncello, Via Folferino 30, 12 Zimmer, Tel. 05 86-7 59 42, Fax 05 86-75 97 26, www.toscanatoscana.it. Historische Landresidenz mit rustikalen Zimmern.

Einkaufen
In den buddhistischen Zentren werden mehrsprachige Werke zu den verschiedenen Richtungen des buddhistischen Glaubens angeboten. Besonders interessant sind sicherlich die historischen Schriften, die in den hauseigenen Druckereien produziert werden.

Information
Istituto Lama Tzong Khapa, Via Poggiberna, Pomaia (Pisa). Für Informationen, Kurse und Seminare wende man sich an Tel. 0 50-68 56 54, Fax 0 50-68 57 68, E-Mail: iltk@libero.it, www.padmanet.com.iltk.
Die *Comunità Dzogchen* befindet sich in Arcidossi (Grosseto), Tel. 05 64-96 68 37, Fax 05 64-96 81 10, www.dzogchen.it, E-Mail: merigar@amiata.net oder auch: merigaroffice@tiscalinet.it.

Weißes Gold der Toskana
Carrara und Pietrasanta – Marmorbrüche, Marmormeister

Von Marmorbergen, die seit der Antike Wallfahrtsort berühmter Künstler sind, und von Künstlern, die heute aus den weißen Riesen Meisterwerke, aber auch Kitsch machen.

Wer von der Autobahn aus über die Via XX Settembre nach Carrara hineinfährt, dem erscheinen die Apuanischen Alpen auch im Hochsommer wie mit ewigem Schnee bedeckt. Die Bergspitzen sehen aus wie Alpengipfel im Winter. Ein Effekt, an dem Steinhauer 2000 Jahre lang gearbeitet haben. Teile der Berge liegen nun blank und zeigen nur noch ihren Marmor, der als der härteste und wertvollste der Welt gilt. Die Marmorbrüche von Carrara sind weltbekannt. Hollywoodschauspieler und Börsenhaie in New York lassen sich ihre Bäder mit dem blütenweißen und kostbaren Stein auskleiden. Wie schon bei den alten Römern so gilt auch heute »il marmo di carrara« als Statussymbol.

177 v. Chr. wurde unterhalb der Alpe Apuane die Ortschaft Luni gegründet. Ihr Geld verdienten die Bewohner mit dem mühsamen Abbau des kostbaren Steins. Nach dem Untergang von Luni entstanden zwei neue Ortschaften: Sarzana und Carrara. Vor allem Carrara wurde zum Synonym für Marmor. Schon Renaissancegenie Michelangelo (1475–1564) wählte sich hier Blöcke aus, aus denen er Meisterwerke schuf. Auch Barockbaumeister Gian Lorenzo Bernini (1598–1680) und der Klassizist Antonio Canova (1757–1822) bedienten sich in den Brüchen. Die Stadtväter verdienten mit den Künstlern viel Geld und richteten 1769 eine ortseigene Akademie der Schönen Künste ein. Noch heute zieht der weiße Marmor Kunstschaffende an. Mit Sturzhelm, Gummistiefeln und Overall ausgerüstet gehen sie prüfend die Marmorblöcke ab und wählen jene Gesteinsbrocken aus, die für ihre Kunstwerke gut genug sind.

Nicht weit von der Akademie entfernt kann der Reisende sich in der zünftigen kleinen Pizzeria »L´Accademia« stärken. Carlo Massa Trucat ist einer der besten Pizzameister der Küste. Als Nachtisch empfiehlt sich ein Abstecher ans Meer, nach Marina di Carrara. Die »Pasticceria Camboli« verführt mit herrlichen Süßspeisen wie zum Beispiel der leckeren Crostata, einem Mürbteigkuchen mit getrockneten Früchten und einer Crema Chantilly. Wer die gehobene Küche sucht, ist im »Ninan« gut aufgehoben. Marco Garfagnini bie-

1 In Carrara sind sogar die Straßen mit Marmorsteinen gepflastert. **2** Schmuckstück des Doms ist die äußerst filigran gearbeitete Fensterrose. **3** In Pietrasanta lebt die Mehrheit der Menschen von der Marmorverarbeitung. **4** Marmorbruch in den Bergen bei Carrara.

tet kreative Küche, Fisch- und Fleischgerichte vom Besten und gilt als einer der exzellentesten Küchenchefs der Region.

So interessant der Besuch in den Marmorbrüchen von Carrara auch ist: Kunst aus Marmor gibt es dort nicht zu sehen. Dafür muss man nach Pietrasanta fahren. In den zahllosen Andenkenbuden in Carrara werden neugierig gewordene Besucher gern mit den Visitenkarten jener Marmorbildhauerwerkstätten ausgestattet, die sich in Pietrasanta wie an einer Perlenkette aneinander reihen.

Woanders in der Toskana gibt es Weinstraßen. Carrara und Pietrasanta sind durch die rund 20 Kilometer lange Marmorstraße verbunden. Je näher der Reisende nach Pietrasanta kommt, umso kleiner werden allerdings die Marmorblöcke. Immer noch fahren Ausländer vor allem zum Baden in das kleine Städtchen oberhalb des Meeres. Zu besichtigen gibt es nicht viel, aber der romanische Dom, mit einer, wie kann es anders sein, Marmorfassade, ist sehr reizvoll. Was in Pietrasanta gleich auffällt: Nicht nur Parkbänke und Häuser, Denkmäler und Skulpturen, sondern selbst Gehsteige und Mülleimer sind aus Marmor. Einen Besuch lohnt die Torrefazione Mococa. In dem Geschäft wird eine so reiche Auswahl an Kaffeemischungen angeboten, dass viele Italiener auch von weit her ihre ganz persönlichen Mischungen bestellen. Im Herzen der Stadt erhebt sich ein Palazzo aus dem 17. Jahrhundert. Darin ist das »Pietrasanta« untergebracht, die beste Hoteladresse vor Ort.

Essen sollte man in Pietrasanta im »La Giudea«. Antonio Simonetti und seine Frau Barbara kochen in dieser Familientrattoria Gerichte der toskanischen und ligurischen Küche. Sämtliche Nudelzubereitungen sind traumhaft. Antonio zeigt seinen Gästen gern den Weg in ein kleines önologisches Paradies. Die »Enoteca Marcucci« gilt aufgrund ihres reichhaltigen Angebots an italienischen Weinen als eine der bestsortierten ganz Mittelitaliens. Zu glasweise ausgeschenkten Tropfen werden herzhafte Wurstspeisen serviert.

Der Besuch in den Marmorwerkstätten von Pietrasanta ist sehr reizvoll. Fast überall steht Michelangelos nackter David in allen Größen direkt neben dem Herrn Jesu. Ganze Familien leben von Steinmetzarbeiten. Auch international berühmte Künstler arbeiten vor Ort – oder genauer: lassen arbeiten. Denn selbst wenn Künstler ihre Marmorskulpturen mit ihrem Namen versehen, so werden die Skulpturen doch oft von anderen aus dem Marmor gehauen. Fast immer ist das so und die Marmorarbeiter von Pietrasanta stört das nicht. Wichtig ist für sie nur, dass genügend Aufträge eingehen. In ihren Werkstätten entstand Kunst von Fernando Botero, von Giò Pomodoro, von Henry Moore und Igor Mitoraj. Dani Karavans schuf in Pietrasanta aus blütenweißem Carraramarmor die Skulptur »Ma´alot«, die jetzt in Köln steht. Kunst aus Pietrasanta findet sich auch in Berlin, in Paris und in Bagdad. Selbst die Beamten des nun gestürzten irakischen Diktators Saddam Hussein bestellten

hier Ende der neunziger Jahre des 20. Jahrhunderts Monumente ihres Herrschers. Egal, woher die Aufträge kommen: Die Meister von Pietrasanta fertigen an, was ihre Kunden wünschen.

1 Himmelfahrtsaltar im Seitenschiff des Doms. **2** Sein Langhaus stammt aus dem Frühmittelalter. **3** Hort der Marmormeister: Die Akademie der Schönen Künste. **4** Hier verwahrt man Kunstwerke mittelalterlicher Künstler wie von Andrea Pisano. **5** Seile zersägen den Marmor.

Carrara und Pietrasanta

Wichtigste Sehenswürdigkeiten
Carrara: Dom (modernes Äußeres, aber alte Kunst im Inneren), Rocca (Burg mit Panoramablick), Accademia di Belle Arti, verschiedene Marmorwerkstätten und -steinbrüche (letztere in der Regel nur mit Führung).
Pietrasanta: Dom (romanisches Meisterwerk), Baptisterium (aus der Renaissance), Marmorwerkstätten.

Geschichte
Schon die alten Römer bauten in Carrara ihren Marmor ab. Der ganz große Handel mit dem Stein begann allerdings erst in der Renaissance. Die Bewohner von Carrara und Pietrasanta leben bis heute fast ausschließlich von der Marmorverarbeitung.

Essen und Trinken
Carrara:
L´Accademia, Via Verdi 7, Tel. 05 85-7 09 46; die unbestritten beste Pizzeria in der Umgebung.
Ninan, Via Lorenzo Bartolini 3, Tel. 05 85-7 47 41; traditionelle Nudel- und Fischgerichte kreativ abgewandelt, das Restaurant verfügt über einen Michelin-Stern.
Pietrasanta:
La Giudea, Via Barsanti 4, Tel. 05 84-7 15 14; toskanische und ligurische Küche wird in diesem zünftigen Lokal serviert.

Übernachten
Pietrasanta:
*****Albergo Pietrasanta,* Via Garibaldi 35, 19 Zimmer, Tel. 05 84-79 37 26, Fax 05 84-79 47 28, www.albergopietrasanta.com. Komfortables Hotel in einem barocken Palazzo.

Einkaufen
Pasticceria Camboli, Loc. Marina di Carrara, Via Rinchiosa 20 d; die Crostata (Mürbeteigkuchen) probieren!
Torrefazione Mococa, Via Stagio Stagi 57; aus ganz Italien bestellen sich Genießer ihre persönlichen Kaffeemischungen.
Enoteca Marcucci, Via Garibaldi 40, Tel. 05 84-79 19 62; eine der am besten sortierten Weinhandlungen Mittelitaliens.

Information
Carrara: APT Piazza G. Matteotti, Tel. 05 85-77 97 07
www.comune.carrara.ms.it
Pietrasanta: Piazza Statuto, Tel. 05 84-28 32 84,
Fax 05 84-28 32 84

46 Der Norden

Auf der Suche nach der verlorenen Zeit
Die Kunst des Kurens – Montecatini Terme

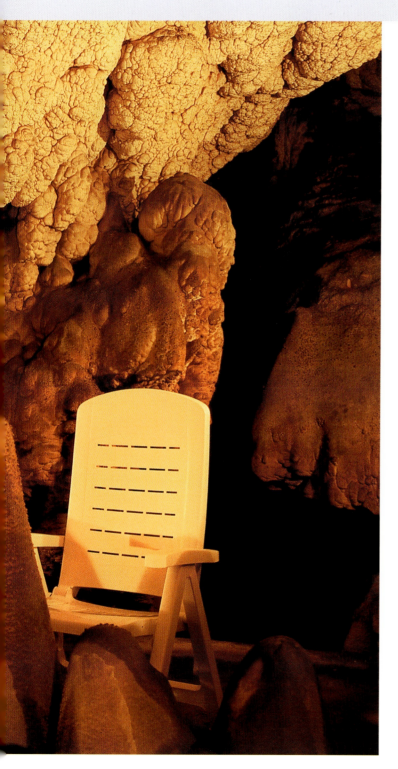

Kuren à la carte: wo Prinzen und Künstler, Politiker und die Großbourgeoisie heilende Wasser tranken und trinken. Ein Besuch lohnt wegen des immer noch vorhandenen Charmes vergangenener Zeiten.

Alles begann mit Giuseppe Verdi (1813–1901). So ist überall zu lesen. Aber noch bevor Italiens berühmtester Opernkomponist sich vom Stress der Musikszene des 19. Jahrhunderts in die Thermen von Montecatini zurückzog, hatte ein Habsburger die Heilwasser des Städtchens entdeckt und erste Kuranlagen errichten lassen. Nach dem Tod des letzten Medicifürsten Gian Gastone (1737) wurde Leopold von Habsburg (1747–1792) neuer Großherzog der Toskana. Er ließ die seit dem Mittelalter bekannten Heilquellen ausbauen und machte sie einem größeren Publikum zugänglich. So richtig berühmt aber wurden sie, nachdem Giuseppe Verdi jedes Jahr in Montecatini kurte. Mit ihm kam auch der Jetset seiner Zeit: andere Musiker, Künstler, reiche Bürgersleute und Aristokraten. Es war schick geworden, durch die eleganten Kuranlagen zu bummeln. Diese Eleganz umfängt die Besucher noch heute. Montecatini Terme ist zwar seit den fünfziger Jahren des 20. Jahrhunderts kräftig ausgebaut und mit rein zweckmäßigen Hotels und Pensionen ausgestattet worden, jedoch strahlen die alten Anlagen aus dem 19. Jahrhundert immer noch den Charme vergangener Zeiten aus. Schade nur, dass die heutigen Gäste nicht gezwungen werden, sich so aufwändig elegant zu kleiden, wie es damals im Fin de Siècle und während des Jugendstils Mode war. Die moderne Freizeitkleidung passt so gar nicht nach Montecatini Terme.

Da ist zum Beispiel die Terme Tettuccio aus den zwanziger Jahren des letzten Jahrhunderts. Ein Traum von einer Kuranlage, ganz aus porösem Travertinstein und mit Hunderten von Säulen errichtet. Hierher kommen nicht nur Menschen auf der Suche nach Genesung, sondern auch Nostalgiker auf der Suche nach einer verlorenen Zeit. Die Gebäude und Wandelhallen, in denen aus bronzenen Hähnen das gesunde Wasser sprudelt, erinnern an Tempelanlagen. Ein faszinierender Mix aus Hallen und Prunkfassaden, Statuen und Wandmalereien, aus Kuppeln und dem Rauschen zahlloser Brunnen. Die Traumbauten sind von einem gepflegten Garten umgeben mit Bäumen und ausgedehnten Blumenbeeten. Die Szene ist zu

1 Nicht nur Thermen laden zum Entspannen ein: Park in Montecatini Terme. **2** Neobarocke Pracht an der Viale Giuseppe Verdi. **3** Die Terme Excelsior zählt zu den drei großen Kurhäusern. **4** Unterirdische Heilwasser: Die Grotta Giusti mit dem warmen See entdeckte man erst 1849.

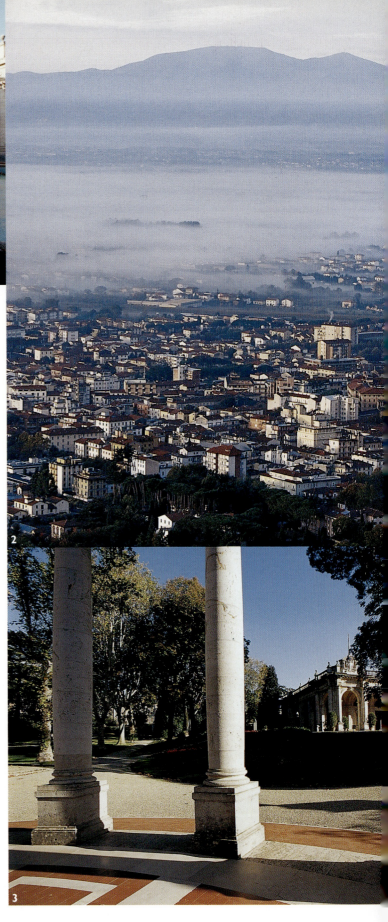

schön, um wahr zu sein. Vor allem in Italien, wo man nie besonderen Wert darauf legt, öffentliche Grünflächen so zu pflegen, wie es sich eigentlich gehört.

Die Terme Excelsior von 1915 ist ganz im Liberty-Stil gebaut, wie man in Italien den Jugendstil nennt. An Leopold von Habsburg erinnern die 1775 geschaffenen klassischen Anlagen der Terme Leopoldine. Hinreißend schön ist auch die Terme Torretta. Sie wurde einer toskanischen Prachtvilla nachempfunden. Hierher kommen die Kurgäste nach den am Vormittag zu genießenden Heilwässerchen mit den Namen Tamerici, Tettuccio, Regina und Torretta, um das Nachmittagswässerchen zu konsumieren, das Heilwasser Rinfresco. Kostbares Nass aus tiefem Untergrund, das, so versichern Mediziner, bei Erkrankungen der Leber, des Magens und des Darms, der Galle und bei Rheuma und Gicht helfen soll. Durch die Thermenluft klingen die sanften Töne der Kurkapelle, die so langsam spielt, dass selbst Gichtkranke mittanzen können. – Die Atmosphäre ist zauberhaft.

Viele Italiener kommen aber nicht nur zum Kuren nach Montecatini Terme. Das Ambiente ist so elegant, dass sie wie in Cortina d´Ampezzo in den Dolomiten oder auf der Jetset-Insel Capri einfach nur etwas von der mondänen Welt der Kuranlagen, der Luxushotels und der zahllosen Juweliergeschäfte miterleben wollen. Besuchern, die sich nicht nur dem langsamen Bummeln auf dem 50 Hektar großen Kurgelände hingeben wollen, sondern auch körperliche Ertüchtigung suchen, steht der zwölf Hektar große Parco delle Panteraie zur Verfügung. Hier können von Ärzten individuell erstellte Kurwanderungen unternommen werden, und wer fit genug ist, kann auf einem Trimmpfad überflüssige Pfunde abtrainieren.

Montecatini Terme hat ein Flair, das wunderbar unzeitgemäß ist. Ein Flair, dem man in verschiedenen Hotels nachspüren kann. Das »Grand Hotel & La Pace« zum Beispiel ist ein Prachtbau der Belle Epoque. Dieses Haus gilt als eine der schönsten Herbergen ganz Italiens. Klasse, Stil, Eleganz und ein das ganz Jahr über blühender Park sowie ein beheizter Pool machen aus diesem Hotel die

erste Adresse am Ort. Luxuriös, aber auch ein bisschen altmodisch geht es im »Tettuccio« zu. Dieses komfortable Hotel aus dem Jahr 1894 befindet sich direkt vor dem Eingang zur Terme Excelsior. Als bestes Restaurant gilt das »Gourmet«: Traditionelle Gerichte aus den Hügeln von Florenz und von der nicht weit entfernten Meeresküste machen den Gästen die Auswahl schwer.

Auch wenn die meisten Kurgäste anreisen, um ihrem Körper etwas Gutes zu tun, dürfen süße Seitensprünge nicht fehlen. Unumgänglich ist der Besuch bei »Giovannini«. Seit Generationen versorgen die Kuchenbäcker dieses Traditionslokals Kurgäste mit verführerischen Kalorienbomben. Auch ein Sprung in die Konditorei Bargilli ist ein absolutes Muss. Die warmen und täglich frischen Cialde – das sind runde und mit süßer Schlagsahne gefüllte Waffeln oder auch Oblaten – sind unbeschreiblich gut. Wer denkt beim Anblick der Auslagen dieser Konditoreien schon an die kleinen Wehwehchen, die man ja später wieder mit Heilwasser bekämpfen kann?

1 Der schlossähnliche Innenhof der Terme Tettuccio mit ihrem Wandelgang spiegelt die Eleganz vergangener Zeiten. **2** Morgendlicher Blick von Montecatini Alto auf die Kurstadt mit ihren ausgedehnten Parkanlagen. **3** Terme Tettuccio. **4** Gediegener Komfort – Thermenhotel »Tettuccio«.

Montecatini Terme – Die Kunst des Kurens

Wichtigste Sehenswürdigkeiten
Montecatini Terme: Parco delle Terme (auch wer nicht hier kurt, sollte sich die Gebäude aus unterschiedlichen historischen Epochen anschauen); Montecatini Alto per Funicolare (Seilbahn) erreichbar, historischer Ortskern.

Geschichte
Schon bei den Römern und im Mittelalter war Montecatini Terme wegen seiner Heilwasser bekannt. Fürst Peter Leopold von Habsburg-Lothringen ließ in den 1870er Jahren die Thermalquellen um- und ausbauen. Der Ansturm begann erst so richtig im 19. Jahrhundert, als italienische und ausländische Prominenz den Kurort international bekannt machte.

Essen und Trinken
Gourmet, Viale Amendola 6, Tel. 05 72-77 10 12; Spitzenadresse für Genießer. Ausgezeichnet sind die Fischgerichte.

Übernachten
*****Grand Hotel & La Pace,* Via della Torretta 1, 122 Zimmer, Tel. 05 72-92 40, Fax 05 72-7 84 51, E-Mail: info@grandhotel-lapace.it. Eines der schönsten und traditionsreichsten Luxushotels vor Ort, Jugendstilatmosphäre pur. Im Park ein beheizter Pool.
*****Grand Hotel Croce di Malta,* Viale 4 Novembre 18, 133 Zimmer, Tel. 05 72-92 91, Fax: 05 72-76 75 16, E-Mail: info@crocedimalta.com. Luxus vom Feinsten mit großen Suiten und beheiztem Pool im Hotelpark.

****Tettuccio,* Viale Verdi 74, 74 Zimmer, Tel. 05 72-7 80 51, Fax 0572-75711, E-Mail: info@hoteltettuccio.it. Altes Luxushotel von 1894 mit besonders viel Charme und Atmosphäre.

Einkaufen
Giovannini, Corso G. Matteotti 2/4/6, Tel. 05 72-7 89 48; bester Kuchenbäcker des Kurortes.
Bargilli, Viale Grocco 2, Tel. 05 72-7 94 59; seit über 50 Jahren ist diese Konditorei für ihre Cialde berühmt, ihre Waffeln mit Sahne.

Information
APT Viale Verdi 66/68, Tel. 05 72-77 22 44, E-Mail apt@montecatini.turismo.toscana.it

Weit mehr als ein schiefer Turm ...
Pisas Altstadt – Schatztruhe einer Seehandelsstadt

Keinesfalls sollte man nur einen Abstecher auf den Campo dei Miracoli machen. In Pisas Altstadtgassen erlebt man noch den Charme toskanischer Stadtkultur.

Am besten besucht man ihn nach Einbruch der Dunkelheit. Wenn die Touristen, die in Pisa übernachten, beim Essen in einer der zahllosen Trattorien sind. Oder noch viel später. Nachts, wenn sich der hell erleuchtete schiefe Turm vom Nachthimmel abhebt. Dank des Lichts von Richtstrahlern werden die Feinheiten seiner romanischen Architektur so richtig deutlich. Das gilt auch für den ebenfalls romanischen Dom und das kreisrunde Baptisterium. Erst das künstliche Licht hebt die ganze Grazie und Schönheit dieser einmaligen Bauwerke hervor.

Der Campo dei Miracoli, das Feld der Wunder, heißt jene unvergleichliche Komposition aus verschiedenen Gebäuden, die alle zwischen dem 10. und dem 13. Jahrhundert errichtet worden sind. Hierher pilgern sie alle, die Touristen, und so ist der Platz, auf dem der Dom, der Turm und die Taufkapelle aus dem sie umgebenden Rasen herauszuwachsen scheinen, tagsüber eine irdische Hölle. Man drückt und schiebt und schubst und die Faszination des Campo dei Miracoli bleibt dem Besucher in der Regel verschlossen. Nur nachts und an Regentagen, wenn er menschenleer ist, wird der ganze Zauber dieses Ortes spürbar.

Die drei Gebäude des Domplatzes gelten als Meisterwerke der so genannten pisanischen Romanik. Ein Baustil, der mittelalterlich und doch extrem elegant ist. An der Realisierung der einzelnen Bauwerke arbeiteten Künstlerstars wie Nicola und Giovanni Pisano (1220–1284 und 1245–1314). Sie waren für das Baptisterium verantwortlich, das über eine gewaltige Kuppel mit einem Durchmesser von 18 Metern verfügt. Die Kanzel von Giovanni Pisano im Dom ist eines der Hauptwerke der italienischen Gotik. So viel Kunst der Dom und die Taufkapelle auch bieten: Die Reisenden strömen dennoch vor allem zum Turm. Er ist 54 Meter hoch, kreisrund und verfügt über 294 Stufen. Seit einiger Zeit können diese auch wieder begangen werden. Nach jahrelangen Konsolidierungsarbeiten ist es den Fachleuten der Dombauhütte gelungen, den Turm vor dem Umstürzen zu bewahren. Die Ingenieure schafften

1 S. Paolo a Ripa: Kirchenjuwel am Arno. **2** Barockes Deckenfresko in der Domkuppel. **3** Die Via Borgo Stretto existiert seit der Antike. **4** Eine Art Vor-Renaissance: Baptisterium (ab 1152), Dom (Weihe 1118) und Campanile (ab 1174) interpretieren die Romanik aus antikem Geist.

es sogar, dass er sich langsam, aber sicher wieder in seine Ausgangsposition zurückbewegt.

Der Turm, der Dom und die Taufkapelle – und dann weiter durch die Toskana. Ein grober Fehler, den die meisten Pisabesucher begehen. Richtig ist, dass Pisa im letzten Weltkrieg bombardiert wurde und die Zerstörungen tiefe Löcher in den gewachsenen Stadtkern rissen. Falsch ist, dass Pisa deshalb nicht viel zu bieten hat. Im Gegenteil. Eine Tagestour durch das Centro storico, das historische Zentrum, beweist es: Von der 2000-jährigen Geschichte ist noch vieles übrig geblieben. Direkt gegenüber dem Dom, hinter den zahllosen Devotionalienbuden, verbirgt sich das Museo delle Sinopie. Ein Ort der Stille, denn die Tagestouristen verirren sich nur selten in dieses Schatzkästchen. Ausgestellt ist die Sammlung der Entwurfszeichnungen für die Fresken des Camposanto, des Friedhofs, der hinter der hohen Mauer liegt, die den Campo dei Miracoli auf einer Seite umschließt. Diese Zeichnungen stammen von italieni-

schen Meistern des 14. und 15. Jahrhunderts, von Taddeo Gaddi (1300–1366), Benozzo Gozzoli (1420–1497) und anderen. Da die Fresken des Friedhofs Ende des Zweiten Weltkrieges durch einen Brand schwer zerstört wurden, kommt diesen ausgezeichnet erhaltenen Zeichnungen eine besondere Bedeutung zu. Neben dem Museo delle Sinopie werden im Museo dell´Opera del Duomo mittelalterliche Meisterwerke der Pisaner Schule gezeigt.
Durch die Via Cardinale Maffi erreicht der Reisende Santa Caterina. Die Dominikanerkirche ist ein Meisterwerk spätmittelalterlicher Kunst. Auf dem Weg zum Gotteshaus San Francesco aus dem 13. Jahrhundert befindet sich in der Via San Francesco die Pasticceria Frangioni: Die Gebäckteilchen gehören zu den besten der Stadt.

1 Modernste Ingenieurtechnik sichert den Campanile. **2** Das rechte Seitenschiff des Doms. Grabstätte für den deutschen Kaiser Heinrich VII. **3** Blick auf den Campo dei Miracoli vom Campanile aus. **4** Das Baptisterium finanzierten alle 34 000 Familien Pisas mit je einem Goldstück.

Dem Museo Nazionale di San Matteo sollte man auf jeden Fall einen Besuch abstatten. Hier sind die vielleicht reichsten und wichtigsten Sammlungen zur Kunst der Pisaner Schule untergebracht. Kunstwerke, die deutlich zeigen, dass das politisch unabhängige Pisa im Mittelalter eine reiche und mächtige Stadt war, die es mit den Seerepubliken Genua, Amalfi und Venedig aufnehmen konnte.

Besucher, die keine Lust auf Kirchen und Museen haben, sollten vom Domplatz aus ihre Schritte in die uralte Via della Maria lenken. Sie führt in den historischen Stadtkern. Alte Häuser und kleine Kirchen wechseln sich mit Bogengängen ab, die vor Regen und Sonne schützen. Von der Via della Maria biegt man in die Via dei Mille. Im Haus Nummer 18 lockt die »Casa della Panna«, das Haus der Sahne. Eine einfache Kaffeebar, die vor allem von Studenten frequentiert wird, in der aber Maxi-Brioche serviert werden, die ausgezeichnete Hungerstiller sind: Sie bestehen aus dicken süßen und in der Mitte aufgeschnittenen Brötchen, die mit ebenso süßer Sahne gefüllt sind. Auf diese Weise gestärkt geht es zur nahen Piazza dei Cavalieri. Hier schlug in früheren Jahrhunderten das politische Herz der Seerepublik. Aus dem 16. Jahrhundert stammt der Palazzo dei Cavalieri. Darin ist heute eine Eliteuniversität untergebracht.

Die Via Borgo Stretto ist ein Straßenjuwel: Gebäude aus dem 11. bis 18. Jahrhundert wechseln sich ab. Über den Ponte di Mezzo führt der Weg in den südlichen Stadtteil, doch sollte man sich zunächst die Uferfassaden anschauen. Die Häuserfronten, fast alle aus dem 19. Jahrhundert und farblich in Grau- oder Beigetönen

1 Im Palazzo dei Cavalieri ist die renommierteste italienische Eliteuniversität, die Scuola Normale Superiore, untergebracht. Die dreigeschossige Front gestaltete Giorgio Vasari 1562. **2** Achteckiges Spitzhaubendach des Oratoriums von S. Agata. **3** Malteserkreuz am Palazzo dei Cavalieri. **4** Wenig Straßenverkehr im historischen Zentrum verlockt zur Kutschfahrt. **5** Exklusive Adresse: Hotel Relais dell'Orologio.

gehalten, sind typisch für den auf Distanz haltenden Charme dieser Stadt. Von der Brücke aus geht es in kleine mittelalterliche Straßen mit Cafés und Trattorien. Besonders schön: die Via San Martino, die zur gleichnamigen Kirche führt. Hier, im ehemaligen Stadtviertel Chinzica, wohnten zur Zeit der Seerepublik reiche Händler auch aus so fernen Ländern wie Arabien. Sie errichteten sich Wohntürme, in deren Erdgeschossen sie ihre Waren lagerten und feilboten. Die Atmosphäre dieses Viertels lebt jeden Vormittag auf, wenn vor der Kirche des heiligen Martin ein Markt abgehalten wird.

Etwas südlich von dieser Piazza gelegen, in der Via Turati, die zum Hauptbahnhof führt, präsentiert der Niederländer Paul De Bondt seine kalorienreichen, aber sehr verführerischen Kunstwerke. In der Cioccolateria De Bondt gibt es 15 verschiedene Schokoladensorten, alle hausgemacht. Die Pralinenauswahl ist umwerfend. Wer es deftiger mag, sollte bei der Familie Simi einkehren: In dem einfachen Lokal gibt es Pisaner Spezialitäten wie die Zuppa Pisana, eine Suppe mit Kohl, Bohnen und Gemüse. Oder den leckeren Stockfisch mit Kartoffeln, eine andere Regionalspezialität.

Ein ganz besonderes Schmuckstück Pisas ist die nur wenig besuchte Kirche San Paolo a Ripa d'Arno. Auch sie wurde im Stil der Romanik errichtet, weist aber ungewöhnliche Bögen der maurischen Architektur auf. Direkt neben dieser Kirche erhebt sich Sant'Agata, ein kleines Gebäude, das noch aus dem 7. Jahrhundert stammt und alle kriegerischen Wirren und Zerstörungen scheinbar unbeschadet überstanden hat.

Pisa – weit mehr als nur ein schiefer Turm

Wichtigste Sehenswürdigkeiten
Campo dei Miracoli (mit dem schiefen Turm, dem Dom und dem Baptisterium), S. Maria della Spina (gotisches Architekturjuwel), Camposanto, Altstadt.

Geschichte
Die Stadt wurde von den Etruskern gegründet. Der Orienthandel brachte wirtschaftlichen Aufschwung und führte in der Ghibellinenstadt während des 12. Jahrhunderts zu reger Bautätigkeit. Pisa, einer der mächtigsten italienischen Stadtstaaten, verfügte über eine gefürchtete Flotte. 1406 fiel die Stadt an die Medici. Im Zweiten Weltkrieg wurde sie stark zerstört.

Essen und Trinken
Casa della Panna, Viale dei Mille 18, Tel. 0 50-55 64 01; Kraftnahrung: Maxi-Brioche mit süßer Sahne!
Enogastronomia Nadia Simi, Via San Martino 6, Tel. 0 50-2 41 69; herzhafte lokale Gerichte werden in einem einfachen Ambiente gereicht.

Übernachten
*****Relais dell'Orologio,* Via della Faggiola 12/14, 21 Zimmer, Tel. 0 50-83 03 61, Fax 0 50-55 18 69,
E-Mail: info@hotelrelaisorologio.com. Schöne Zimmer in einem frisch restaurierten Wohnturm des 14. Jahrhunderts.

Einkaufen
Pasticceria Frangioni, Via S. Francesco 61, Tel. 0 50-54 00 44; die vielleicht beste Konditorei Pisas.
Cioccolateria De Bondt, Via Turati 22, Tel. 0 50-50 18 96; Pralinen und Schokolade für den Nachtisch oder als Mitbringsel.

Information
Piazza Miracoli, Tel. 0 50-56 04 64,
E-Mail: pisa.turismo@traveleurope.it

Baden der feinen Art
Mythos Versilia

Im Sommer sollte man sie meiden, aber im übrigen Jahr bieten die Badeorte der Versilia stille Eleganz mit dem Hauch vergangener Größe.

Eigentlich begann alles mit einem Kind und seinen Eltern und deren Bediensteten. In einen schwarzweißen Matrosenanzug gekleidet buddelte ein kleiner Junge Löcher in den Sand von Forte dei Marmi und von Viareggio. Das Kind war ein Thronerbe. Der kleine Gianni sollte einmal der Herrscher des größten italienischen Firmenimperiums werden, von Fiat. Dass seine Familie sich ausgerechnet die kleinen und damals noch verschlafenen Badeorte an der Versiliaküste zwischen Marina di Massa und Viareggio für die Sommerferien ausgesucht hatte, wird heute als Beginn einer Ära bezeichnet. Einer Ära, von der die Badeorte an der Versilia noch heute zehren – und das obwohl Italiens Jetset inzwischen lieber Sardinien und Fernost der toskanischen Küste vorzieht.

Ende der zwanziger Jahre des 20. Jahrhunderts wurde die Versilia dank der Autofamilie Agnelli der gute Salon der Italo-Bourgeoisie. Wie der Pkw-König und seine Sippe wollten fortan auch die anderen Reichen, Aristokraten und Schönen an dieser Küste urlauben. In nur wenigen Jahren wurden Luxushotels aus dem Boden gestampft. Hotels im italienischen Jugendstil, der hier Liberty genannt wird. Um diese Hotels herum entstanden prächtige Privatvillen für diejenigen, die über eigene Residenzen verfügen wollten. Die Strände galten als die gepflegtesten ganz Italiens. Das ist auch heute noch so.

Wie Perlen einer Kette reihen sich die Badeanstalten an der rund 170 Kilometer langen Küste aneinander. Sie unterscheiden sich nur durch die Farbe ihrer Sonnenschirme und Liegestühle. Sie alle legen größten Wert darauf, dass der Sand immer gepflegt ist. Das ist einer der ganz wichtigen Pluspunkte der Versilia: die Sauberkeit ihrer Strände. Deshalb kosten die Tageskarten zu den Stränden auch nicht gerade wenig. Wer aber in einem Familienhotel Vollpension mit Spiaggia, mit Strandbesuch, bucht, erhält einen wesentlich preiswerteren Zugang.

Schon bevor die Agnellis ihre Kinder an dieser Küste ans Wasser ließen, schwärmte der britische Poet Percy Bysshe Shelley

1 Strandbad Balena mit Riesenwal in Viareggio. **2** Jugendstilfassaden – wie an der Viale Regina Margherita – bestimmen viele Straßen Viareggios. **3** Abenddämmerung am Strand von Forte dei Marmi. **4** Marina dei Ronchi und die Marmorberge von Carrara.

Riviera della Versilia 57

(1792–1822) von der romantischen Landschaft. Auch Lord Byron (1788–1824) und Opernkomponist Giacomo Puccini (1858–1924) würdigten das gesunde Klima und das sanft abfallende Meer. Als Nationaldichter Gabriele D´Annunzio (1863–1938) mit der Schauspielerin Eleonora Duse (1858–1924) eine Villa in Meeresnähe mietete und die beiden furiose und unüberhörbare Liebesszenen lebten, wurde die Badeküste auch zum Anziehungspunkt von Künstlern und vielen Bohemiens. Ein Mythos war geboren, und was den Franzosen ihre Côte d´Azur war, wurde den Italienern ihre Versilia. Vor allem während des Faschismus, als Autarkie und Nationalismus es selbstverständlich machten, in den Grenzen des eigenen Staates die Sommermonate zu verbringen.

Obwohl der Bauboom seit den zwanziger Jahren des 20. Jahrhunderts der landschaftlich reizvollen Küste kräftig zusetzte, strömten bildende Künstler massenweise an die Versilia. Carlo Carrà (1881–1966) und Alberto Savinio (1891–1952) verliehen der Gegend mit ihrer Anwesenheit den letzten eleganten Schliff. Wer auf sich hielt, egal zu welcher gesellschaftlichen Klasse und Kategorie er gehörte, hatte sich an der Versilia in der Sonne zu aalen. Künstler, Jetset, Junggesellen und die Töchter der guten Gesellschaft: Sie alle hofften auf Abwechslung und machten die Küste zum begehrtesten Ort für Stelldicheins. Der Versilia-Lover war geboren, der schöne Italiener, der die Damenwelt erobern will. In zahllosen Nachkriegsfilmen neorealistischer Regisseure wird das Dorado von Marina di Massa und Forte dei Marmi nacherzählt. Der Reisende, der heute die Versilia aufsucht, wird von dem mondänen Flair nicht mehr viel erleben. Die Reichen, die nach wie vor ihre Villen an der Küste haben, ziehen sich hinter hohe Mauern zurück. Der Jetset hat Familien mit Kindern Platz gemacht. Doch was die Versilia auch heute noch auszeichnet, ist ihre lässige und halbwegs elegante Atmosphäre. Alles wirkt gepflegt: von den Stränden über die Grünanlagen bis zu den Cafés. Aber Achtung: Die

1 Strandbad Balena in Viareggio: Schwimmbecken in olympiareifer Größe. **2** Bummeln in Badekleidung auf dem Pier. **3** Elegante Hausfassaden der zwanziger Jahre in Viareggios Viale Regina Margherita. **4** Die mehr als 30 Kilometer lange Sandstrandmeile der Versiliaküste: im Frühjahr und im Herbst ideal für einen gepflegten Familienurlaub.

Küste ist am schönsten in der Vor- und in der Nachsaison. Im Sommer, vor allem im August, ist sie heillos überfüllt.

Geographische Hauptstadt der Küste ist Pietrasanta. Das Städtchen liegt nicht direkt am Meer, zieht aber immer mehr zeitgenössische Künstler an – wegen seiner Lage, wegen seiner frischen Luft und der stimulierenden Atmosphäre. Hier schaffen der Maler Fernando Botero (geb. 1932) und der Bildhauer Igor Mitoraj (geb. 1944). Pietrasanta verfügt über einen reizvollen romanischen Dom, den man nicht nur an Schlechtwettertagen besuchen sollte. Der Strand von Pietrasanta, die Marina, bietet auf vier Kilometer Länge feinsten Sand. Frühmorgens, wenn die Familien noch beim Früh-

Riviera della Versilia 59

stück sitzen, oder am frühen Abend, wenn sie in ihren Hotels beim Essen sind, ist dieser Strand ein wahrer Traum!

Auch Massa teilt sich in zwei Welten. Während Marina di Massa ein hübsches Badestädtchen ist, wo es außer Meer und Sand und der traumhaften Pasticceria Fiorentina mit ihren Törtchen und Plätzchen nicht viel zu besichtigen gibt, ist Massa ein kleines Schatzkästchen. An der Piazza degli Aranci erhebt sich der Palazzo Cybo Malaspina mit seiner prächtigen Fassade aus dem 17. Jahrhundert. Der gotische Dom enthält in seiner Krypta die Grüfte lokaler Herrscher und andere Kunstwerke der Renaissance. Ein mühevoller Anstieg bringt den Reisenden zur Rocca, einer mittelalterlichen Burg mit einem Renaissancepalast. Der Blick von den Zinnen auf das Städtchen und die Küste ist umwerfend.

Auch Forte dei Marmi verfügt über einen wunderbaren Sandstrand, der jeden Abend penibel gesäubert wird. Von Forte aus sind es nur knapp 20 Kilometer Autofahrt nach Stazema. Hier können zahllose Marmorbrüche besichtigt werden, in denen schon Michelangelo die Blöcke für seine Kunstwerke auswählte. Wohnen sollte man im »Hotel Byron«. Es liegt nur wenige Meter vom Meer entfernt und strahlt ein elegantes Ambiente aus. Das Haus erinnert an das Clubhaus eines Golfplatzes aus den zwanziger Jahren des letzten Jahrhunderts. Wenn man schon so fürstlich nächtigt, dann sollte man auch im »Lorenzo« speisen. Ein Michelin-Stern garantiert fantastische Gerichte wie ein Soufflé aus Bohnen mit Scampi oder eine Fischsuppe. Preiswert und in weniger elegantem Ambiente, dafür aber trotzdem gut, isst man in der »Osteria del Mare«. Die Weinauswahl ist hervorragend.

Auf dem Lungomare, der Strandstraße von Viareggio, lohnen sich lange Spaziergänge. Auf drei Kilometer Länge wechseln sich Palmen und Oleanderbüsche ab. Dahinter spendet eine Pineta, ein Pinienwald, im Sommer kühle Frische. Von der großen Vergangenheit Viareggios zeugt das »Plaza e de Russie«. Es war das erste und lange Zeit das eleganteste Hotel am Ort. Noch heute strahlt dieses Haus den Glanz vergangener Zeiten aus. Ein besonderes Erlebnis: das Abendessen im Restaurant auf dem Dach.

1 »Hotel Byron« in Forte dei Marmi. Das wohl exklusivste Strandhotel der Versilia beherbergte schon gekrönte Häupter und wurde 1899 bis 1902 errichtet. 2 Großbürgerlich: das »Plaza e de Russie« in Viareggio. 3 Chefin Franca Checchi präsentiert ihre Kreation »Mit Gemüse und Krustentieren gefüllter Tintenfisch« in Viareggios »Ristorante Romano«.

Auch die Küche von Viareggio wartet mit einigen Highlights auf, die leider nicht besonders preiswert sind. Das »L´ Oca Bianca« ist vielleicht das beste Restaurant am Platze. Traumhaft ist das Tunfischfilet mit einer Kruste aus Sesamkörnern. »Il Patriarca« ist ebenfalls eine ausgezeichnete Adresse, die viele Feinschmecker anlockt.

Zahlreiche Schaulustige zieht es im Frühjahr nach Viareggio, wenn der Carnevale di Viareggio stattfindet. Dabei handelt es sich um einen Umzug mit geschmückten Wagen, wobei immer wieder Roms Politiker auf den Arm genommen werden. Im Sommer lockt der nahe Lago di Massaciuccoli. An seinen Gestaden lebte in Torre del Lago der Komponist Giacomo Puccini. Seine Opern werden jedes Jahr im Sommer direkt am See unter dem Abendhimmel aufgeführt (Nicht vergessen: Anti-Mückenspray mitnehmen).

Künstler, Bohemiens und Möchtegerns treffen sich noch heute während der warmen Jahreszeit in den vielen Bars der Versilia. Zum Aperitif am frühen Abend sind sie immer rappelvoll. In ist beispielsweise ein abendlicher Drink in der Caffetteria »Il Giardino« in Forte dei Marmi.

Riviera della Versilia – Baden der feinen Art

Wichtigste Sehenswürdigkeiten
Pietrasanta: Dom (Romanik außen und Renaissance innen)
Marina di Massa: Strände
Forte dei Marmi: Strandpromenade, Sandstrände
Marina di Pietrasanta: Strände
Viareggio: Strandpromenade, Lido di Camaiore

Geschichte
Die Versiliaküste erlebte ihren touristischen Aufschwung Anfang des 20. Jahrhunderts. Vorher war sie ein Geheimtipp. Auch wenn sie in den letzten Jahrzehnten viel von ihrem exklusiven Charme eingebüßt hat, bietet sie immer noch einige der schönsten Strandbäder Italiens.

Essen und Trinken
Forte dei Marmi:
Caffetteria Il Giardino, Via IV. Novembre, Tel. 05 84-8 14 62; schicke Adresse für abendliche Cocktails und Aperitifs.
Lorenzo, Via Carducci 61, Tel. 05 84-8 96 71; ein Spitzenrestaurant, das für seine Fischgerichte einen Michelin-Stern erhielt.
Osteria del Mare, Viale Franceschi 1, Tel. 05 84-8 36 61; gute und preiswerte Fischküche.

Marina di Massa:
L´Oca Bianca, Via Coppino 409, Tel. 05 84-38 84 77.
Il Patriarca, Viala Carducci 79, Tel. 05 84-5 31 26.
Zwei Spitzenrestaurants für Feinschmecker.

Übernachten
Forte dei Marmi:
*****Byron,* Viale Morin 46, 28 Zimmer, Tel. 05 84-78 70 52, Fax 05 84-78 71 52, www.versilia.toscana.it/byron. Mondäner Flair des späten 19. Jahrhunderts.

Marina di Massa:
****Maremonti,* Viala Lungomare di Levante 19, 24 Zimmer, Tel. 05 85-24 10 08, Fax 05 85-24 10 09, E-Mail: info@hotel-maremonti.com. Typische Villa des späten 19. Jahrhunderts direkt am Meer, mit Pool.

Viareggio:
*****Plaza e de Russie,* Piazza d´Azeglio 1, 47 Zimmer, Tel. 05 84-4 44 49, Fax 05 84-4 40 31, E-Mail: info@plazaderussie.com. Seit 1871 gilt dieses Luxushotel als die komfortabelste Herberge Viareggios.

Einkaufen
Marina di Massa:
Pasticceria Fiorentina, Via San Leonardo 437; Törtchen und Kuchen Florentiner Traditionsbäcker.

Information
Forte dei Marmi: Viala Achille Franceschi 8 b, Tel. 05 84-8 00 91, E-Mail: forte@versilia.turismo.toscana.it
Marina di Massa: Viala Vespucci 24, Tel. 05 85-24 00 63, E-Mail: info@aptmassacarrara.it
Viareggio: Viala Carducci 10, Tel. 05 84-96 22 33, E-Mail: viareggio@versilia.turismo.toscana.it

Das Castello Nippozano der Marchesi Frescobaldi.

Winzer und Aristokraten
Weinparadies Nordtoskana

Florenz blickt nachweislich auf eine lange Weinanbautradition zurück. Schon seit dem zweiten vorchristlichen Jahrhundert wird dort Wein angebaut und getrunken. Der damals sehr beliebte Vinum Florentinum wuchs auf den gleichen Hängen, auf denen heute der Colli Fiorentini gedeiht. Der *Chianti Colli Fiorentini* erhielt aber erst im Jahr 1967 das Gütesiegel »Denominazione di Origine Controllate DOC«. In 18 Kommunen werden rund 50 000 Hektoliter Wein abgefüllt. Das ist ein Fünftel der gesamten Rebtropfenproduktion des Chianti. Wer das begehrte Gütesiegel erhalten will (dies betrifft auch das des hervorragenden Tafelweins Indicazione Geografica Tipica IGT), musste bis vor kurzem ausschließlich traditionelle Rebsorten anbauen: Sangiovese, Canaiolo und Colorino. Seit einiger Zeit sind allerdings auch inter-

nationale Rebsorten wie Cabernet, Syrah und Merlot zugelassen. Die neuen Mischungen ergeben immer neue Geschmacksverfeinerungen, die Weinproben spannend macht.

Die Reben für den roten *Chianti Colli Fiorentini,* der vor allem aus Sangiovesetrauben besteht, wachsen an waldigen Hängen. Er schmeckt harmonisch trocken. Nach ein paar Jahren Lagerung wird er angenehm weich im Geschmack. Der Chianti Montalbano hingegen ist ein Wein aus der Gegend südlich von Pistoia. Schon im 18. Jahrhundert tranken die Großherzöge der Medici diesen Wein, der bei dem Ort Vinci, wo das Renaissancegenie Leonardo da Vinci geboren wurde, und bei Lamporecchio angebaut wird. Im Gegensatz zu früheren Jahrzehnten besitzt dieser Wein heute ein äußerst elegantes Bukett und einen mittleren Alkoholgrad.

Nicht weit entfernt auf den Hügeln der Ortschaften Carmignano, Poggio a Caiano und Umgebung wird der Rotwein *Carmignano* angebaut. Der Umstand, dass er Cabernet-Franc- und Cabernet-Sauvignon-Trauben enthält, verleiht ihm einen besonderen Charakter. Dieser Wein wird in den Dokumenten genussfreudiger Florentiner Kaufleute bereits im frühen Mittelalter erwähnt, noch bevor der Chiantiwein bekannt wurde. In einer Schrift aus dem Jahr 804, zur Zeit Karls des Großen, wird darauf hingewiesen, dass aus Carmignano ein ausgezeichneter Rotwein stammt. Der Barco Reale di Carmignano ist die jüngere Version dieses lokalen Weins. Er schmeckt frisch, hat einen weichen Geschmack und eignet sich auch bestens zum Mittagessen.

Der *Chianti Rufina* gilt als einer der elegantesten Tropfen der ganzen nördlichen Toskana. Im besten Fall kann er bis zu 40 Jahre lang gelagert werden. Die Reben für dieses hochwertige Produkt, hauptsächlich Sangiovese mit Beimischungen von Canaiolo Nero oder Trebbiano Toscano, werden nordöstlich von Florenz angebaut. Er präsentiert sich als kräftiger und rubinroter Rebensaft mit einem Bukett, das an Vanille und Schwertlilien erin-

nert. Im Geschmack ist dieser Wein harmonisch trocken mit einem leichten Mandelnachgeschmack. Er passt wunderbar zu den typisch deftigen Spezialitäten aus der Toskana wie zum Beispiel der Bistecca Fiorentina. Dabei handelt es sich um ein großes Filet- und Lendenstück von einem jungen Rind, möglichst aus dem toskanischen Chianatal, weshalb es auch in der Regel Chianina heißt. Das Fleisch wird am Grill gebraten und nur mit ein wenig Olivenöl, Salz und Pfeffer serviert.

Von den Hügeln der Apuanischen Berge bei Massa und Carrara stammt der *Candia dei Colli Apuani,* der vor allem aus Vermentino und Albarola gekeltert wird. Er ist strohgelb, hat ein ganz feines Bukett, einen fruchtigen Geschmack und einen relativ geringen Alkoholgrad. Besonders zu Fischgerichten passt er gut. »Colli di Luni« ist eine ziemlich neue Herkunftsbezeichnung. Die Reben für diesen fruchtigen Tropfen wachsen in der Gegend zwischen der

Weinparadies Nordtoskana

Colli Fiorentini:
1 *Marchesi Antinori,* Florenz, Piazza Antinori 3, Tel. 0 55-2 35 95; in dem Renaissancepalazzo können sämtliche Tropfen des Hauses in einer Enoteca verkostet werden.
2 *Azienda Agricola di Petreto,* Bagno a Ripoli, Via di Rosano 196/2, frazione Candeli, Tel. 0 55-6 51 90 21; Weinverkostung in einem Turm aus dem 14. Jahrhundert. Hier werden einige der besten Colli abgefüllt.

Carmignano / Montalbano:
3 *Fattoria di Artimino,* Artimino, Via delle Nave 6, Tel. 0 55-8 75 14 24; das Weingut neben der berühmten Medicivilla verfügt auch über Unterkunftsmöglichkeiten und ein Restaurant.
4 *Fattoria di Bacchereto,* Bacchereto, Via Fontemorana 179, Tel. 0 55-8 71 71 91; das Hauptgebäude des Weingutes stammt aus dem 15. Jahrhundert, als die Medici hierher zum Jagen kamen.

Chianti Rufina:
5 *Fattoria di Grignano,* Pontassieve, Via di Grignano 22, Tel. 0 55-8 39 84 90; 530 Hektar Land um eine Renaissancevilla, in deren Kellern berühmte Tropfen lagern.
6 *Fattoria Galiga e Vetrice,* Pontassieve, Via Trieste 30, fraz. Montebonello, Tel. 0 55-8 39 70 08; eines der ältesten Weingüter der nördlichen Toskana mit einer Villa aus dem 16. Jahrhundert und einem mittelalterlichen Turm.

Pomino:
7 *Castello di Nipozzano,* Pelago, Loc. Nipozzano, Tel. 0 55-8 31 13 25; rote und weiße Pomino-Weine.
Colli Apuani:
8 *Podere Scurtarola,* Massa, Via dell' Uva 3, Tel. 05 85-83 15 60; neben Wein können hier auch andere lokale Leckereien verkostet werden.
Colli Lucchesi:
9 *Colle di Bordocheo,* Capannori, Via di Piaggiori 123, Loc. Segromigno in Monte, Tel. 05 83-92 98 21; junges Weingut mit beachtlichen Tropfen.
10 *Fattoria di Fubbiano,* Capannori, fraz. San Gennaro, Loc. Fubbiano, Tel. 05 83-97 80 11; Weingut mit Barockvilla und Park.
Colli di Luni:
11 *Cantine Chiara Benelli,* Pontremoli, fraz. Oppilo, Tel. 01 87-83 51 54; Weingut in einem mittelalterlichen Örtchen.

Montecarlo Bianco:
12 *Fattoria del Buonamico,* Via Provinciale 43, Tel. 05 83-2 20 38; Traditionsweingut mit Direktverkostung.

nördlichen Toskana und der Region Ligurien. Ein leichter Wein, der von Einheimischen gern zu Vorspeisen getrunken wird.
Der Wein der *Colli Lucchesi,* von den Hügeln bei Lucca, wird in rot, weiß und rosé ausgebaut. Als Rotwein erinnert er an junge Chiantiweine. Die weiße Version aus sieben verschiedenen Rebsorten verfügt über ein delikates Bukett. Der *Montecarlo Bianco,* einer der ältesten Weine der Gegend um Lucca, ist hingegen etwas kräftiger. Als Weißer wird er vor allem zu Fisch- und Nudelspeisen getrunken. Der *Montecarlo Rosso* passt ideal zu den kräftigen Fleischspeisen und Suppen der Toskana.

1 Bewirtungskeller der Fattoria Vetrice. **2** Eichenholzfässer verleihen dem Wein einen kräftigeren Geschmack. **3** Die Trauben werden für den Vin Santo getrocknet. **4–5** Die Cantinetta Antinori hält alle Weine des Hauses zur Verkostung parat und serviert dazu toskanische Gerichte.

Landschaft zwischen San Gimignano und Volterra.

Der Westen

Lebendiges Museum des Mittelalters
Sonnenaufgang in San Gimignano

Obwohl nur 15 der ehemals 72 Geschlechtertürme erhalten sind, ist San Gimignano eine der besterhaltenen Städte des Mittelalters. Ein Traum ist der Ort jedoch nur am Morgen, wenn die Gassen und Plätze noch menschenleer sind ...

Die Via San Giovanni ist menschenleer. Die stolzen und hohen Palazzi liegen in tiefer Stille. Nur die obersten Stockwerke werden von den goldenen Strahlen der Morgensonne beleuchtet. Man fühlt sich wie in einer Filmkulisse – wie in der römischen Filmstadt Cinecittà, wenn dort ein Mittelalterfilm gedreht wird. Die Luft ist sauber und noch unverbraucht und die große Sommerhitze kommt erst später, gegen Mittag. Noch präsentiert sich San Gimignano von seiner schönsten Seite. Mitten in diese Idylle platzt ein scheppernderes Geräusch. Es dauert nur einige wenige Sekunden. Eine Katze, die in Ruhe über die Via San Giovanni bummelt, springt erschrocken und in weiten Sätzen davon. Auf das scheppernde Geräusch folgt ein Pfeifen. Eine Melodie aus der Oper »La Traviata« von Giuseppe Verdi. Dann sind Metallgeräusche zu hören. Irgendjemand setzt mit voller Wucht Metallstühle auf Steinplatten ab. Die Geräusche kommen von der Piazza della Cisterna. Von der Via San Giovanni sind es nur wenige Minuten bis zu diesem Platz, der so heißt, weil sich in seiner Mitte ein Brunnen aus dem 14. Jahrhundert befindet. Ein schöner Platz – dreieckig. Seine Form erhielt er bereits im 13. Jahrhundert. Seitdem wurde kein einziges neues Gebäude mehr an diesem Platz errichtet. Der morgendliche Lärm kommt aus einem der beiden Cafés. Kellner in schwarzen Hosen und weißen Hemden stellen die Stühle und Tische auf. Dabei wird viel Radau gemacht. Eines der Fenster des Hotels »La Cisterna« wird geöffnet und eine aufgebrachte Italienerin ruft mit verärgerter Stimme: »Silenzio, qui si dorme!« – Ruhe, hier wird geschlafen! Die Kellner ignorieren diese Aufforderung. Die Kaffeebar ist das erste Lokal, das im morgendlichen San Gimignano öffnet. Nach nur wenigen Minuten strömt bereits der Duft von frischem Kaffee auf den Platz. Die Stühle laden zum Sitzen ein und der Kellner ist auch gleich zur Stelle: »Che desidera?« – Was wünschen Sie?
Mit einem Cappuccino und einem warmen Cornetto-Hörnchen gefüllt mit Marmelade lässt sich der Tag in San Gimignano wunder-

1 Von der Rocca, der Burg, hat man den vielleicht besten Blick auf die Türme von San Gimignano. **2** In dem Ort auf dem Hügel mit seinen vielen Treppen bleibt man gut zu Fuß. **3** Im Morgenlicht ist die Piazza Cisterna ein Augenschmaus. **4** Panoramablick von einem der Türme.

bar beginnen. Von Touristenmassen, die von Bussen vormittags bei den mittelalterlichen Mauern ausgeladen werden und sich mit ihren Fotoapparaten um den Hals über den alten Stadtkern ergießen, findet sich noch keine Spur. Nur ganz langsam erwacht die vielleicht romantischste Ortschaft der Toskana. Romantisch, weil es frühmorgens ist. Weil die meisten Touristen noch schlafen oder in ihren Hotels frühstücken. Morgens – aber auch nachts – ist San Gimignano am schönsten. Ein Traum von einem Ort! Das frühe Aufstehen lohnt auf jeden Fall. Auch wenn die historischen Gebäude bis auf die Kirchen noch geschlossen sind, ebenso wie die hohen Geschlechtertürme, lässt sich nur in diesen Stunden der ganze Zauber der Stadt erfassen. Ein Zauber, der jeden Besucher nach Passieren der Porta San Giovanni in seinen Bann schlägt.

In der Straße, die ebenfalls nach dem heiligen Johannes benannt wurde, ist die kleine romanische Kirche San Francesco schon geöffnet. Meistens sind es nur alte Mütterchen, die sich morgens zum Beten einfinden. Die städtische Bibliothek mit ihrem reichen Dokumentenschatz des Mittelalters ist im nahe gelegenen und eleganten Palazzo Pratellesi untergebracht. Die Piazza della Cisterna betritt der Morgenspaziergänger durch den Arco dei Becci, einen Bogen,

1 Schwibbögen über die engen Gassen sicherten die Statik der eng aneinander gebauten Paläste und Geschlechtertürme. **2** Sanfte Sonnenaufgangsstimmung: Stadtpanorama vom Monte Oliveto aus. **3** Blick vom Torre Grossa auf sommerliche Dachterrassen. **4** Seit 1287 trifft man sich am Brunnen der Piazza della Cisterna. **5** Im Palazzo del Popolo befindet sich die Pinacoteca civica; daneben der Dom, der für seine Fresken von Domenico Ghirlandaio und Benozzo Gozzoli berühmt ist.

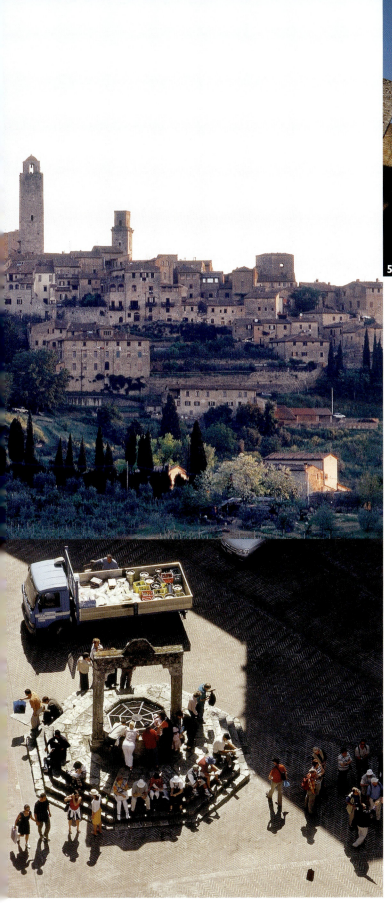

der zu einem der vielen hohen Türme von San Gimignano gehört. Von den 72 Geschlechtertürmen sind nur noch 15 übrig geblieben. Als die Bürger im 12. Jahrhundert immer reicher wurden, bauten sie ihre Residenzen in die Höhe. Es entstanden so viele Türme, dass es sicherlich keine Übertreibung ist, wenn man San Gimignano als Manhattan des Mittelalters bezeichnet. Die Menschen damals waren sich so feindlich gesinnt, dass sie ihre Türme wehrhaft ausbauten. Man bekämpfte sich sogar von Turm zu Turm. Heute wirken die mittelalterlichen Wolkenkratzer nur noch wie stumme Zeugen einer fernen Zeit. Einer Zeit, als San Gimignano vor allem durch den Safranhandel reich und mächtig geworden war. Eine Gruppe von feinschmeckerischen Bürgern gründete 1993 – in Erinnerung an frühere Zeiten – eine Vereinigung, die sich darum bemüht, Safran wieder vor Ort anzubauen. Ihre nicht gerade preiswerten, aber in der Küche wertvollen Pülverchen können zum Beispiel in der Via San Matteo in der »Pizzicheria Mauro & Mariana« erworben werden.

Durch einen Bogengang geht es von der Piazza della Cisterna zum Dom. Nicht ohne zuvor bei Sergio Dandoli eingekehrt zu sein. Sein Eisladen bietet jeden Tag 30 verschiedene Geschmackssorten – ohne Konservierungsstoffe und künstliche Aromen.

Der Dom, Collegiata Santa Maria Assunta, öffnet in der Regel frühmorgens. Das Kircheninnere ist ein wahres Schatzhaus. Skulpturen, Gemälde: alles Highlights romanischer, frühgotischer und der Renaissancekunst. Furchteinflößend ist das Wandbild, das die Hölle darstellt. Man sollte sich mit einem kleinen Fern- oder Opernglas ausrüsten, um die dramatischen Höllenleiden der vielen Sünder, darunter werden auch Päpste dargestellt, in allen Einzelheiten genießen zu können. Gegenüber der Domfassade erhebt sich der Palazzo Vecchio del Podestà. Podestà nannte man im Mittelalter den lokalen Machthaber. Auch an diesem Platz stimmt alles: Mittelalter pur. Nichts Modernes stört das Ensemble.

Neben dem Dom steht der Palazzo del Popolo aus dem späten 13. Jahrhundert. Zu ihm gehört der Torre Grossa. Der Aufstieg ist in der warmen Jahreszeit sicherlich kein Zuckerschlecken, aber die

Aussicht auf San Gimignano und das Umland ist umwerfend. Im Palazzo del Popolo befindet sich das Museo Civico, das aus unbegreiflichen Gründen nur von wenigen Reisenden besucht wird. In den Sälen dieses kleinen, aber sehr feinen Museums werden Meisterwerke religiöser Renaissancekunst aufbewahrt, darunter eine Verkündigung von Filippino Lippi (1457–1504), der eine so erhabene und verklärte Mutter Gottes malte, dass man seine Augen gar nicht mehr von ihr abwenden will.

Hinter dem Domplatz sollte man im »Dorandò« einkehren. In diesem Restaurant werden traditionelle Gerichte mit moderner Kreativität aufgepeppt. Das Resultat: eine fantasiereiche Küche, zu der die besten Weine der Region ausgeschenkt werden. Zünftiger geht es bei Elena und Ribamar zu. In ihrem Lokal »Osteria del Carcere« gibt es die unverfälschte Traditionskost der Toskaner: deftig und herzhaft. Achtung beim Gericht Tonno del Chianti, Thunfisch aus dem Chianti – dabei handelt es sich nicht um Fisch, sondern, denn das Meer ist fern, um Schweinefleisch!

1 Neoklassizistische Eleganz im Hotel »L'Antico Pozzo«. **2** San Gimignano leuchtet: Blick von der Rocca bei Nacht. **3** Ein schlichtes Backsteinportal neben der Kirche San Agostino, in der sich große Kunst verbirgt. **4** Zimmer mit Aussicht: im Hotel »La Cisterna«.

Die Via San Matteo wirkt auf dem Stadtplan wie die Fortsetzung der Via San Giovanni: auch hier alte Kirchen und Paläste. In dieser Straße erheben sich ebenfalls Geschlechtertürme, die, wie viele andere auch, im Laufe der Jahrhunderte zu Wohnungen umgebaut wurden. In einem der Palazzi mit Turm kann man logieren. Untergebracht in einem Haus aus dem 15. Jahrhundert lockt das Hotel »L´Antico Pozzo« mit stilvollem Ambiente. Am Ende der Straße und nach einer Kurve erhebt sich Sant´Agostino. Ein Berg von einer Kirche. Im romanisch-gotischen Stil errichtet zeigt dieses Gotteshaus eine schmucklose Fassade. Das Innere verfügt nur über ein Schiff mit Seitenkapellen. Der marmorne Altar von Benedetto da Maiano aus dem späten 15. Jahrhundert ist einer der schönsten der gesamten Renaissance. Benozzo Gozzoli (1420–1497) schuf mit seinen Schülern den fantastischen Freskenzyklus, der die Wände schmückt: das Leben des heiligen Augustinus. Die Wandbilder gehören zum Schönsten, was San Gimignano zu bieten hat.

Nach der morgendlichen Besichtigungstour sollte man das Städtchen schnell verlassen und erst abends so ab 24 Uhr zurückkehren. Dann, wenn San Gimignano von nur wenigen Lampen in ein gelbliches Licht getaucht und wieder zu einem Traum wird, zu einem Ort des Entrücktseins.

San Gimignano – Museum des Mittelalters

Wichtigste Sehenswürdigkeiten
Dom und Piazza del Duomo (mit dem Palazzo Vecchio del Podestà und der Collegiata mit ihren herrlichen Fresken), Piazza della Cisterna (der vielleicht schönste Platz), S. Agostino (mit dem Freskenzyklus von Benozzo Gozzoli).

Geschichte
Seit dem 12. Jahrhundert war die Stadt eines der wichtigsten Handelszentren der Toskana. Vor allem mit dem Safranhandel wurden die Bürger reich. Insgesamt 72 Wohntürme brachten damals Macht und Reichtum der einzelnen Familien zum Ausdruck. Mit der Herrschaft der Medici begann der wirtschaftliche Abstieg von San Gimignano.

Essen und Trinken
Gelateria di Piazza, Piazza della Cisterna 4, Tel. 05 77-94 22 44; handgemachtes Eis garantiert ohne Konservierungsstoffe.
Dorandò, Vicolo d´Oro 2, Tel. 05 77-94 18 62; Traditionsgerichte werden kreativ aufbereitet. Reichhaltiger Weinkeller.
Osteria del Carcere, Via del Castello 13, Tel. 05 77-94 19 05; ein Lokal, in dem man regionale Spezialitäten probieren kann wie den berühmten Chianti-Thunfisch.

Übernachten
***La Cisterna,* Piazza della Cisterna 24, 49 Zimmer, Tel. 05 77-94 03 28, Fax 05 77-94 29 80, E-Mail: info@hotelcis-terna.it. Komfortables Hotel am schönsten Platz. Zu empfehlen: die Zimmer mit Blick auf die Landschaft oder auf die Piazza.
***L'Antico Pozzo,* Via San Matteo 87, 18 Zimmer, Tel. 05 77-94 20 14, Fax 05 77-94 21 17, E-Mail: info@anticopozzo.com. Mittelalterliches Ambiente mit schlichter Eleganz.

Einkaufen
Pizzicheria Mauro & Mariana, Via San Matteo 31, Tel. 05 77-94 19 41; lokaler Safran, nicht ganz preiswert, aber ausgezeichnet.

Information
Piazza Duomo 1, Tel. 05 77-94 00 08, E-Mail: prolocsg@tin.it

Alabaster, Sarkophage, Amphitheater
Volterra – geheimnisumwitterte Etruskerstadt

Geheimnisvolle Gräber und uralte Mauern, lächelnde Totenfiguren und bronzene Schattenmänner: Volterra birgt zahlreiche Kunstschätze, zählte es doch zu den wichtigsten Städten des Etruskischen Zwölferbunds.

Die Etrusker gründeten Velathri, das heutige Volterra, stolz und sicher gelegen auf einem hohen Felsen. Dieses rätselhafte Volk herrschte von hier aus über die toskanische Küste zwischen Piombino und Livorno sowie die vorgelagerten Inseln.

Wie schon vor Jahrtausenden fühlt auch der heutige Besucher etwas von der Macht der Stadt, wenn er den Berg hinauffährt. Früher ging es in das historische Zentrum durch die Porta all´Arco, ein Tor aus zentnerschweren Steinblöcken, das etwas abseits vom neuen Zugang zur Stadt liegt, der modernen Piazza Martiri della Libertà. Der Name erinnert an eine Heldentat der Bewohner von Volterra: Am 30. Juni 1944 hatten sie innerhalb von 24 Stunden das uralte Tor mit Pflastersteinen zuzumauern. So wollten es die deutschen Besatzer, die sonst das Etruskertor zur Verteidigung der Stadt gegen die amerikanischen Befreier gesprengt hätten. Nicht weit von der Gedenktafel entfernt, die an diesen Vorfall erinnert, wird der Besucher in eine andere Epoche versetzt. Die Piazza dei Priori ist Volterras Marktplatz seit dem Jahr 851. Dieser Platz ist einer der schönsten seiner Art im an Plätzen nun wirklich nicht armen Italien. Das beeindruckendste Gebäude ist sicherlich der Palazzo dei Priori: ein mächtiges Bauwerk mit Zinnen und drei Reihen zweibogiger Fenster. Über diesem Gebäude erhebt sich ein Turm. Die gesamte Fassade ist mit Wappentafeln Florentiner Adeliger aus dem 15. und 16. Jahrhundert geschmückt.

Hinter dem Palast der weltlichen Macht steht das Haus Gottes. Der romanische Dom ist während der Renaissance ausgebaut worden. Hinter der schlichten Fassade verbergen sich zahlreiche Kunstschätze. Darunter eine ungewöhnliche Predigtkanzel, die im 16. Jahrhundert aus Skulpturen des 13. Jahrhunderts zusammengesetzt wurde. Eine Art Renaissance-Patchwork. Gegenüber des Doms befindet sich im Baptisterium ein Taufbecken des Renaissancebildhauers Andrea Sansovino (1467–1529) von 1502.

In der nicht weit entfernten Via Matteotti lohnt eine Pause im »L´Incontro«: einer Kaffeebar und Enoteca, in der es die besten

1 Die Alabasterverarbeitung wird seit den Etruskern betrieben. **2** Auch moderne Künstler sind von dem weichen und lichtdurchlässigen Stein fasziniert. **3** Das Teatro Romano ist eines der größten Mittelitaliens. **4** Adeliges Ambiente: Der Palazzo Viti birgt wertvolle Kunstgegenstände.

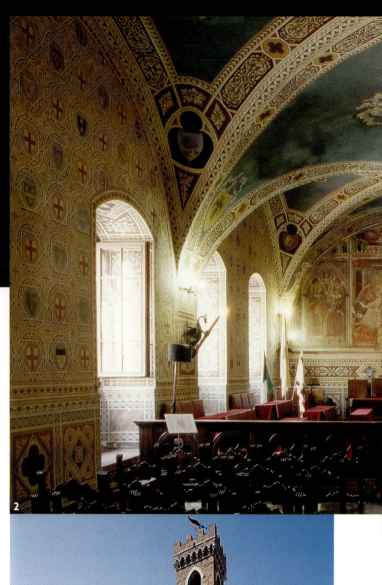

Törtchen oder lokalen Würste und Weine zu verkosten gibt. Konkurrenz macht die »Dolceria del Corso« in derselben Straße. Die Torta del Cecco aus kandierten Früchten und Mandeln, mit Gewürzen und Schokolade ist wunderbar. Um bei den Leckereien zu bleiben: »Del Duca« bietet eine Weinbar mit Käse- und Wurstspezialitäten und im hauseigenen Restaurant werden lokale Gerichte wie die Ribollita con colombaccio e tartufo serviert, eine Suppe aus Bohnen, Schwarzkohl, Ringeltaubenfleisch und Trüffel. Eine gehobenere Atmosphäre bietet das Restaurant »Vecchio Mulino«, das etwas außerhalb im Ortsteil Saline di Volterra liegt.

Nach solchen Leckereien gestärkt führt der Weg von der Piazza dei Priori aus durch die Via Ricciarelli in das Quadrivio dei Buomparenti. Es handelt sich hierbei um einen nahezu komplett erhaltenen Stadtteil aus dem Mittelalter. Viele italienische Regisseure haben in den Gassen des Quadrivio gedreht, wenn sie Szenen in einer Stadt des 13. und 14. Jahrhunderts benötigten. Das Gassengewirr und die kleinen Plätze bei der Via Ricciarelli und der Via Roma sind so pittoresk, dass sie viele Touristen anziehen. Ein Tipp: Diesen Teil von Volterra sollte man möglichst morgens oder abends besichtigen, wenn die Bewohner unter sich sind. Mitten in diesem Viertel erhebt sich der Wohnturm Casa-Torre Buomparenti aus dem 14. Jahrhundert.

Nicht weit von diesem mittelalterlichen Relikt entfernt ist im Palazzo Solaini die Pinacoteca untergebracht, das Museumsjuwel von Volterra. Hier präsentiert man beste toskanische Kunst aus der Zeit des 14. bis 17. Jahrhunderts. Besonders beeindruckend: ein Christus in Gloria von Domenico Ghirlandaio (1449–1494) und eine Kreuzigung von Rosso Fiorentino (1494–1540).

Auch das Museo Etrusco Guarnacci sollte man unbedingt besuchen, da es die weltweit bedeutendste Sammlung etruskischer Urnen enthält. Es befindet sich in der Nähe des archäologischen Parks bei der Fortezza, der Burganlage. Auch wenn die renommiertesten Objekte dieses Volkes im römischen Nationalmuseum für etruskische Kunst Villa Giulia zu sehen sind, faszinieren die Säle des Guarnacci vor allem wegen der Sammlung von Stelen, Urnen und Sarkophagen. Viele dieser Särge zeigen Szenen aus dem Leben der

76 Der Westen

Toten. Auf einem ganz besonders schönen Sarg liegt ein Ehepaar bequem ausgestreckt. Es stützt sich auf seine Ellenbogen und lächelt geheimnisvoll.

Interessant sind auch die aus Metall gefertigten Skulpturen der Etrusker. Von diesen Kunstwerken ließ sich der berühmte Künstler Alberto Giacometti inspirieren. Weltbekannt sind seine schmalen, ganz in die Länge gezogenen Körperdarstellungen. Sie bezeichnete der italienische Nationaldichter Gabriele D´Annunzio einmal als »Ombra della sera«, Abendschatten.

Zu Volterra gehören auch die Balze knapp zwei Kilometer nordöstlich der Stadt. Diese steil abfallenden Gesteinsformationen verändern sich durch die Witterung immer mehr, ja die Erosion hat schon Kirchen und antike Nekropolen in den Abgrund gerissen. Ein eigentümlicher Ort, der sich von Jahr zu Jahr verändert.

Ebenfalls außerhalb Volterras liegt die Ruheoase »Villa Nencini«. Das Hotel ist einfach, aber sauber und ordentlich. Das Besondere: ein Garten mit Pool und einem hinreißenden Panorama. Ruhig und mitten in der Natur lockt auch die »Villa Montaperti«: ein Agriturismo, liebevoll restauriert, auch mit Panoramapool.

1 Altrömischer Sarkophag: Sirenen verführen Odysseus. **2** Stadtpolitik wird im Ratssaal des 13. Jahrhunderts gemacht. **3** Größer als die Kirche: die zinnenbewehrte, vierstöckige Fassade des Palazzo Priori (1254) signalisiert Bürgermacht. **4** Köstliche Leckereien im Caffè »L'Incontro«.

Volterra – Alabaster, Sarkophage, Amphitheater

Wichtigste Sehenswürdigkeiten
Piazza dei Priori (mit den bedeutendsten Gebäuden wie dem Palazzo dei Priori und dem Dom), Quadrivio dei Buomparenti (mittelalterliches Wohnviertel), Museo Etrusco Guarnacci (interessante etruskische Fundstücke aus der Umgebung)

Geschichte
Als Velathri von den Etruskern gegründet. Die Stadt wurde mit dem Alabasterhandel reich. Aus dem römischen Volaterrae wurde im Mittelalter ein unabhängiger Stadtstaat, der mit der Eroberung durch die Medici sein Ende fand.

Essen und Trinken
L´Incontro, Via G. Matteotti 18, Tel. 05 88-8 05 00; Kaffee- und Weinspezialitäten unter einem Dach.
Dolceria del Corso, Via G. Matteotti 31, Tel. 05 88-8 61 82; die

Torta del Cecco aus kandierten Früchten muss man einfach probieren.
Del Duca, Via del Castello 2, Tel. 05 88-8 15 10; Weinbar mit Käse und Aufschnitt: ideal für eine Pause.
Vecchio Mulino, Via del Molino 23, Loc. Saline di Volterra, Tel. 05 88-4 40 60; feines Restaurant, in dem toskanische Küche zubereitet wird.

Übernachten
***Albergo Villa Nencini,** Borgo San Stefano 55, 36 Zimmer, Tel. 05 88-8 63 86, Fax 05 88-8 06 01, E-Mail: villanencini@interfree.it. Einfaches, aber ordentliches Hotel im Grünen mit Pool.
***Agriturismo Villa Montaperti,** Loc. Montaperti, 11 Zimmer, Tel. 05 88-8 52 40, Fax 05 88-4 20 38, E-Mail: info@montaperti.com. Urlaub auf dem Bauernhof, mit Panoramapool.

Einkaufen
Dolceria del Corso, Via. G. Matteotti 29, Tel. 05 88-8 61 82; spezialisiert auf Leckereien, die in der lokalen Tradition verwurzelt sind, wie die Ossa di morto, die Totenknochen, ein hartes und süßes Gebäck.
Fattoria di Lischeto, Loc. San Giusto, Via del Monte Volterrano, Tel. 05 88-3 04 03; seit 1991 wird auf diesem Bauernhof einer der besten Pecorino (Schafskäse) in der Umgebung produziert.

Information
Piazza dei Priori 20, Tel. 05 88-8 72 57, E-Mail: info@volterra.it

Eine Küste zum Verlieben
Entdeckungen an der Riviera delle Etruschi

Unterhalb Volterras, an der Etruskerküste zwischen Livorno und Populonia gibt es keine Kunsthighlights, dafür aber kleine und romantische Ortschaften, Feinschmeckerparadiese und schöne Strände.

Sicher, in fast allen Reiseführern wird die Küste der Westtoskana nur mit wenigen Worten erwähnt. Dennoch oder trotzdem lohnt die toskanische Küste zwischen Livorno und Populonia einige Panoramafahrten. Zu besichtigen gibt es reichlich, und wen das Meer lockt, der hat in puncto Sandstrände die Qual der Wahl. Dieser Küstenabschnitt verfügt über preiswerte Strandbäder, denn er ist längst nicht so schick und in wie die Versilia, aber nicht weniger sauber und schön – vor allem außerhalb der Hauptsaison.

Von der kunstreichen Hafenstadt Livorno, die der berühmte französische Italienreisende Charles de Brosses 1739 als »ideale Stadt der Spätrenaissance« würdigte, ist nicht viel übrig geblieben. Zerstörungen während des Zweiten Weltkriegs machten der Schönheit weitgehend den Garaus. Für Kunstfreunde ist ein Abstecher in das Museo Civico Giovanni Fattori ein Muss. Die neoklassizistische Villa in der Südstadt zeigt Gemälde von Fra Angelico, von Neri di Bicci, von Cima di Conegliano, von Borgognone und Amadeo Modigliani.

Weinfreunden hingegen ist ein Besuch bei »Eno Doc« angeraten. Die Enoteca hat 2000 verschiedene Etiketten im Angebot. Livornesen behaupten, dass niemand ihre Stadt wirklich gesehen habe, wenn er »Civili« keinen Besuch abgestattet habe. »Civili« ist die älteste noch erhaltene Kaffeebar im Stil des späten 19. Jahrhunderts. Hier schenkt man den Ponce aus, eine typische Livorneser Spezialität: Kaffee, Rum und Gewürze sind in ihm nach einem Geheimrezept gemischt. Originell ist auch die Farinata, ein Fladen aus Kichererbsenmehl, den man in der 100 Jahre alten »Pizzeria da Cecco« zubereitet. Alessio Casotti backt hier auch die Torta di Ceci, eine Art Kuchen aus Kichererbsen aus fünf heißen Scheiben besteht, die man zwischen Brotscheiben legt.

Reiche Livornesen nutzten schon im 18. Jahrhundert die therapeutischen Vorzüge des Heilwassers in Casciano Terme, einer kleinen Ortschaft in den sanften und mit Weinreben und Olivenbäumen bestandenen Hügeln östlich der Hafenstadt. Bereits im Mittelalter

1 Sonnenbaden vor der Terrazza Mascagni. **2** Trompetenbaum am Eingang nach Bolgheri. **3** Noch heute befahrene Römerstraße zwischen Bolgheri und Castagneto. **4** In der Abendsonne präsentiert sich die Küste von Castiglioncello in ihrer ganzen Romantik.

1 Barockbrunnen an der Piazza Colonella in Livorno. **2** Cosimo I. de Medici baute Livorno zum größten Handels- und Kriegshafen der Toskana aus. **3** Bolgheri: Hunderte verschiedener Weine warten auf den Besucher in der »Enoteca da Rossano«. **4** Steilküste bei Quercianella nahe Livorno. **5** Via Grande in Livorno: Parade aller Italo-Marken von Rang.

legte man sich hier in das schwefelhaltige Wasser. Niemand Geringeres als die romanischen Baumeisterbrüder Pisani errichteten 1311 das erste Badehaus. Schön ist der Ausflug über eine Panoramastraße in das zwölf Kilometer nordöstlich gelegene Dorf Crespina. Zwei Kilometer entfernt in Casciana Alta hängt in der Kirche San Nicolò ein Tafelbild von Lippo Memmi, einem der wichtigsten Künstler der Renaissance. Auch Crespina ist stolz auf ein Meisterwerk der Renaissance. Das Kirchlein San Michele zeigt ein Gemälde von Bernardo Daddi. Kunst und eine bukolische Natur gehen hier Hand in Hand und man sollte sich für so eine Genussfahrt ein wenig Zeit nehmen, um die Landschaft auf sich wirken zu lassen. Nach einigen Stunden Fahrt hat man sich einen Abstecher nach Castiglioncello verdient. Die Pinienbäume dieser kleinen Ortschaft reichen fast bis an das Meer heran. Badebuchten laden zum Verweilen ein und elegante Strandbäder bieten jeden Komfort. In der Gelateria »Dai Dai«, was übersetzt sinnigerweise »Komm, gib schon!« heißt, wird erstklassiges Eis von Hand zubereitet. Die Cassatina alla panna, ein sizilianisches Eisgebäck mit Sahne, muss man probieren! Nicht weit entfernt vom Meer erhebt sich die »Villa Parisi«, ein Traumhotel. Durch den Park mit hohen Schirmpinien führt ein Weg über Felsen direkt zum Meer hinab. Das Haus strahlt eher den Charme einer Privatresidenz als den einer Herberge aus. Südlich von Cecina, wo Fischliebhaber im »Scacciapensieri« garantiert fangfrische Qualität auf ihre Teller bekommen, wohnt ein berühmter Italiener. Oliviero Toscani, der als Chef-Artdirektor beim Modemulti Benetton mit seinen provozierenden Fotokampagnen weltweit für Aufsehen sorgte, lebt bei Bibbona auf einem großen Anwesen. Pferdefreunde sollten ihn besuchen, denn Toscani züchtet amerikanische Indianerpferde. Herr Toscani isst am liebsten im »Pineta«. Das Fischlokal liegt am Meer, in Marina di Bibbona, und gilt als das beste der Gegend. Man erreicht es durch einen Pinienwald

und während man dort isst, schaut man auf das Meer. Chef Luciano Zazzeri kocht traumhafte Stockfisch-Ravioli.

Über die einstmals antike Römerstraße Via Aurelia geht es Richtung Donoratico. Bei der Kreuzung San Guido führt eine schnurgerade Straße nach Bolgheri: einen Ort, den jedes italienische Kind kennt. Hier wohnte und schrieb im 19. Jahrhundert Giosuè Carducci, einer der wichtigsten Poeten Italiens.

In der Nähe erheben sich zahllose uralte Zypressen, die eine gerade Straße säumen. Die Viale dei Cipressi zeugt von der Anmut dieses Baumes, der sich wie kein anderer zur Landschaftsgestaltung eignet. Allerdings sind die Zypressen massiv bedroht, da ein wahrscheinlich während des Zweiten Weltkriegs in amerikanischen Munitionskisten eingeschleppter Pilz den Bäumen zusetzt und sie langsam, aber sicher sterben lässt. Dieser Pilzbefall betrifft nicht nur die berühmten Bäume von Bolgheri. Vorsichtigen Hochrechnungen der Universität Florenz zufolge sind bereits 30 Prozent aller Zypressen der Toskana betroffen. Wissenschaftler versuchen deshalb einen pilzresistenten Typ zu züchten. Damit soll verhindert

Riviera delle Etruschi 81

werden, dass es irgendwann einmal in der Toskana keine Zypressen mehr gibt.

Zypressen zieren auch den Bilderbuchort Campiglia Marittima, weiter südlich auf der Via Aurelia. In etwas mehr als 22 Meter Höhe bietet dieses Städtchen mittelalterliche Atmosphäre, die sich im Sommer am besten nach 18 Uhr genießen lässt, wenn die Tagestouristen wieder in ihre Hotels am Meer zurückgekehrt sind. Hübsch ist die romanische Kirche San Giovanni, an deren Pforte auf einem Architrav aus dem 13. Jahrhundert eine Wildschweinjagd dargestellt ist. Wildschweine gibt es noch heute viele und in den meisten Restaurants wird ihr Fleisch zu deftigen Speisen zubereitet. Elf Kilometer nordöstlich von Campiglia erheben sich die mittelalterlichen Mauern von Suvereto. Wieder eine Perle von einem Dorf, die nicht nur einen Rundgang durch den Ortskern lohnt. Zu besuchen und zu probieren sind auch die Produkte verschiedener Bauern. So zum Beispiel in der Azienda Agricola Gualdo del Re. Eine Rarität ist der DOC-Wein Val di Cornia. Ausgezeichnet ist auch der rote Giusti di Notri von der Azienda Agricola Tua Rita. Qualitativ hochwertiges und geschmacklich intensives Olivenöl

1 Gründerzeit- und Jugendstilarchitektur in der Viale Italia. Livorno ist die Geburtsstadt des Malers Amadeo Modigliani (1884–1920). **2** Luxuriöse Eleganz mit Meerblick: Lounge der »Villa Parisi« in Castiglioncello. **3** Am Strand von Vada nördlich Cécina. **4** Natursteinmauern, steile Treppen und enge Gassen prägen das mittelalterliche Bergdorf Suvereto.

wird in der Azienda Agricola Orlando Pazzagli in Flaschen abgefüllt. In 170 Meter Höhe erhebt sich weiter südlich Populonia. Schon der Name deutet auf den etruskischen Ursprung hin. Fast alle Ortschaften der westlichen Toskana, die auf Hügeln liegen, wurden von diesem mysteriösen Volk gegründet. Populonia, das antike Pupluna, liegt auf der nördlichen Seite des Kaps von Piombino. Von dem kleinen Ort mit viel mittelalterlichem Charme geht der Blick auf das Meer und die Küste. In der Via di Sotto 10 sind in dem kleinen Museo Collezione Gasparri etruskische Funde aus der Gegend ausgestellt. Nicht weit von Populonia entfernt begruben die Etrusker ihre Toten. Die Necropoli etrusca ist unbedingt einen Besuch wert: Viele der Grabhäuser, die malerisch mitten in der Natur liegen, haben Räume, die besichtigt werden können. Es sind eigentümliche und vor allem im Sommer angenehm frische Orte.

Riviera delle Etruschi – eine Küste zum Verlieben

Wichtigste Sehenswürdigkeiten
Livorno:
Viale Italia (Spazierweg am Meer), Museo Civico Giovanni Fattori (Gemäldegalerie)
Cecina:
Museo Etrusco-romano della Cinquantina (antike Funde)
Suvereto:
San Giusto (romanische Kirche)
Populonia:
Necropoli etrusca, Museo Collezione Gasparri

Geschichte
Die Westküste der Toskana gehörte nach der Blüte unter den Etruskern und nach dem Untergang des Römischen Reiches zu jenen Gegenden Italiens, die für Reisende aus dem Ausland nicht besonders interessant waren. Daher konnten viele der Ortschaften ihren ursprünglichen Charakter bewahren. Im Zweiten Weltkrieg kam es vor allem in den Hafenstädten zu großen Zerstörungen. In den letzten Jahren wurden im Küstengebiet verschiedene etruskische Ortschaften mit den dazugehörigen Produktionsstätten für Metallverarbeitung ausgegraben: einmalige Zeugnisse für die hochentwickelte Kultur dieses Volkes.

Essen und Trinken
Livorno:
Eno Doc, Via Goldoni 42, Tel. 05 86-88 75 83; Spitzenweine der Toskana.
Civili, Via della Vigna 55, Tel. 05 86-40 13 32; Traditionscafé.
Pizzeria da Cecco, Via dei Cavalletti 2, Tel. 05 86-88 10 74; Teigzubereitung nach uralten Rezepten.
Castiglioncello:
Gelateria Dai Dai, Via del Sorriso 8; gutes hausgemachtes Eis
Cecina:
Scacciapensieri, Via Verdi 22, Tel. 05 86-68 09 00; eine der besten Adressen an der Küste für Fischgerichte.
Bibbona:
Pineta, Via dei Cavalleggeri Nord 27, Loc. Marina di Bibbona, Tel. 05 86-6 00 00 16; Fischrestaurant der Spitzenklasse.

Übernachten
Castiglioncello:
Villa Parisi, Via Romolo Monte 10, 22 Zimmer, Tel. 05 86-75 16 98, E-Mail: bricoli@tiscalinet.it. Nobles Hotel am Meer.

Einkaufen
Suvereto:
Loc. Notri, *Azienda Agricola Gualdo del Re,* Tel. 05 65-82 98 88; Wein direkt vom Winzer.
Loc. Notri, *Azienda Agricola Tua Rita,* Tel. 05 65-82 92 37.
Azienda Agricola Orlando Pazzagli, Via Cavour 40, Tel. 05 65-82 93 33; Olivenöl vom Fass.

Information
Suvereto: Via Matteotti, Tel. 05 65-82 93 04, E-Mail: apt7suvereto@livorno.turismo.toscana.it
Livorno: Piazza Cavour 6, Tel. 05 86-20 46 11, E-Mail: info@livorno.turismo.toscana.it
Castiglioncello: Via Aurelia 967, Tel. 05 86-75 22 91, E-Mail: apt7castiglioncello@livorno.turismo.toscana.it
Bibbona: Via dei Melograni 2, Tel. 05 86-60 06 99, E-Mail: apt7bibbona@livorno.turismo.toscana.it

84 Der Westen

Juwelen romanisch-gotischer Baukunst
Massa Marittima – mittelalterliche Musterstadt

Massa Marittima, die mittelalterliche Bergbaustadt inmitten der Colline Metallifere ist ein städtebauliches Juwel. Die Malaria verhinderte eine Modernisierung, sodass der Zeitsprung ins Mittelalter leicht fällt.

Massa Marittima liegt im Erzgebirge. Im italienischen Erzgebirge, denn so muss der Name der Colline Metallifere übersetzt werden, an deren Hängen das kleine Städtchen zu finden ist. Schon die Etrusker bauten hier vor rund 2500 Jahren Erz ab. Erz, das zu einem der Grundpfeiler des Wohlstands dieses Volkes wurde. Gegründet wurde Massa, das in frischer und luftiger und vor Piraten sicherer Höhe liegt, um das Jahr 840. Der Bischof von Populonia, geplagt von Sarazenenüberfällen und hochsommerlichen Mückenschwärmen, suchte einen in jeder Hinsicht bequemeren Wohnort. In Massa gefiel es ihm schließlich so gut, dass er sogar seinen Bischofssitz hierher verlegte.

Architektonischer Protagonist des Städtchens ist die Piazza Garibaldi. Mit ihrer unregelmäßigen, aber ungemein kommunikativen Geometrie ist dieser Platz einer der schönsten der Toskana. Am besten setzt man sich erst einmal vor die Bar »Le Logge« und genießt bei einem Cappuccino mit hausgemachten Eis oder einer Scheibe Panfortekuchen das architektonische Ensemble. Zum Kuchen kann man sich auch ein Gläschen Wein bestellen, denn die Familie Schillacci führt 400 regionale Weine.

Da ist zunächst der aus dem 13. bis 15. Jahrhundert stammende Dom. Dieses romanische Bauwerk diente im Mittelalter auch als kommunaler Versammlungsraum. Nur so erklären sich die Dimensionen, denn im Kirchenschiff trafen sich die Repräsentanten des Adels und des Volkes. 1225 wurde hier die freie und unabhängige Stadtrepublik ausgerufen, und das bedeutete nichts anderes, als dass fortan der Bischof nicht mehr den Ton angeben durfte. Jedenfalls nicht mehr allein. Der Dom beherbergt ein romanisches Taufbecken, das aus einem einzigen Gesteinsblock gehauen wurde. Giovanni Pisano, der unbestrittene Meister der romanischen Plastik in der Toskana, hinterließ ein ergreifendes Holzkreuz.

Als Zeichen der weltlichen Macht entstanden in dieser Zeit der Palazzo del Podestà, auch Palazzo Pretorio genannt, in dem Recht

1 Römische Löwin (1474) als Zeichen der Macht am Palazzo Vescovile, dem Bischofspalast. **2** Gemüsegeschäft in der Via Roma. **3** Natursteinästhetik pur – Massa, ein städtebauliches Juwel. **4** Jedes Jahr im Mai und August kleidet sich Massa beim »Balestro del Girifalco«, dem Wettkampf der Armbrustschützen, in mittelalterliches Gewand.

1 Bei Volksfesten markiert man die Grenzen der einzelnen Stadtviertel mit Fahnen. **2** Die Domfassade, ein Meisterwerk toskanischer Romanik, weist pisanische und süditalienische Formelemente auf. **3** Gemütliche Atmosphäre in der »Osteria Da Tronca«.

gesprochen wurde, sowie der Palazzo dei Priori. In diesem mächtigen Bauwerk wurden die Gesetze der Stadtrepublik erlassen. Heute ist hier das städtische Museum untergebracht, in dem schöne Grabungsfunde der etruskischen und römischen Zeit ausgestellt sind. In vielen Fällen entdeckten Bauern in den letzten 100 Jahren beim Bestellen ihrer Äcker diese Stücke im Erdreich. Die kleine, aber feine Pinakothek birgt ein ganz besonderes Werk der Renaissance: eine Maestà von Ambrogio Lorenzetti.

Die Piazza Garibaldi ist bis heute das Zentrum von Massa Marittima. Nicht nur weil der Platz zu jeder Tageszeit hinreißend schön ist, sondern auch weil er extrem einladend wirkt. Die geniale Idee, die Treppe des Doms mehrfach geknickt zu errichten, schuf eine Art Bühnenbild, das man am liebsten nicht mehr verlassen möchte. Ganz in der Nähe des Domplatzes empfiehlt es sich, eine Feinschmeckerpause einzulegen. Die Brüder Moreno und Enzo Longiu servieren in ihrer »Trattoria Da Tronca« das Beste, was die regionale Küche zu bieten hat, wie zum Beispiel die Tortellini maremmani, das sind mit Mangold und Ricottakäse gefüllte Teigtaschen, oder die Acquacotta, eine Gemüsesuppe mit Eiern und Brot, und der Stockfisch nach Art der Maremma. Eleganter geht es im »Da Bracali« zu, einer Spitzenadresse, die für ihre Küche, die Tradition mit Kreativität verbindet, mit einem der begehrten Michelin-Sterne ausgezeichnet wurde. Das Lokal liegt im Ortsteil Ghirlanda, keine zwei Kilometer nordöstlich von Massa.

Vom Domplatz aus lohnt ein weiterer Abstecher auf die Piazza Cavour, nun allerdings wegen der Konditorei »La Dolcezza in Tavola«. Hier locken die leckersten Kalorienbomben der Stadt. So gestärkt empfiehlt sich ein Spaziergang durch die Via Moncini zur Piazza Matteotti, der zweiten Lebensader der Altstadt. Hier erheben sich stolz alte Bürgerhäuser und die Fortezza dei Senesi. Das massige und wehrhafte Bauwerk errichteten die Sienesen, als sie 1335 dem unabhängigen Stadtstaat ein brutales Ende bereiteten.

Massa Marittima – mittelalterliche Musterstadt

Wichtigste Sehenswürdigkeiten
Piazza Garibaldi (Hauptplatz der Altstadt mit dem romanischen Dom und dem Palazzo Comunale), Piazza Matteotti (mit der Burg Fortezza dei Senesi).

Geschichte
Massa war im Mittelalter ein mächtiges Handelszentrum. Durch den Handel mit Erzen und Mineralien wurden die Bürger wohlhabend. Die Malaria setzte Massa im 15. und besonders im 18. und 19. Jahrhundert schwer zu. Deshalb modernisierte man das Städtchen baulich so gut wie nie, weshalb es seinen mittelalterlichen Charakter weitgehend bewahren konnte.

Essen und Trinken
Trattoria Da Tronca, Vicolo Porte 5, Tel. 05 66-90 19 91; lokale Traditionsgerichte in zünftigem Ambiente. Dazu Weine aus der Umgebung.
Da Bracali, Via di Perolla 2, Tel. 05 66-90 23 18; gehobene Adresse für Feinschmecker.
Bar Le Logge, Piazza Garibaldi 11, Tel. 05 66-90 22 21; angenehm zum Sitzen und zum Leuteanschauen, am schönsten Platz der Stadt gelegen.
La Mura Caffeteria, Via Ximenes, Tel. 05 66-94 00 55; ausgezeichnete Yoghurteria am Eingang zum Domplatz. 135 Kaffee- und Teesorten.

3

Übernachten
****Residence La Fenice,* Corso Diaz 63, 4 Zimmer, 14 Suiten, Tel. 05 66-90 39 41, Fax 05 66-90 42 02, E-Mail: info@residencelafenice.it. Kleine Appartements mit Kochgelegenheiten. Sehr funktionell und bequem.
****Duca del Mare,* Piazza Dante Alighieri 1/2, 28 Zimmer, Tel. 05 66-90 22 84, Fax 05 66-90 19 05, E-Mail: info@ducadelmare.it. Gleich vor den historischen Mauern der Stadt bietet diese restaurierte Villa familiären Komfort. Pool im Garten.

Einkaufen
Grassini, Via della Libertà 1, Tel. 05 66-94 01 49; Würste und Käse von Bauern der Umgebung, Marmeladen, die von der Mamma gekocht werden. Der Delikatessenverkauf beginnt um 8.30 Uhr und ab 12.20 Uhr werden warme Speisen an kleinen Tischen serviert.

Information
Via Parenti 22, Tel. 05 66-90 27 56, Fax 05 66-94 00 95

Mystik, Legenden und Wunder
Auf den Spuren eines frommen Ritters im Val di Merse

Eine gewaltige Ruine, Morgennebel und ein Schwert, das niemand aus dem Felsen herausziehen kann. Das Val di Merse ist und bleibt geheimnisvoll.

Galgano Guidotti (1148–1181) stellte einen Mythos auf den Kopf. Der junge Ritter, dessen Name an den fürchterlichen Galvan aus der Sage um König Artus erinnert, stammte aus dem Örtchen Chiusdino. Galgano war fasziniert von Rittergeschichten und den Sagen, die sich um längst verstorbene Kämpfer rankten. Eines Tages entschied er sich, König Artus zu imitieren – allerdings im umgekehrten Sinn. Galgano wollte kein Schwert aus einem Steinblock ziehen, wie es dem legendären britischen Herrscher gelungen war. Er wollte sein Schwert, kampferprobt bei Kreuzzügen gegen die Ungläubigen, in einen Stein rammen, um auf diese Weise seinem Ritterleben abzuschwören. Er suchte sich einen geeigneten Gesteinsbrocken aus, stieß das Schwert hinein und siehe da: Der Stein umschloss das Schwert, das sich seitdem nicht mehr daraus löste. Der edle Galgano tauschte seine Ritterrüstung gegen ein Mönchsgewand und widmete sein Leben fortan Gott und der Kirche. Im Jahr 1185, kurz nach seinem Tod, sprach Papst Lucio III. den fromm gewordenen Ritter heilig.

Diese Geschichte soll sich im späten 12. Jahrhundert zugetragen haben. Erzählt wird auch, dass der Eremit Galgano den Bau einer riesigen Kirche miterlebt haben soll, der Abbazia di San Galgano. So wurde das Gotteshaus nach dem Tod und der gleich erfolgten Heiligsprechung des frommen Mannes genannt. San Galgano ist einer der zauberhaftesten Orte der Toskana. Vor allem morgens, nach Aufgehen der Sonne, und abends, wenn sie untergeht. Nur dann wirkt die Kirche wie eine Erscheinung aus einer mittelalterlichen Sage, denn sie erhebt sich in unbebauter Landschaft.

Die gotische Kirche in Form eines lateinischen Kreuzes mit einer Länge von 69 Metern errichteten Mönche aus Casamari zwischen 1228 und 1288. Die Abteikirche gilt neben Fossanova im Süden als eines der schönsten Beispiele gotisch-zisterziensischer Baukunst in Italien. Ihr Vorbild sorgte dafür, dass der streng schematische Grundriss nach dem Muster der Zisterzienserabtei im burgundischen Pontigny auch in Mittelitalien Eingang fand. Dem Besucher präsen-

1 Bei Regen wirkt die Landschaft um San Galgano noch geheimnisvoller. **2** Niemand konnte bisher das Schwert aus dem Stein der Cappella di Monte Siepi ziehen. **3** Ehemaliger Kapitelsaal der Klosterruine. **4** Mystisches Erlebnis: herbstlicher Spaziergang bei Nacht und Nebel zur Kirchenruine.

tiert sich San Galgano heute als gigantische und stimmungsvolle Ruine. Vögel flattern durch die hohen Bogenfenster ins Innere, der Himmel bildet das Deckengewölbe. Der Fußboden besteht nicht mehr aus Marmor. An seiner Stelle wächst dichtes Gras. Schon im 16. Jahrhundert begann der Niedergang und romantisch angehauchte Italienreisende des 19. Jahrhunderts waren von der morbiden Schönheit der verfallenden Abteikirche hingerissen. So wie auch heutige Besucher. Neben der Kirchenruine erheben sich die Reste des Klosterkomplexes. Reizvoll sind der Kapitelsaal, die Ruinen des Klostergartens und der Saal der Mönche.

Auf einem der Kirche gegenüberliegenden Hügel, dem Poggio di Monte Siepi, können sich die Besucher am Schwert des heiligen Galgano versuchen. Viele Touristen ziehen an der Eisenwaffe, die sich aber nicht einen Millimeter bewegt. Der Stein mit dem Schwert gehört zum Eremo, dem Bereich also, in dem die Eremiten lebten. Besonders schön ist die romanische Kapelle. Ihre Kuppel ist sehr eigentümlich: Sie besteht aus zahlreichen konzentrischen Ringen. Cotto und Travertin wechseln sich als Material in einem optisch verwirrenden Spiel ab. Eine Architektur, wie man sie ähnlich nur von der Insel Sardinien oder von etruskischen Kuppelgräbern her kennt. Unterhalb dieser Kuppel befindet sich das sagenhafte Schwert. Große Kunst bietet ein kleiner Nebenraum, eine Seitenkapelle. An die Wand malte Ambrogio Lorenzetti (1290–1348) eine thronende Madonna.

Vom Zauber des Val di Merse, wie das Tal mit der Kirchenruine und dem Schwert genannt wird, ließ sich auch Rita faszinieren. Sie ist eine jener vielen Deutschen, die in die Toskana ausgewandert sind. Um sich ihr Leben unter toskanischer Sonne finanzieren zu können, eröffnete sie ein mittlerweile viel besuchtes Lokal. In ihrer »Trattoria L'Aia di Gino« im bukolisch gelegenen Örtchen Monticiano, einem mittelalterlichen Idyll mit einer Panoramaterrasse, kocht Rita einheimische Gerichte. Ihre Papardelle-Nudeln mit Hirschfleisch, die Gnocchi, kleine runde Kartoffelklößchen, sowie das gefüllte Kaninchen schmecken ausgezeichnet. Am besten trinkt man dazu einen lokalen Wein und sitzt draußen im Schatten.

Wer im Val di Merse schlafen will, um frühmorgens der Faszination der Ruine und des Tals zu erliegen, der sollte »Da Vestro« aufsuchen. Das typisch toskanische Bauernhaus ist von einem Garten mit Pool umgeben. Kein Luxus, dafür aber Geborgenheit und Stille.

1–3 Von allen Seiten gleich mystisch: die romantische Kirchenruine.
4 Außenansicht. **5** Die Capella di Monte Siepi mit ihrem Kuppeldach ist in etruskisch-sardischem, zweifarbigem Mauerwerk errichtet.

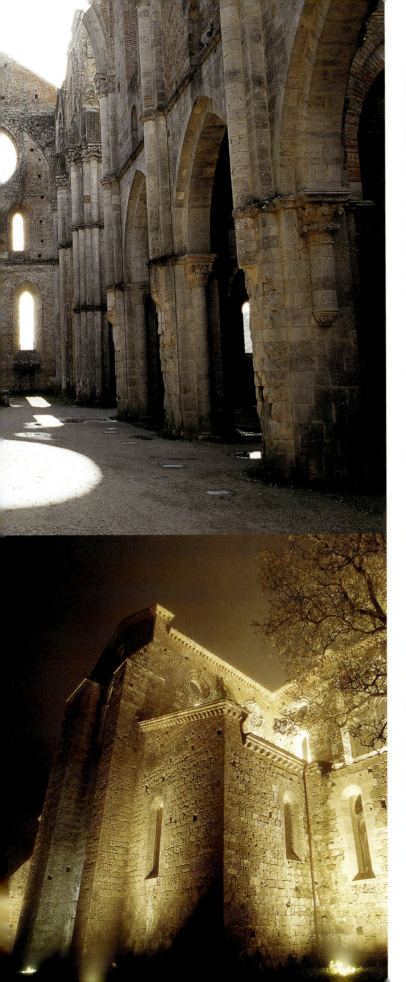

Val di Merse – Mystik, Legenden und Wunder

Wichtigste Sehenswürdigkeiten
Abbazia di S. Galgano (eine der schönsten Klosterruinen ganz Italiens, umgeben von einer herrlichen bukolischen Landschaft), Poggio di Monte Siepi (Ort, an dem sich das legendäre Schwert des bekehrten Kriegsmannes befindet).

Geschichte
Im Mittelalter war das Val di Merse vor allem eine Landschaft von Burgherren und Mönchen. Die Zisterzienser der Abbazia di San Galgano waren reich und mächtig. Sie kontrollierten fast den gesamten Handel. Mit der Herrschaft der Medici und dem Verfall des Klosters wurde das Tal wirtschaftlich unbedeutend, konnte aber seinen mystischen Charakter bewahren.

Essen und Trinken
Monticiano:
Trattoria L'Aia di Gino, Via dell'Arco 8, Tel. 05 77-75 80 47; Traditionsküche von einer Deutschen gekocht. Empfehlenswert sind vor allem die Tische auf der Panoramaterrasse.

Übernachten
****Da Vestro,* Via Senese 4, 14 Zimmer, Tel. 05 77-75 66 18, Fax 05 77-75 64 66, E-Mail: info@davestro.it; hübsche Unterkunft in der Natur, mit Pool. Eine angenehme Adresse zum Entspannen.

Information
Siena: Piazza del Campo 56, Tel. 05 77-28 05 51, Fax 05 77-27 06 76, E-Mail: aptsiena@siena.toscana.it

Inseln für jeden Geschmack
Kreuzfahrt durch das toskanische Archipel

Hinreißende Strände und malerische Fischerorte, Wanderungen durch abgelegene Bergwelten, seltene Pflanzen. Wo Napoleon lebte, der Graf von Monte Christo jedoch nie war. Faszinierendes Inselhüpfen durch eine ganz andere Toskana.

Mit dem Segelschiff wird das Inselhüpfen zur echten Kreuzfahrt. Schiffe jeder Größe können mit oder ohne Skipper in Livorno gechartert werden. Mit mehreren Personen wird der Spaß auch für normale Geldbeutel finanzierbar.

Ganze sieben Eilande sind zu besichtigen. Der toskanische Archipel ist ein echtes Segeldorado und bietet Badebuchten von unbeschreiblicher Schönheit. Die toskanische Inselwelt nur auf Elba zu reduzieren, ist ein grober Fehler und führt in jedem Sommer dazu, dass die größte der toskanischen Inseln heillos überfüllt ist.

Von Livorno aus geht es mit dem Schiff zunächst zur Isola Gorgona, keine 20 Seemeilen von der Hafenstadt entfernt. Ein kleines Paradies von nur 2,23 Quadratkilometern Fläche mit Felsen und Hügeln, die ganz mit Macchia bewachsen sind. So wird auch das im Sommer mit Touristen übervölkerte Elba einmal ausgesehen haben, bevor sich in der Vorzeit die ersten Menschen niederließen. Gorgona bietet wilde Natur mit romantischen Ruinen von Klöstern und Wehranlagen. Der Besuch des Eilands ist nur mit einer offiziellen Genehmigung des Justizministeriums möglich. Spezielle Touristenbüros helfen weiter.

Südlich von Gorgona ragt die Isola di Capraia aus den toskanischen Fluten. Auch wenn diese Insel weitaus größer als Gorgona ist, leben hier nur knapp 300 Menschen. Glückliche Menschen müssen es sein, denn sie befinden sich mitten in einem Naturschutzpark. Capraia besteht aus vulkanischem Gestein und verfügt über sehr fruchtbare Böden. Überall wächst etwas. Wein und Oliven werden angebaut und auf dem Festland teuer verkauft. In den Seegrotten machen immer wieder die im Mittelmeer selten gewordenen Seerobben Halt. Capraia ist ein Paradies für Wanderer, Schwimmer und Taucher. Die höchste Erhebung der 20 Quadratkilometer großen Insel ist der Monte Castello mit seinen 447 Metern. Der Monte Arpagna ist etwas niedriger, aber von seiner Spitze aus sind Korsika und das ganze toskanische Archipel zu sehen. Der einzige

1 Frühmorgendliche Stimmung am Strand von Secchetto. **2** Segeltörn zur einsamen Mini-Insel Capraia. **3** In der Hauskapelle des Hotels »Hermitage« auf Elba wurden zahlreiche Ehen geschlossen. **4** Manche einsame Badebucht wie der Golf Stella auf Elba ist nur zu Fuß zu erreichen.

1 Blick von Capoliveri auf Elba und den Monte Capanno, die höchste Erhebung der Insel. **2** Aussichtsreiches Portoferraio: Altstadt und Medici-Kastell oberhalb der Bucht. **3** Fährschiff nach Elba.

bewohnte Ort ist Capraia Isola. Oberhalb der Fischerhäuser steht die Fortezza San Giorgio aus dem frühen 15. Jahrhundert. Von ihr aus hat man einen guten Blick auf Elba.

Die nächste Insel des Segeltörns ist Elba – la grande, die Große. Ihr berühmtester Bewohner war Napoleon Bonaparte. 1814 war er gezwungen, neun lange Monate hier zu leben. Zwischen Elba und der Hafenstadt Piombino liegen nur zehn Seemeilen. Die Nähe sorgt für massenweise Tagestouristen. Wer ohne vorher gebucht zu haben, hier übernachten will, hat im Sommer so seine Schwierigkeiten, ein freies Bett zu bekommen. Portoferraio ist die wichtigste Hafenstadt. Hier konzentrieren sich die meisten Hotels.

Schön ist an Elba die Vielfalt der Landschaft. Mit einem Pkw oder, weitaus reizvoller, mit einem gemieteten Moped, der klassischen Vespa zum Beispiel, lässt sich diese heterogene Insel ausgezeichnet erkunden. Sandstrände wechseln sich mit zerklüfteten Felsabschnit-

ten ab. Strände zum Baden und für den Wassersport finden sich vor allem an der Westküste. Die Ostküste hingegen, an der die zweitgrößte Ortschaft, Porto Azzurro, liegt, bietet auch romantische Steilküsten. Nicht weit von Porto Azzurro entfernt befindet sich der dunkle Strand von Terranera, zu Deutsch Schwarzerde. Die dunkle Farbe erzeugt der hohe Eisengehalt.

Das Hinterland wirkt wie ein englischer Garten all'italiana. Wiesen und Weiden, Olivenbäume und Weinreben: Man hat den Eindruck, als ob ein Gärtner die einzelnen Ensembles ganz bewusst angelegt hätte. Eine der landschaftlich schönsten Straßen Elbas führt von Marciana Marina zu dem mittelalterlichen Örtchen Marciana Alta. Eine Schotterstraße bringt den Reisenden zur Talstation der Seilbahn, mit der es auf den 1108 Meter hohen Monte Capanne geht. Die Aussicht ist umwerfend. Wer wandern will, kommt auf Elba auf seine Kosten.

Elbas hinreißendster Strand ist vielleicht der Spaggia di Fetovaia an der wilden Südwestküste Richtung Korsika. Das Wasser ist smaragdgrün und Granitfelsen umranken den Sandstrand wie Bühnenbilder. An der Nordküste lockt der Spaggia di Biodola, der über eine Straße in der dicht mit Macchia bewachsenen Landschaft bequem zu erreichen ist. Nicht weit entfernt kann der Reisende sich im weißen Sand des bei ausländischen Touristen eher unbekannten Strandes von Punta Penisola, der Spaggia di Scaglerie, ausruhen. Der wunderschöne Spaggia di Cavoli an der Südwestküste ist vor allem etwas für junges Publikum. Hier geht es hoch her und nachts wird direkt am Meer getanzt. Paolina Bonaparte, die Schwester Napoleons, soll den feinen Sand der Spaggia di Paolina zwischen Procchio und Marciana Marina an der Küste im Nordwesten vorgezogen haben.

Nur sieben Seemeilen von Elba entfernt liegt südwestlich die Isola di Pianosa. Sie hat sich in Italien einen Namen als Gefängnisinsel gemacht. Hier saßen bis vor kurzem hinter dicken Mauern einige streng bewachte Superbosse der Mafia ein. Pianosa verfügt über eine wildromantische und herbe Landschaft, die vor allem mit der typischen Mittelmeermacchia bewachsen ist. Schon die alten Römer wussten die Reize der rustikalen Insel zu schätzen: An der

Ostküste sind die malerisch gelegenen Ruinen der einstmals prächtigen Villa von Postumio Agrippa zu besichtigen.

Mit dem Boot geht es weiter zur Isola di Montecristo. Wer auf ein reguläres Fährschiff angewiesen ist, muss dieses in Orbetello besteigen, um auf die vor allem aus der Literatur bekannte Insel zu gelangen. Von der kleinen Hafenstadt auf der Halbinsel Argentario aus erreicht man übrigens alle Inseln des südlichen Archipels.

Der berühmte Graf von Montecristo lebte nie auf der gleichnamigen Insel. Er stattete ihr auch nie einen Besuch ab. Das scheint historisch verbürgt zu sein. Viel hätte er dort auch nicht zu sehen bekommen, denn immer schon war diese zehn Quadratkilometer kleine Insel so gut wie unbewohnt. Und das war ihr großes Glück. Ihre unberührte Natur ist heute geschützt. Wer auf Montecristo wandern will, muss beim Landwirtschaftsministerium in Rom eine offizielle Anfrage stellen. Auch hier können Touristenbüros weiterhelfen. Die Isola di Montecristo besteht aus einem gigantischen Granitmassiv, das sich mit der höchsten Erhebung, dem Monte della Fortezza, 640 Meter übers Meer erhebt. Auf der Insel leben seltene Wildziegen und die berüchtigten Vipern von Montecristo.

Zwischen Montecristo und dem Argentario liegt die Isola del Giglio, ein Insel-Schmuckstück. Mit 21 Quadratkilometern ist sie die zweitgrößte Insel des Archipels nach Elba. Auch hier bietet sich wieder ein Berg, der fast 500 Meter hohe Poggio della Pagana, als bester Aussichtspunkt an. Die Landschaft wirkt weitgehend unberührt. Macchia und Felsen wechseln sich stimmungsvoll ab. Reizvoll sind ebenso die Waldflächen mit Oliven- und Kastanien-, Feigen- und Pinienbäumen. Aus den Früchten der häufig anzutreffenden Erdbeerbäume werden köstliche Marmeladen gekocht und auch der Inselwein ist ausgezeichnet.

Giglio Porto ist der Hauptort der Insel und im Sommer stets randvoll. Ebenso hübsch und etwas weniger überlaufen präsentiert sich das sechs Kilometer nordwestlich gelegene Fischerdorf Giglio Castello, das von einer mittelalterlichen Wehrmauer umgeben ist. Wer in Campese an der Westküste wohnt, hat einen langen und feinen Sandstrand direkt vor der Haustür. Nur mit einem kleinen Boot oder zu Fuß ist der Spiaggia Le Caldane zu erreichen – eine der romantischsten Badebuchten der ganzen Insel. Auch im Sommer findet man in der Regel nicht weit von Campese an der weniger bekannten und unbegreiflicherweise auch weniger frequentierten Cala dell'Allume Platz im Sand. Der Strand ist von unberührter Natur umgeben und man fühlt sich wie der erste Mensch auf Giglio. Acht Seemeilen südöstlich von Giglio befindet sich die Privatinsel

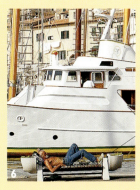

1 Schon die alten Römer errichteten sich auf Elba bei Le Grotte eine Sommervilla. **2** Isola di Giglio: faszinierende Insel zwischen Fischer- und Ferienflair sowie Urlaubsziel vieler Segelenthusiasten. **3** Isola Capraia: Ziel von Tauchern, Wanderern und Vogelkundlern. **4** Schönheiten am Strand. **5** Nicht nur frische Fische: auf der Via Felice Cavallotti in Porto Azzurro auf Elba. **6** Charteryachten in Portoferraio.

Giannutri. Auch sie ist Teil des Naturschutzparks des toskanischen Archipels. Auf 2,6 Quadratkilometer Fläche wächst fast ausschließlich wilde Macchia. Starke Winde haben uralte Steineichen zu Baumskulpturen geformt. Die Insel ist ein Vogelreservat. Schon die wohlhabenden Römer schätzten die romantischen Reize von Giannutri. Zu Fuß können in Cala Maestra die Ruinen einer römischen Villa aus dem 1. Jahrhundert n. Chr. erwandert werden.

Toskanisches Archipel – Inseln für jeden Geschmack

Wichtigste Sehenswürdigkeiten
Elba: Portoferraio (Burgfeste Forte del Falcone).
Giglio: Giglio Castello (mittelalterliches Städtchen).
Giannutri: Parco nazionale dell'Arcipelago toscano (Naturschutzpark).

Geschichte
Die Etrusker bauten auf Elba Mineralien ab und die Römer errichteten einen ihrer Flottenstützpunkte im Mittelmeer. Im Mittelalter stritten Stadtrepubliken wie Lucca und Pisa um die Herrschaft auf Elba. Napoleon lebte hier von 1814 bis 1815.

Essen und Trinken
Elba:
Publius, Marciana, Poggio, Piazza XX Settembre 6/7, Tel. 05 65-9 92 08; toskanische Traditionskost.
Capo Nord, Marciana Marina, Loc. La Fenicia, Tel. 05 65-99 69 83; Fischküche vom Feinsten.
Stella Marina, Portoferraio, Via Vittorio Emanuele II 1, Tel. 05 65-91 59 83; ausgezeichnete Fischgerichte.

Giglio:
La Vecchia Pergola, Giglio Porto, Via Thaon de Revel 31, Tel. 05 64-80 90 80; ursprüngliche Gerichte.
Da Maria, Giglio Castello, Via della Casa Matta, Tel. 05 64-80 60 62; Fischspezialitäten.

Übernachten
Elba:
Hotel Hermitage, Biodola, 129 Zimmer, Tel. 05 65-97 48 11, Fax 05 65-96 99 84, E-Mail: hermitage@elbalink.it. An einem der schönsten Strände gelegen.
Hotel da Giacomino, Capo S. Andrea, Marciana, 33 Zimmer, Tel. 05 65-90 80 10, Fax 05 65-90 82 94, E-Mail: hgiacomino @tiscalinet.it. Komfortables Hotel, felsige Badebuchten.
Giglio:
Pardini's Hermitage, Loc. Cala degli Alberi, 13 Zimmer, Tel. 05 64-80 90 34, E-Mail: info@hermit.it. Zu Fuß oder mit Boot erreichbar. Romantische Abgeschiedenheit plus Komfort.
Capraia:
Il Saracino, Via Cibo 40, 35 Zimmer, Tel. 05 86-90 50 18, Fax 0586-905062, E-Mail: hotel_saracino@tiscalo.it. Einfach, aber mit Pool.

Einkaufen
Elba:
Panificio Diversi, Loc. S. Piero, Campo nell'Elba, Tel. 05 65-98 32 45; Brot mit Nüssen und Feigen, mit Nudeln und Erbsen – ungewöhnliche Gebäckspezialitäten.
Premiata Pasticceria Giorgio Lambardi, Loc. Marina di Campo, Via Roma, Tel. 05 65-97 60 57; leckere Desserts und die Inselspezialität Napoleonstränen.

Information
für alle Inseln: Azienda di Promozione Turistica dell'Arcipelago Toscano, Portoferraio, Calata Italia 26, Tel. 05 65-91 46 71, E-Mail: elbapro@ouverture.it

Blick vom Torre Grossa über die Weinberge von San Gimignano.

Populär und exklusiv zugleich
Weinparadies Westtoskana

Einer der besten Weißweine der gesamten Toskana kommt aus der sanfthügeligen Umgebung der pittoresken Stadt San Gimignano. Der *Vernaccia di San Gimignano,* zu fast 100 Prozent gekeltert aus den gleichnamigen Trauben, ist seit rund 800 Jahren bekannt und soll bereits der Lieblingswein von Renaissancekünstler Michelangelo gewesen sein. Weinwissenschaftler vermuten, dass die Traube Vermentino di San Gimignano im 11. Jahrhundert aus Griechenland in die Toskana gebracht wurde.

Der *Vermentino di San Gimignano* erhielt als erster italienischer Tropfen 1966 das DOC-Gütesiegel. Beliebt ist er für seine Rasse und Substanz – er zeigt sich einem guten Chablis durchaus ver-

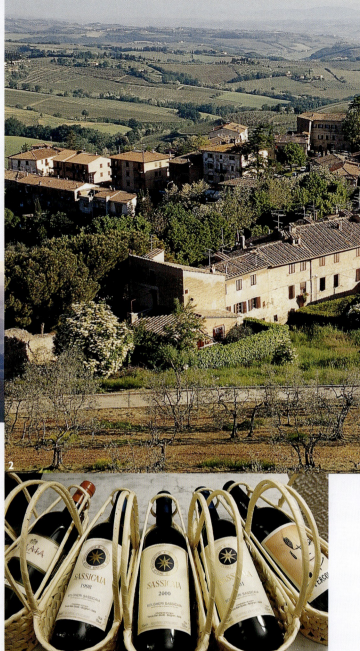

1 Nahe San Gimignano keltert man süffigen Weißwein. **2** Blick von der Rocca in San Gimignano auf das Augustinerkloster. **3** Die »Tenuta San Guido« keltert einen der vollmundigsten Sassicaia-Weine. **4** Elba kennt Weiß- und kräftige Rotweine. **5** Die »Tenuta La Chiusa« auf Elba.

gleichbar. Er hat einen Alkoholgehalt von rund 11,5 Prozent, ist strohgelb und wird im Laufe der Lagerzeit immer goldener. Der Vermentino hat ein feines Aroma und duftet leicht nach Mandeln und Wildapfel. Im Geschmack ist er trocken und harmonisch und passt ausgezeichnet zu Fischgerichten und Krustentieren. Sein großer Vorteil ist, dass er gut und nicht teuer ist. Gerade in den letzten Jahren sind italienische Weine immer kostspieliger geworden. Ein Trend, der aber vor allem Rotweine betrifft. Der Vermentino di San Gimignano kann auch als preiswerte Version ganz hervorragend schmecken.

Ausgezeichnet sind auch jene Weine, die an der so genannten Riviera degli Etruschi, der etruskischen Küste zwischen Piombino und Cecina sowie der Insel Elba, gekeltert werden. Hier wurde mit der Produktion von Qualitätsweinen erst vor rund 30 Jahren begonnen. Das war in Bolgheri, wo der *Sassicaia* geboren wurde, ein Tropfen, der Geschichte machen sollte. Auch Preisgeschichte, denn seine Quotationen gehören zu den schwindelerregendsten ganz Italiens. Dieser Spitzenwein wächst in der Nähe des ehemaligen Klosters San Guido rund 50 Kilometer südlich von Livorno an den steinigen Abhängen zur Küste bei Bolgheri in der Gemeinde Castagneto Carducci. Im Jahr 1942 begann hier der Graf Incisa della Rocchetta einen ersten Hektar mit Cabernet-Sauvignon-Trauben zu bepflanzen. Aus einem puren Experiment wurde ein umfangreiches Business, an dem die Florentiner Familie Antinori mit ihren Weinen großen Anteil hat. Jährlich kommen nur rund 80 000 Flaschen Sassicaia, der inzwischen nicht mehr nur aus Cabernet-Sauvignon-, sondern auch aus Cabernet-Franc-Trauben besteht, auf den Markt. Dieser Wein darf, wenn er gelingt, als einer der besten Rotweine Italiens bezeichnet werden. Er braucht den Vergleich mit den großen Franzosen aus dem Bordeaux nicht zu scheuen.

Aus dem Gebiet von Castagneto Carducci kommen noch andere ebenfalls beachtliche Weine. Der *Masseto* zum Beispiel, der auf dem Weingut Ornellaia zu 100 Prozent aus Merlottrauben gewonnen wird. Er wurde zum ersten Mal 1986 abgefüllt und gilt wegen seiner außergewöhnlichen Struktur und Eleganz als Pétrus-Wein Italiens. Vom selben Weingut kommt der *Ornellaia*, der aus Cabernet Sauvignon, Cabernet Franc und Merlot gekeltert wird. Ein kräftiger Roter. Auch der *Paleo* sollte probiert werden. Ein seit 1989 erzeugter Wein, der aus Cabernet Sauvignon sowie Sangiovese besteht. In Barriquefässern ausgebaut, verfügt er über einen kräftigen und leicht eleganten Charakter.

Von Cipriana kommt ein interessanter Rotwein, der zwar nicht die Größe eines Sassicaia erreicht, aber doch als einer der besten Tropfen der Region gelten kann. Der *San Martino* wird ausschließlich aus Cabernet-Sauvignon-Trauben gewonnen. In Frucht und Körper beachtlich passt er ausgezeichnet zu Bratengerichten.

100 Der Westen

Weinparadies Westtoskana

Vernaccia di San Gimignano und Volterra:
1 *Azienda Agricola Giovanni Panizzi,* Loc. Racciano, Tel. 05 77-94 15 76; ein alter unterirdischer Weinkeller, in dem der Vernaccia in großen Barriquefässern reift.
2 *Fattoria di Cusona-Giucciardini Strozzi,* Loc. Cusona 5, Tel. 05 77-95 00 28; eines der ältesten Weingüter Italiens. Seit rund 1000 Jahren wird hier gekeltert.

Bolgheri Sassicaia und Castagneto Carducci:
3 *Tenuta della Ornellaia,* Via Bolgherese 191, fraz. Bolgheri, Tel. 05 65-7 18 11; ein Joint Venture zwischen den Weingiganten Mondavi und Frescobaldi, das von Ludovico Antinori zum Erfolg geführt wurde. Hier werden einige der besten Sassicaia-Weine abgefüllt.
4 *Tenuta San Guido,* frazione Bolgheri, Loc. Capanne 27, Tel. 05 65-74 96 33; auf diesem Weingut wurde der einmalige Sassicaia geboren.

Elba:
5 *Tenuta La Chiusa, Portoferraio,* fraz. Magazzini 93, Tel. 05 65-93 30 46; hier gibt es einige der besten Inselweine zu verkosten und zu erwerben. Im Hauptgebäude des Weingutes soll schon Napoleon Bonaparte Wein probiert und genossen haben.
6 *Azienda Agricola Mola,* Porto Azurro, loc. Mola, Tel. 05 65-95 81 51; gekeltert werden vor allem typische und unkomplizierte Weine, die man am besten jung genießen sollte.

Das Weingut Ornellaia füllt auch einen ganz bemerkenswerten Weißwein ab. Der *Poggio alle Gazze* ist eine Mischung aus Sauvignon und Sémillon und existiert erst seit 1987. In seiner Barriqueversion als Vino diverso del Poggio alle Gazze ist er besonders ausdrucksstark.
Von der Insel Elba kommen gute Weißweine wie der *Elba Bianco* Doc, der trocken und harmonisch schmeckt. Eine echte Inselrarität ist der rote *Aleatico di Portoferraio,* ein leicht süßlicher, portweinähnlicher Likörwein, der sehr aromatisch schmeckt.
In der Umgebung von Volterra werden bukettreiche Rot- und Weißweine gekeltert, die *Montescudaio* genannt werden. Der rote Tropfen erinnert ein wenig an die weniger kräftigen Chiantiweine und wird aus Sangiovese- und Trebbiano- sowie Malvasiatrauben gekeltert. Weine aus Volterra schmecken meist angenehm leicht, sind aber im Vergleich zu den anderen Tropfen der Westtoskana wenig aufregend.

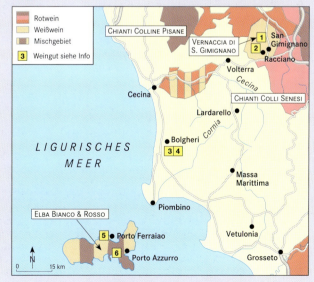

Die Crete bei Vescona.

Der Osten

Großartige Gotik
Siena – die Schöne

Hoch und runter: Wer Siena entdecken will muß sportlich sein. Ausgebreitet wie eine Spinne liegt eine der wenigen gotischen Städte Italiens auf zahlreichen Hügeln. Kundige Urban-Trekker motivieren Jung und Alt bei der Entdeckung von Kirchen und Palästen, Plätzen und Museen.

Sie sind aus Marmor oder Travertin. Sie sind hoch, viel höher als gewöhnliche, als moderne Treppenstufen und sie scheinen endlos. Treppen mit bis zu 50 Stufen sind keine Seltenheit.
Siena liegt zwar idyllisch mitten in der Toskana, leider aber auf einigen Hügeln, was eine gründliche Besichtigung des Städtchens nicht für alle zu einer reinen Freude macht. Es geht hoch und hinunter, und wer nicht das richtige Schuhwerk trägt, ist selbst schuld. Die städtische Vereinigung der unabhängigen Reiseführer hat aus dieser Not eine Tugend gemacht. Das Zauberwort lautet Urban Trekking – Trekken in der Stadt. Dabei soll Siena auf ganz besondere Weise kennen gelernt werden. Aufgesucht werden Straßen, Gassen und stille Ecken, »die Otto Normaltourist nie zu sehen bekommen würde«, weiß Claudia Buchstaller. Die Süddeutsche ist seit Jahren Reiseführerin in Siena und erwandert mit Besuchern ihre zauberhafte Stadt. »Das ist körperliche Ertüchtigung in Verbindung mit Kunst und Kultur«, erklärt sie und weist darauf hin, dass »dazu feste Wanderschuhe und bei Älteren auch ein Stock gehören«.
In der Regel treffen sich die Urban-Trekker vor dem Dom oder vor dem Rathaus, auf der so genannten Piazza del Campo, auf dem zwei Mal im Jahr, am 2. Juli und am 16. August, die berühmten Pferderennen des Palio stattfinden. Eine uralte Tradition, die Tausende von Sienesen und Touristen aus aller Welt anlockt. Auch das kleinste Fensterchen, das den Blick auf den Campo erlaubt, wird an diesen Tagen für astronomische Preise an Neugierige vermietet. Jedes Stadtviertel, Contrada genannt, stellt ein Pferd und einen Reiter. Auf einen Schuss hin rennen die Tiere mit ihren Jockeys ein Mal um den Platz. Wer als Erster durch das Ziel geht, wird nicht nur wie ein Sieger, sondern wie ein Held verehrt – vor allem von seiner Contrada. Die Sienesen, so erfahren die Urban-Trekker von Claudia Buchstaller, lassen vor den Rennen ihre Pferde in den Kirchen ihrer Stadtteile weihen. Auch dies ist eine Tradition, die auf das Mittelalter zurückgeht. Im Anschluss an das Rennen gibt es in der ganzen

1 Ein Rennpferd der »Contrada della Selva« beim Einzug zum Palio. **2** »Schlaf der Unschuld«: Marmorkunst im Museo dell'Opera Metropolitana. **3** Plausch auf dem Corso. **4** Wahrzeichen der weltlichen Macht Sienas: Palazzo Pubblico und der gertenschlanke Torre del Mangia.

Stadt Volksfeste, wie vor Jahrhunderten, als Siena reich und mächtig war und noch vor Florenz als Metropole Italiens galt.

Die Stadtwanderung geht durch komplett erhaltene mittelalterliche Wohnviertel mit engen Gassen und kleinen Kirchen. Viele Straßen führen in Talsohlen hinab und dann leider wieder steil auf einen Hügel hinauf. Man passt sich dabei ganz dem Alter und der Kondition der Gäste an.

Siena lässt sich nicht an einem Tag abhaken. Auch wenn die Stadt klein wirkt, was in luftiger Höhe vom mühsam erklommenen Rathausturm am Campo aus deutlich zu erkennen ist, hat sie viel zu bieten. Wer auch nur die Highlights sehen will, muss mindestens zwei oder drei Tage einkalkulieren. Nach einer ersten Erkundungswanderung, sollte man einige Ziele vertiefen. Wer Kunst liebt, kommt in Siena voll auf seine Kosten.

Im Zentrum der Stadt, auf dem Campo, erhebt sich das bürgerliche Wahrzeichen Sienas. Der Palazzo Pubblico war das Symbol für einen Stadtstaat, der erst im 16. Jahrhundert seine politische Unabhängigkeit verlor und Teil des Staates der Florentiner Medicifürsten wurde. Stolze Bürger setzten im Mittelalter neben das Rathaus den Torre del Mangia, der mit seinen 102 Metern Höhe deutlich machen sollte, wie mächtig und reich die Sienesen sind. Heute ist im Palazzo Pubblico das Museo Civico untergebracht. Einige Wände zeigen Fresken, die zum Schönsten gehören, was die Toskana zu bieten hat. Simone Martini schuf 1315 eine ergreifende Maestà und Ambrogio Lorenzetti malte im gleichen Jahrhundert seine berühmte »Allegorie der guten und der schlechten Regierung«. Ein

106 Der Osten

beeindruckendes Bild, das als Ausdruck eines von selbstbewussten Bürgern geführten Stadtstaates gelten kann.

Gleich hinter dem Palazzo Pubblico beginnt das Straßengewirr, das in seiner Form auf das Mittelalter zurückgeht. Durch die schnurgerade Via del Porrione führt der Weg zur Basilica dei Servi. Beim Erklimmen der Freitreppe dieses Bauwerks aus der Gotik und der Renaissance schweift der Blick über die Altstadt und einen Teil der nahezu komplett erhaltenen Wehrmauer. Im Kircheninneren musste Coppo di Marcovaldo 1261 eine Mutter Gottes malen, die Madonna del Bordone, um damit nach der Schlacht von Montaperti seine Freiheit wiederzuerlangen. Diese erzwungene Madonna ist eine der schönsten und ergreifendsten religiösen Darstellungen ganz Sienas und wird noch heute von vielen Gläubigen verehrt.

Durch die Via Pantaneto geht es zum Palazzo Piccolomini, einem der interessantesten Sieneser Beispiele für den Baustil der Renaissance. Der Palast ist eine Art Wolkenkratzer seiner Zeit, in dem heute das Museum des Staatsarchivs untergebracht ist. Ein kurioses Museum, denn ausgestellt werden Holztafeln, die in der Renaissance und im Barock von Händlern und Unternehmern bei berühmten Künstlern in Auftrag gegeben und neben den Eingangstüren ihrer Geschäfte an den Wänden angebracht wurden.

1 Aussicht vom »Facciatone« auf die Kuppel von S. Maria di Provenzano. **2** Die Piccolomini-Bibliothek, Höhepunkt der Renaissancekunst: Pinturricchios Fresken (1502–03) zeigen Szenen aus dem Leben von Papst Pius II. **3** Kreuzigungsfresko im Baptisterium. **4** Jede Menge Steinmetzkunst am Dom: ein Opernglas empfiehlt sich, um das wichtigste Statuenprogramm der italienischen Gotik entdecken zu können. **5** In schlichten Streifen – die zurückhaltenden Flankenseiten. **6** Loggia della Mercanzia.

Die Familie Piccolomini wird der Besucher Sienas häufiger antreffen. Papst Pius II. (1405–1464), der berühmteste Spross dieser Adelssippe, war ein Renaissancemensch wie aus dem Bilderbuch: Er schrieb, er dichtete, er liebte, so wird ihm nachgesagt, schöne Frauen und er brachte den frischen Wind des Humanismus in die spätmittelalterliche Kirche. Einen Wind, der den freien Geist förderte, der sich neuen künstlerischen und philosophischen Bewegungen gegenüber erstaunlich offen zeigte.

Auf dem Weg zum Dom erhebt sich die stolze Loggia della Mercanzia aus dem 15. Jahrhundert. Hier beginnt die Via della Città, eine elegante Einkaufsstraße, an der ein weiterer Palazzo Piccolomini, ebenfalls aus dem 15. Jahrhundert, liegt. Ein Meisterwerk von Bernardo Rossellino, das heute ein Kreditinstitut beherbergt. Schöner kann eine Bank nicht untergebracht sein! Eine recht steile Straße führt zum geistlichen Mittelpunkt Sienas.

Die Piazza del Duomo ist ein Augenschmaus. Auf der einen Seite wird sie von der weißschwarzen Fassade des Doms dominiert und auf den übrigen Seiten von mächtigen Palazzi. Als die Sienesen, stolz auf ihre Macht und ihren Reichtum, die größte Kirche der katholischen Christenheit errichten wollten, planten sie ein Bauwerk, das rund viermal so groß sein sollte wie der jetzige Dom. Doch die fortwährenden Kriege mit Florenz um die Vormacht in der Toskana sorgten für eine chronische Ebbe in den städtischen Kassen. Schließlich wurde das ehrgeizige Projekt ad acta gelegt.

Neben den reich verzierten Außenwänden des Domes verdient vor allem der Fußboden im Inneren Aufmerksamkeit: Er besteht aus verschiedenfarbigem Marmor und ist leider nur an hohen Feiertagen komplett zu sehen. Doch schon die Ausschnitte faszinieren. Ein Meisterwerk ist auch die Predigtkanzel von Nicola Pisano aus dem 13. Jahrhundert. Die Sienesen, das wollten sie mit ihrem Dom beweisen, ließen sich nicht lumpen und engagierten nur die Stars der damaligen italienischen Künstlerszene. So finden sich im Dom Gemälde von Pinturicchio, Statuen von Donatello und ein Grabmal für den Kardinal Riccardo Petroni aus der Hand von Tino di Camaino, eines der schönsten Werke der italienischen Gotik.

108 Der Osten

Vom Domplatz aus ist die Libreria Piccolomini zu erreichen. Ein Renaissancejuwel, in dessen Innerem Pinturicchio das Leben von Papst Pius II. auf ausdrucksstarken Freskenbildern nacherzählt. Im benachbarten spätmittelalterlichen Spedale di S. Maria della Scala, einem der größten und ältesten Krankenhauskomplexe Südeuropas, ist nach aufwändigen Restaurierungsarbeiten ein Museum zur Kunst Sienas zwischen dem 11. und 14. Jahrhundert untergebracht. Ebenfalls am Domplatz befindet sich ein weiterer Höhepunkt europäischer Kunstgeschichte. Das Museo dell'Opera Metropolitana zeigt Werke, die früher einmal im Dom standen. Darunter eine Maestà von Duccio di Buoninsegna, die als eines der Hauptwerke der Malerei der italienischen Renaissance gilt. Kunstfreunde kommen hier mehr als auf ihre Kosten. Werke von Pietro Lorenzetti (1280–1348) und Sano di Pietro (1406–1481), von Domenico Beccafumi (1486–1551) und vielen anderen der Sieneser Schule reihen sich in so großer Zahl nebeneinander, dass es man-

Höhepunkte Sienesischer Kunst: **1** Domkanzel von Nicola Pisano. **2** Das 1417 begonnene Taufbecken im Baptisterium schufen Donatello, Jacopo della Quercia und Lorenzo Ghiberti. **3** Das Museo dell' Opera Metropolitana behütet die Originalskulpturen der Domfassade von Giovanni Pisano... **4** ...sowie zwei Altartafeln von Ambrogio Lorenzetti. **5** In »bottini«, kilometerlangen unterirdischen Röhren, floss lebenswichtiges Wasser in die Stadt: Brunnen am Campo von Jacopo della Quercia (1419).

chem zu viel werden kann. Grund genug, sich etwas auszuruhen. Vielleicht auf einer der Steinbänke an einem der Paläste des Platzes oder aber in der »Antica Osteria da Divo«, einem urigen Lokal für eine entspannende Mittagspause. Den Verdauungskaffee sollte man auf der Piazza del Campo genießen. Der Blick auf das ständige Treiben kann ungemein beruhigend wirken.

Auf dem Weg zur Piazza del Campo sollte man die hohe Marmortreppe zu dem kleinen Platz hinter dem Dom hinuntergehen. Hier erhebt sich das Baptisterium, San Giovanni Battista. Das Hauptportal stammt aus dem 14. Jahrhundert. Das Taufbecken aus der ersten Hälfte desselben Jahrhunderts gilt als eines der wichtigsten Werke der frühen Renaissance. Wer noch nicht genug an Kunst zu sehen bekommen hat, der sollte die Pinacoteca Nazionale aufsuchen. Das erste Stockwerk zeigt malerische Höhepunkte des 12. Jahrhunderts, das zweite Stockwerk nimmt sich das 14. Jahrhundert vor.

Nach einer ausgedehnten Pause empfiehlt sich ein Schaufensterbummel über die Sieneser Shoppingmeile Via Banchi di Sopra. Zahlreiche Cafés laden zu einem Snack ein. Bei den Sienesen besonders beliebt ist »Nannini«. Der Papa der italienischen Rockröhre Gianna Nannini wurde mit gutem Kaffee und leckeren festen Kuchen berühmt, den »Panforte«, die aus Mandeln und Pinienkernen bestehen. In dieser Straße, nicht weit vom »Nannini« entfernt, liegt auch das vielleicht schönste Hotel der Stadt. Das »Grand Hotel Continental« befindet sich in einem barocken Palazzo. Nicht nur die Säle im ersten Stock strahlen die Pracht des 18. Jahrhunderts aus. In den Suiten schläft der gut betuchte Gast unter Freskenbildern und in kostbaren historischen Betten.

An der Via Banchi di Sopra steht auch eines der ältesten Bankhäuser der Welt. Im Palazzo Salimbeni an der gleichnamigen Piazza verleiht die Bank Monte Paschi di Siena seit über 500 Jahren Geld. Von der Einkaufsstraße aus geht es über die Piazza Il Campo zum immensen Klosterkomplex San Francesco. Ein Monumentalbau, an dem zwischen dem 13. und 19. Jahrhundert gebaut wurde. Der sienesische Maler Pietro Lorenzetti (etwa 1280–1348) schuf ein Kreuz in der ersten linken Seitenkapelle. Es wird nicht nur von Kunstfreun-

den hoch verehrt. Im Oratorio di San Bernardino aus dem 15. Jahrhundert, nicht weit entfernt, predigte der heilige Bernhard. Grund genug, dachten sich die Sienesen, auch diesen Ort mit Kunst auszuschmücken. Unter den zahlreichen Werken besticht vor allem ein Relief von Giovanni di Agostino von 1336.

Ebenfalls am Rand des historischen Zentrums, aber Richtung Westen, erhebt sich ein weiterer großer Kirchenbau, San Domenico. Eine gotische Kirche, in der der heiligen Katharina eine Kapelle gewidmet ist. Der Maler Giovanni Sodoma (1477–1549) stattete sie mit farbenfrohen Fresken aus.

Siena lässt sich nicht an einem, nicht an zwei Tagen besichtigen. Selbst erfahrene Stadtwanderer geben zu, dass in Siena geeignetes Schuhwerk und eine gute Kondition nicht ausreichen. Man muss sich schon Zeit nehmen. Nur an sehr wenigen Orten der Toskana, Italiens und Europas findet sich auf so wenig Quadratkilometern so viel Kunst. Kunst, die der Besucher am besten portioniert.

Während des Palio ist ganz Siena aus dem Häuschen: **1–6** Zweimal im Jahr galoppieren gut trainierte Vollblüter um den Campo. Der Kampf ist seit dem frühen Mittelalter Ventil für Fehden zwischen den 17 Contrade, den Stadtteilen. Mehrere Tage lang feiert man mit historischen Umzügen und Festessen. Das mit großer Härte geführte Rennen dauert meist nur wenige Minuten – mehrfach kam es dabei zu tragischen Unfällen. **7** Guido da Siena: »Madonna mit Kind und Heiligen« in der Pinacoteca Nazionale.

110 Der Osten

Siena – die Schöne

Wichtigste Sehenswürdigkeiten
Piazza del Campo, Palazzo Pubblico und Torre del Mangia, Dom (mit fantastischem Baptisterium), Pinacoteca Nazionale (Renaissancemeisterwerke).

Geschichte
Von den Römern als Sena Julia gegründet. Als politisch freie Kommune blühte Siena vor allem im Mittelalter auf. Reiche Kaufleute und Bankiers förderten die Künste und pflegten Kontakte zu Geschäftsleuten in ganz Europa. Im 16. Jahrhundert gelang es den Medici, sich der Stadt zu bemächtigen.

Essen und Trinken
Hosteria il Carroccio, Via del Casato di Sotto 32, Tel. 05 77-4 11 65; kräftige Fleischgerichte und Suppen.
Osteria Castelvecchio, Via Castelvecchio 65, Tel. 05 77-4 95 86; einfache Gerichte der Sieneser Volksküche.
Il Canto, Hotel Certosa di Maggiano, Strada di Certosa 82, Tel. 05 77-28 81 89, elegantes Restaurant in einem der schönsten Hotels der Stadt. Kreativ-traditionelle Küche.
Antica Trattoria Botteganova, Strada Chiantigiana 29, Tel. 05 77-28 42 30; etwas außerhalb des Zentrums. Elegantes Ambiente, zünftige Kost.
Antica Osteria da Divo, Via Franciosa 25, Tel. 05 77-28 60 54; traditionelle Gerichte der Gegend.
Nannini, Via Banchi di Sopra 24, Tel. 05 77-7 23 60 09; guter Kaffee und Kuchen.

Übernachten
Siehe Seite 188ff. unter »Historische Hotels«.

Einkaufen
Antica Drogheria Manganelli, Via di Città 71, Tel. 05 77-28 00 02; Wein, Liköre und Süßwaren vom Feinsten.
La Compagnia dei Vinattieri, Via delle Terme 79, Tel. 05 77-23 65 68; einer der besten Weinläden, wenn es um die Toskana geht.
Consorzio Agrario di Siena, Via Pianigiani 9, Tel. 05 77-23 01; Wurst und Käse aus der Umgebung.
Enoteca Italiana, Fortezza Medicea 1, Tel. 05 77-28 84 97; gut sortierter Weinladen.
Pasticceria Bini, Via dei Fusari 9, Tel. 05 77-28 02 07; sündhaft gute Plätzchen und Törtchen.

Information
Piazza del Campo 56, Tel. 05 77-28 05 51,
E-Mail: aptsiena@siena.toscana.it

Canaiolo, Sangiovese, Malvasia und mehr
Dörfer und Burgen an der Strada del Chianti

Weltberühmte Tropfen im Zeichen des Gallo Nero stammen aus kleinen Bilderbuch-Ortschaften. Burgen und Dörfer bieten viel Mittelalter und Renaissance, aber vor allem eine zauberhafte Atmosphäre.

Der Blick vom Castello dei Ricasoli aus streift über eine ungemein sanfthügelige Landschaft. Zypressen wirken wie mahnende grüne Ausrufezeichen. Einige Hügelkuppen sind ganz mit diesen schlanken und markanten Bäumen bewachsen. In schnurgeraden Reihen stehen Ketten von Weinreben: die Weinreben der Barone Ricasoli. Ihre Burg thront wie eine beeindruckende Filmkulisse über den schier endlosen Weinfeldern. Eine wahrhafte Postkartenidylle. Eine Idylle allerdings, in die jedes Jahr Zehntausende von Touristen einfallen – Deutsche und Briten. Von Toskanafraktion, von Chiantiland und Chiantishire ist die Rede. Seit der Veröffentlichung des Weltbestsellers »Unter der toskanischen Sonne«, den die amerikanische Schriftstellerin Francis Mayes verfasste, kommen nun auch scharenweise begüterte US-Bürger – auf der Suche nach den letzten und superteuren Bauernhöfen. Zunehmend werden auch Japaner gesichtet, die mit Taschen voller Yen ganze Ortschaften aufkaufen und in Hotelunternehmen verwandeln.

Das Chianti ist für viele zum Synonym für die gesamte Toskana geworden. Wohl keine andere Landschaft Italiens beflügelt so sehr die Fantasie von Ausländern. Herausgeputzt präsentiert sich heute diese Landschaft als eine friedliche Welt, in der sich alles um den Genuss dreht, um Wein und Essen und Entspannung.

Das war jedoch nicht immer so. Jahrhundertelang kämpften die beiden Großstädte der Toskana, Florenz und Siena, um die Vorherrschaft in diesem Landstrich. Bei den kriegerischen Auseinandersetzungen zogen die Bewohner des Chianti immer den Kürzeren: Schließlich bauten sie ihre Ortschaften möglichst angriffssicher aus. So haben diese noch heute weitgehend ihr mauerbewehrtes Aussehen und damit ihren ganz besonderen Charme bewahrt. Große Kunst ist hier nicht geboten, dafür findet der Besucher aber idyllische Lagen, romantische Straßen, Plätze und Bauwerke.

Das Chianti umfasst Ortschaften mit Namen, bei denen Genießern und Weintrinkern ganz warm ums Herz wird: so zum Beispiel den Winzerort Barberino Val d'Elsa. Über Castellina in Chianti

1 Radda fasziniert nicht nur mit Chianti-Weinen: S. Niccolò an der Piazza Ferrucci. **2** Castello di Spaltenna: Luxus in tausendjähriger Burg. **3** Letztes Sonnenlicht bei Castellina. **4** Die ganze Palette toskanischer Weine ist vertreten: »Enoteca Montagnani« in Gaiole.

thronen stolz Burg und Pfarrkirche, für die Lorenzo di Bicci (1373–1452) ein zauberhaftes Fresko malte. Wer Toskana-Aromen mit in seine Heimat nehmen möchte, sollte hier Duccio Fontani aufsuchen: Er kultiviert 36 verschiedene Küchenkräuter in seinem Garten. Auch ein Besuch auf dem Hof der Familie Galligani lohnt: Man kocht dort schmackhafte Marmeladen und Gemüseleckereien. Castelnuovo Berardenga besitzt einen dörflichen Charakter mit mittelalterlichen Mauern und Palazzi. Im Stadtteil Montapertaccio verkaufen die Brüder Corbeddu einen der besten frischen und gereiften Schafskäse der Toskana. Etwas außerhalb lockt die »Bottega del 30«, eine der leckersten Landküchen des Chianti. Die Kalbskeule mit frittiertem Gemüse ist ein wahres Gedicht.

Gaiole in Chianti ist ganz von Weinfeldern umgeben. Es ist ein unscheinbarer Ort, der nur im Sommer zeitweise auflebt. In der Via Baccio Bandinelli führt die »Enoteca Montagnani« 500 Weine. Das Beste des Chianti! Ganz in der Nähe von Gaiole ist in einem kleinen Kloster mit Kirche aus dem Jahr 1000 ein wunderschönes Hotel untergebracht, das »Castello di Spaltenna«. Es verfügt über Turmzimmer, von deren Fenstern aus der Blick über eine fast unberührte Natur wandern kann. Elegant schläft es sich auch im Borgo Casa del Vento: einem mittelalterlichen Weiler, wo luxuriöse Suiten und Wohnungen gemietet werden können.

Hübsch ist die Piazza Matteotti in Greve in Chianti – ein asymmetrischer Platz mit Bogengängen. Die Kirche Santa Croce schmückt ein sehr schönes Verkündigungsbild von Bicci di Lorenzo. In Greve

1 Standbild des Giovanni di Terrazzano auf der Piazza Matteotti in Greve in Chianti. **2** Harmonie in Grün: Weinberge und Zypressen. **3** Panzano in Chianti. **4** Volpaia. **5** Pool des »Castello di Spaltenna«.

lebt Italiens bärbeißigster Metzger – ein Star des berühmten Chianina-Filets: Dario Cecchini ist ein echtes Original und seine Fans reisen von weither an, weil er ihrer Meinung nach das beste Fleisch der Toskana in seinen Auslagen anbietet.

Poggibonsi ist einer der größeren Orte des Chianti. Eine moderne Kleinstadt mit einigen alten Kirchen und Palästen. Radda in Chianti hingegen zählt nur knapp 1500 Seelen, die fast allesamt vom Weinanbau leben. Ganz in der Nähe von Radda erhebt sich die Badia a Coltibuono, eine mittelalterliche Klosteranlage von seltener Schönheit. Das hauseigene und kaltgepresste Olivenöl extravergine ist ganz besonders fruchtig. In San Casciano in Val di Pesa lockt die gotische Chiesa della Misericordia und in Tavernelle Val di Pesa die Franziskanerkirche Santa Lucia al Borghetto mit Fresken des frühen 14. Jahrhunderts.

Die Ortschaften des Chianti stehen ganz im Zeichen des Gallo Nero. Dieser schwarze Hahn geht auf einen mittelalterlichen Wettstreit zurück. Als die verfeindeten Städte Florenz und Siena ihre Grenzen auf friedlichem Weg festlegen wollten, entschieden sie sich, zur Morgendämmerung, nachdem ein Hahn gekräht hatte, zwei Reiter loszuschicken. Jeder sollte so schnell wie möglich reiten. Dort, wo die beiden sich treffen würden, sollte fortan die Grenze liegen. Die Sienesen verwendeten als Startsignal zu diesem Rennen einen weißen, die Florentiner einen schwarzen Hahn. Die Winzer einigten sich später aus Respekt vor dem Einfluss der Stadt Florenz darauf, letzteren als Gütesiegel für alle Chianti-Classico-Weine zu nutzen.

Strada del Chianti – romantische Dörfer und Burgen

Wichtigste Sehenswürdigkeiten
Die Landschaft des Chianti ist ein vom Menschen geschaffenes Gartenkunstwerk. Auch wenn Hügel und Täler urwüchsig aussehen, sind sie das Resultat langer Bewirtschaftung. Die Lage und Anlage der reizvollen Ortschaften hat viel Charme.

Geschichte
Die Medici definierten zum ersten Mal 1716 die Grenzen des Chianti, um die Anbaugebiete von Weinfeldern festzulegen. Der Name Chianti existiert aber seit dem 13. Jahrhundert. Die Landschaft faszinierte bereits die Maler der Renaissance. Politisch stritten sich die Stadtstaaten Siena und Florenz lange um das Gebiet, über das schließlich die Medici herrschten.

Essen und Trinken
Castelnuovo Berardenga:
Bottega del 30, Via S. Caterina 2, Loc. Villa a Sesta, Tel. 05 77-35 92 26; kräftige Landküche.

Übernachten
*****Castello di Spaltenna*, Loc. Spaltenna 13, 30 Zimmer, Tel. 05 77-74 94 83, Fax 0577-749269, E-Mail: info@spaltenna.it. Mittelalterliches, elegantes Ambiente.
*****Borgo Casa del Vento,* Loc. Casa del Vento, 22 Zimmer, Tel./Fax 05 77-74 90 68, E-Mail: info@casadelvento.it. Luxusleben auf dem Land.

Einkaufen
Castellina in Chianti:
Duccio Fontani, Strada Comunale Sicelle, La Piazza 9, Tel. 05 77-7 33 51; führt auch rare Küchenkräuter.
Gaiole in Chianti:
Enoteca Montagnani, Via Boccio Bandinelli 13/17, Tel. 05 77-74 95 17; die besten Weine der Toskana.
Castelnuovo Berardenga:
Podere Montapertaccio, Loc. Montepertaccio 6, Tel. 05 77-36 90 44; Käseleckereien.
Greve in Chianti:
Antica Macelleria Cecchini, Loc. Panzano in Chienti, Tel. 05 58-5 20 20; urige Metzgerei.

Informationen
Greve in Chianti: Viala G. da Verrazzano 59, Tel. 05 58-54 45 40
Radda in Chianti: Piazza Ferrucci 1, Tel. 05 77-73 84 94
Gaiole in Chianti: Via Antonio Casabianca, Tel. 05 77-74 94 11
Castelnuovo Berardenga: Via del Chianti 61, Tel. 05 77-3 55 00
Castellina in Chianti: Piazza del Comune 1, Tel. 05 77-74 23 11
Consorzio del Marchio Storico Chianti Classico, San Casciano Val di Pesa, Via Scopeti 155, Tel. 05 58-22 85 11

Magie einer Landschaft
Die Crete und das Kloster Monte Oliveto Maggiore

Die Crete ist eine der eigentümlichsten Landschaften Italiens. Bernardo Tolomei, ein Sieneser Rechtsgelehrter fand hier die Einsamkeit und gründete 1313 eine der schönsten Klosteranlagen der Toskana.

Früher war hier ein Meer. Ein Meer, das nicht besonders tief war. Unter der Wasseroberfläche befanden sich Sanddünen, die je nach Meeresströmung ihre Formen veränderten. Das war vor Jahrmillionen. Dann verschwand das Meerwasser. Das Mittelmeer entstand und zurück blieben tonhaltige Hügel, gelb- und ockerfarben. Ohne Wasser waren die Hügel der Erosion ausgeliefert. Regen und Wind setzten ihnen zu. Es entstand eine Landschaft von bizarrer Schönheit, die zu den sehenswertesten nicht nur der Toskana, sondern ganz Italiens gehört: die Crete.

Dort, wo das Erdreich nur aus Tonerde besteht, finden sich Erhebungen in Form von kleinen, nur einige Meter hohen Hügelchen. Sie haben asymmetrische Formen und fallen in nahezu allen Fällen Richtung Süden ein wenig steil ab. Fast immer sind sie ohne Vegetation. Vor allem in den Wintermonaten sticht ihre helle Farbe vom grauen Himmel deutlich ab. Es ist eine Mondlandschaft von ganz besonderem Reiz, eine fotogene Landschaft. Zu jeder Tageszeit schaffen Licht und Schatten in der Crete neue Eindrücke.

Die eigentümliche Landschaft macht eine Rundfahrt zu einem besonderen Erlebnis. Tonfelder wechseln sich mit grünen und mit Zypressen bestandenen Hügeln ab und dazwischen liegen kleine Ortschaften und imposante Klöster, wie zum Beispiel die gewaltige Klosteranlage Monte Oliveto Maggiore. Der Anblick, den diese Abtei von weitem vermittelt, ist kaum zu beschreiben. Da erhebt sich ein Hügel, der fast komplett mit hohen und uralten Zypressen bestanden ist. Aus dem Zypressenkranz ragen die Gebäude eines immensen Klosters. Der zauberhafte Eindruck dieses Klosterberges wird durch die nahezu kahle Landschaft der Crete noch verstärkt. Anfang des 14. Jahrhunderts war dieser Ort noch unbewohnt. Die Menschen der Crete nannten ihn »Wüste von Accona«. Ein unwirtlicher Ort, den sich der 40-jährige Bernardo Tolomei, ein Rechtsgelehrter aus guter Sieneser Familie, für sein Unternehmen aussuchte. 1313 gründete er in der »Wüste von Accona« ein Kloster, das seitdem den Regeln des heiligen Benedikt folgt.

1 Auch bei ungemütlichem Wetter stimmungsvoll: Landschaft bei Asciano. **2** Wer hat den schnellsten? Autoschau in Serre di Rapolano. **3** Früher wurde hier Wäsche gewaschen: Renaissancebrunnen von Paolo Ghini in Asciano. **4** Sanft gewellte Crete-Landschaft bei Asciano.

1 Eher eine Burg als ein Kloster: Monte Oliveto Maggiore. **2–3** Der eigentliche Schatz sind die Fresken des Kreuzgangs, die Luca Signorelli und Sodoma um 1500 malten: Sie berichten vom Leben des heiligen Benedikt. Hier nimmt er Placidus und Maurus als seine Schüler an. **4** Bed & Breakfast kann durchaus vornehm sein – Serre di Rapolano.

Vier Jahrhunderte lang bauten die Mönche an ihrer Abtei, die eine der schönsten Italiens ist. Da sie mit wehrhaften Mauern ausgestattet wurde, fühlt sich der Besucher zunächst wie in einer Festung und nicht wie an einem geweihten Ort. Das Kloster erreicht man über eine prächtige Zypressenallee. Es gibt einen romanisch-gotischen Glockenturm, eine gotische Fassade und eindrucksvolle Wandbilder. Das Leben des heiligen Benedikt malte Luca Signorelli Ende des 15. Jahrhunderts. Der Maler Giovanni Sodoma schuf seine Fresken zu Anfang des 16. Jahrhunderts. Sein »Christus an der Säule« gilt als einer der Höhepunkte der italienischen Renaissancekunst. Giovanni da Verona entwarf zur gleichen Zeit den hölzernen Chor im Kircheninnenraum. Er ist mit ausdrucksstarken Intarsienarbeiten verziert. Der Besuch des Klosters führt auch in die Bibliothek mit ihren 40 000 Bänden und in die Apotheke mit ihrer kostbaren Sammlung alter Gefäße.

Nördlich des Klosterberges liegt die Ortschaft Asciano, ein mauerbewehrtes Bilderbuchdorf auf einer Anhöhe. Einen Besuch lohnen die Kirche Sant´ Agata auf dem Hauptplatz und das zur Kirche gehörende Museo di Arte Sacra. Das kleine Museum zeigt Meisterwerke der Renaissancekunst, nach denen sich ausländische Museen die Finger ablecken würden: Werke von Ambrogio Lorenzetti, von Barna da Siena und Giovanni d'Asciano.

Nicht weit entfernt befinden sich die Serre di Rapolano. Das sind Travertinsteinbrüche, zu denen ein mittelalterliches Dorf gehört, mit dem gotischen Palazzo di Giustizia und der Kirche San Lorenzo. Mitten in der Crete liegt auf einem Hügel das Castello di Chiusura und bietet einen umwerfenden Panoramablick auf die Umgebung.

Cuna ist eine echte Rarität, ein bewehrtes Landgut mit kastellartigen Türmen aus dem Mittelalter. Das Haupthaus ist eine eigentümliche Mischung aus Bauernhaus und Burg. Im Inneren des Haupthauses befinden sich Wandfresken einer ehemaligen Kirche aus dem 13. Jahrhundert.

Aus dem Dorf Monteaperti stammt der Maler und Bildhauer Domenico Beccafumi, einer der Hauptmeister des italienischen Manierismus. Bekannt ist Monteaperti aber auch wegen einer blutigen Schlacht, die 1260 zwischen den Florentinern und den Sienesen ausgetragen wurde. Vom Ortskern aus hat der Reisende einen fantastischen Blick auf die Crete und das Tal Val d'Arbia.

Lucignano d'Arbia ist ein bewehrtes Dorf. Wie ein Traum aus Stein liegt es in der Landschaft. Es verfügt über Pforten und Türmchen des 14. Jahrhunderts. In der Kirche Chiesa di San Giovanni Battista, einem romanischen Bauwerk mit einem massigen Turm, ist ein Tafelbild von Bartolomeo Neroni des 15. Jahrhunderts zu bewundern.

Crete – Magie einer Landschaft

Wichtigste Sehenswürdigkeiten
Abtei Monte Oliveto Maggiore (prächtige Klosteranlage), Asciano (Kirche S. Agata und das kleine, aber reiche Museo di Arte Sacra), Rapolano Terme (uralte Thermenanlagen), Serre di Rapolano (historischer Ortskern), Castello di Chiusure (Aussichtspunkt mit Panoramablick über die Crete), Lucignano d'Arbia (Altstadt mit der romanischen Kirche S. Giovanni Battista).

Geschichte
In früheren Jahrhunderten wurde in der Crete Landwirtschaft betrieben und Mönche sowie Ritter gaben den Ton an. Zunächst gehörte diese herbe Landschaft zu Siena und dann zum mittelitalienischen Staat der Medici.

Essen und Trinken
La Bottega del 30, Castelnuovo Berardenga, Loc. Villa a Sesta, Via S. Caterina 2, Tel. 05 77-35 92 26; kreative Küche mit fantasiereichen Gerichten in gemütlichem Ambiente.
Castell'in Villa, Castelnuovo Berardenga, loc. Castell'in Villa, Tel. 05 77-35 93 56; klassische Toskanaküche auf einem Weingut. Die Rebensäfte kommen von den eigenen Feldern.

Übernachten
**Bed & Breakfast Serre di Rapolano,* Serre di Rapolano, zu reservieren über Caffèletto, Tel. 02-3 31 18 14, Fax 02-3 31 18 20, E-Mail: info@caffelletto.it. Mittelalterliches Haus mit alten Möbeln, bietet zwei hübsche Gästezimmer.

****Borgo Casabianca,* Asciano, loc. Casabianca, 26 Zimmer, Tel. 05 77-70 43 62, Fax 05 77-70 46 22, www.casabianca.it. Agriturismo vom Feinsten in Panoramaposition. Einige Zimmer sind mit barocken Fresken ausgemalt. Pool im Garten.
***Castello di Modanella,* Rapolano Terme, Serre di Rapolano, loc. Modanella, 46 Zimmer, Tel. 05 77-70 46 04, Fax 05 77-70 47 40, www.modanella.com/flash.htm. Beeindruckende mittelalterliche Burg mitten in der Natur, mit Pool im Park.

Information
APT Siena, Piazza del Campo 56, Tel. 05 77-28 05 51, E-Mail: aptsiena@siena.toscana.it

Wo schon Heilige sich wohl fühlten
Bagno Vignoni und die Thermen der Osttoskana

In der Toskana gibt es 46 Thermalorte, aber auch zahlreiche Heilquellen mitten in der Natur ohne Badehäuschen. Bei Lucignano etwa befinden sich solche »Bagnaci«, kleine Vertiefungen im Erdboden, in denen heilendes Wasser brodelt. Sie hießen »die Badewannen der kleinen Leute«.

Der Legende nach soll schon die heilige Katharina im Mittelalter in die heißen Quellen toskanischer Thermen gestiegen sein. Die Ordensdame – sowie Mönche und Nonnen anderer Klöster – soll natürlich in einem züchtigen Nonnengewand und streng nach Geschlechtern getrennt Entspannung im Heilwasser gesucht haben. Heute geht es bequemer. Jeder Toskanafan sollte die Badehose oder den Bikini unbedingt im Reisegepäck haben. Denn die Toskana ist mehr denn je ein begehrtes Ziel von Thermenbesuchern, seitdem viele Quellen und Thermen in den letzten Jahren im Zuge des Wellnesstrends restauriert wurden, ohne den Charme vergangener Zeiten zu verlieren.

Wie zum Beispiel in Bagno Vignoni. Hier kurten Medicifürsten und Päpste wie Pius II. im 15. Jahrhundert. Der ließ sich sogar in der Nähe des Ortes eine kleine Burg errichten, um die heilenden Wasser zu Fuß erreichen zu können. Dieses kleine mittelalterliche Dorf rund 50 Kilometer südlich von Siena ist um eine riesige Steinwanne herum errichtet worden. Aus dieser rechteckigen Wanne, die das eigentliche Ortszentrum ausmacht, eine Art Piazza mit Wasser, steigen ständig Dämpfe auf. Das Wasser in der Wanne stammt aus einer tiefen Quelle und hat eine gleichbleibende Temperatur von 52 Grad Celsius. Empfehlenswert ist der Besuch des Ortszentrums vor allem im Herbst, wenn am späten Nachmittag Nebelschwaden die Wanne und die alten Häuser zu gespenstischen Kulissen werden lassen. Viele italienische und auch ausländische Filmemacher, wie zum Beispiel der Russe Andrej Tarkovski mit seinem berühmten Film »Nostalghia«, kamen zu Drehterminen und machten Bagno Vignoni international bekannt.

Seit einigen Jahren dürfen Kurgäste leider nicht mehr in die alte Wanne. Schade eigentlich, denn die Szenerie ist einfach fantastisch! Die positiven Kräfte des Quellwassers genießt man heute im komfortablen »Kurhotel Adler Thermae«.

1 Bummel durch Chianciano. **2** Nudeln mit Kaninchenragout: Ristorante »Daniela« in San Casciano. **3** Wellnessartikel zum Mitnehmen im Hotel »Adler« in Bagno Vignoni. Der kleine Ort ist tatsächlich...
4 ...malerisch im wahrsten Sinn des Wortes: Bis vor kurzem badete man mitten im Ort in dem konstant 52 Grad Celsius heißem Wasser.

1 Die moderne Badelandschaft von San Casciano enthält sulfat- und bikarbonathaltiges Heilwasser. **2** Im Bassin mit 35 Grad Celsius warmem Wasser des Hotels »Adler« lässt es sich auch im Winter gut aushalten. **3** Rustikales Ambiente: Ristorante »Daniela« in San Casciano.

Weniger romantisch kurt man in Chianciano Terme. Das kleine Städtchen lebt vom Kurtourismus. Seine vier Heilquellen sind in ganz Italien berühmt: L'Acqua Santa mit 33 Grad Celsius Temperatur sollte morgens getrunken werden. Das L'Acqua Fucoli hat nur 16,5 Grad und muss nachmittags genippt werden. L'Acqua Sillene mit 38 Grad ist gut bei Bluthochdruck und L'Acqua Santissima mit 24 Grad sollte kräftig inhaliert werden.

Kurt man in Chianciano, sollte man einen Abstecher nach Montepulciano einplanen. Dort findet alljährlich im Juli das von dem deutschen Komponisten Hans Werner Henze gegründete Musik- und Theaterfestival »Cantiere dell'Arte« statt. Tagsüber die Kur und abends die Kultur – eine gelungene Kombination! Wer direkt in Montepulciano kuren will, kann dies im Ortsteil Sant' Albino tun. Die Terme di Montepulciano verfügt über Schwefelwasserquellen. San Casciano dei Bagni ist ein Ort, dessen Name seit dem Mittelalter verbrieft und der schon vor Jahrhunderten wegen seiner Thermen besucht wurde. Viel mittelalterliches Ambiente lässt sich erspüren und direkt am Ortseingang befindet sich das moderne Thermalzentrum »Centro Termale Fonteverde«. In diesem luxuriösen Resort geben sich Politiker, Filmstars und Adlige die Türklinke in die Hand. Der große Pool mit seinen Wasserfällen ist eine Wucht. Umgeben von zahllosen Liegeplätzen lässt man sich vom freundlichen Personal verwöhnen. Einen guten Ruf genießt dieses Zentrum vor allem wegen der Linderung von rheumatischen Beschwerden. Im Zentrum wirkt Dipu, der von Stammgästen der »Unvergleichliche« genannt wird. Der in die Toskana verpflanzte Inder gilt als einer der qualifiziertesten Ayurveda-Experten in Italien. Sich von ihm behandeln zu lassen, gilt als absolutes Muss. Die Verabredung mit Dipu beginnt mit einer Ganzkörpermassage und gipfelt im Dhara: Ganze 40 Minuten lang tropft feines Sesamöl auf das so genannte dritte Auge, jenen Punkt zwischen den Augenbrauen, der von Ayurvedikern als Ort des Bewusstseins bezeichnet wird.

Ayurvedisch geht es auch in einem anderen Thermen-Highlight der Toskana zu. Das mittelalterliche Dorf Bagnaia verfügt über das berühmte Buddha-Spa. Die Atmosphäre dort ist toskanisch-orientalisch und es wird versichert, dass die schlanken Zypressen der Umgebung bei der asiatischen Meditation sehr behilflich sein sollen. Bekannt ist dieses Spa für das Pindawedan. Dabei handelt es sich

um eine entschlackende Massageform, bei der kleine mit Pflanzen und Kräutern gefüllte Baumwollläppchen benutzt werden.

Ist das Chianti sicherlich in erster Linie für seine herrlichen Weine bekannt, so lässt es sich doch auch dort wunderbar kuren. Der »Palazzo Leopoldo« im idyllischen Radda in Chianti ist ein Hotel de Charme. Es verfügt über ein renommiertes Wellness-Center, bei dem ayurvedische Prinzipien im Vordergrund stehen, speziell Abhyanga – eine uralte asiatische Antistressmethode.

Eine unter ausländischen Italienbesuchern weniger bekannte Therme findet sich in Rapolano östlich von Siena. Bekannt wurde diese Therme durch Giuseppe Garibaldi. Er soll in diesem Heilwasser Entspannung gesucht haben. Das »Hotel Terme San Giovanni« in Rapolano Terme ist ein Drei-Sterne-Haus des 19. Jahrhunderts. Es bietet viel Komfort und Entspannung. Im Park mit uralten Bäumen befinden sich die Heilbäder mit heißem Schwefelwasser.

In der Crete gibt es, zehn Kilometer nordöstlich von Asciano, eine Therme, die schon zu etruskischer Zeit wegen ihrer heilenden Schwefelwasser genutzt worden sein soll. Rapolano Terme ist mit Mauern und Wehrtürmen recht malerisch. Die Thermenanlage ist von April bis Oktober geöffnet. Die heilige Katharina von Siena (1347–1380) nutzte am liebsten die Terme di San Giovanni Battista.

Bagno Vignoni und die Thermen der Osttoskana

Wichtigste Sehenswürdigkeiten
Die östliche Toskana ist ein Reich der Thermen und Kurangebote, die schönsten sind unten aufgeführt.

Geschichte
Schon die Etrusker und die geschäftstüchtigen Römer verdienten mit den thermalen Heilquellen Geld. Der moderne Thermenbetrieb existiert seit dem späten 19. Jahrhundert und bietet Anlagen für fast jeden Geldbeutel.

Essen und Trinken
S. Casciano dei Bagni:
Daniela, Piazza Matteotti 7, Tel. 05 78-5 80 41/5 82 34; ausgezeichnete und kräftige toskanische Speisen, die jeden Diätplan sprengen, aber unbedingt probiert werden sollten.

Übernachten und Kuren
Bagno Vignoni:
****Hotel Le Terme,* Piazza delle Sorgenti, 34 Zimmer, Tel. 05 77-88 71 50, Fax 05 77-88 74 97, E-Mail: info@albergo-leterme.it. Direkt im Ortskern und vor der antiken Thermalwanne gelegen. Komfortabel.

****Adler Thermae,* 90 Zimmer, Tel. 05 77-88 90 00, Fax 05 77-88 99 99, E-Mail: info@adler-thermae.com. Bequemes modernes Kurhotel.

S. Casciano dei Bagni:
******Centro Termale Fonteverde,* 80 Zimmer, Tel. 05 78-5 72 41, Fax 05 78-57 22 00, E-Mail: hotel@fonteverdeterme.com. Luxuriöses Kurzentrum, sehr modern, sehr trendy im Design und in den Anwendungen.
Borgo La Bagnaia:
Buddha Spa, 70 Zimmer, Tel. 05 77-81 30 00, Fax 05 77-81 74 64, E-Mail: info@labagnia.it. Luxus im asiatischen Stil mit vielen asiatischen Kuranwendungen.
Radda in Chianti:
*****Palazzo Leopoldo,* Via Roma 33, 17 Zimmer, Tel. 05 77-73 56 05, Fax 05 77-73 80 31, E-Mail: leopoldo@chiantinet.it. Charmantes, komfortables Hotel mit einem Wellness-Center.
Chianciano Terme:
******Spa'Deus,* 49 Zimmer, Tel. 05 78-6 32 32, Fax 05 78-6 43 29, E-Mail: info@spadeus.it. Luxus pur mit viel Prominenz und erstklassigem Kurpersonal.
Montepulciano:
*****Terme di Montepulciano,* Loc. S. Albino, 60 Zimmer, auf Bauernhöfen, Tel. 05 78-79 11, Fax 05 78-79 91 49, E-Mail: info@termemontepulciano.it. Klein und fein und nicht überlaufen ist diese eher unbekannte Thermenanlage.
Rapolano Terme:
****Hotel Terme San Giovanni,* Loc. Terme S. Giovanni, 60 Zimmer, Tel. 05 77-72 40 30, Fax 05 77-72 40 53, E-Mail: info@termesangiovanni.com. Einfaches, aber dennoch komfortables Haus mit eigener Thermenanlage.

124 Der Osten

Von Medici-Mauern behütet
Arezzo – die Stadt großer Söhne und ein Adelspalast

Gaius Maecenas, Francesco Petrarca, Pietro Arentino, Giorgio Vasari waren bedeutende Söhne des geschichtsträchtigen Arezzo. Seine Kunstschätze entstammen allen Epochen. Höhepunkt sind die Fresken der »Kreuzeslegende« von Piero della Francesca. Als Kontrastprogramm sei »Bed and Breakfast« in der herzöglichen Villa der Albergottis empfohlen.

Wenn der Marchese Francesco Albergotti morgens aufwacht, öffnet er das Schlafzimmerfenster unter dem Dach seiner Villa und ruft seiner Gemahlin Francesca, der Frau Herzogin, ein lautes »Buon giorno, amore!« entgegen. Meistens sitzt sie dann schon am Frühstückstisch auf der Terrasse am Pool, zusammen mit ihren Gästen. »Aber nur«, präzisiert sie, »wenn sie mir sympathisch sind.« Sind Gäste ihr sympathisch, kommen sie in den Genuss duftender Kirschkuchen, die Francesca Albergotti abends, noch vor dem Schlafengehen, mit Früchten aus dem eigenen Garten zubereitet hat. Schöner kann ein Ferientag wirklich nicht beginnen.

Die »Villa I Bossi« – Bossi sind die Buchsbaumhecken im barocken Garten – hat mehrere tausend Quadratmeter Wohnfläche. Zahllose Türen und Treppen führen in Keller, Säle und Zimmer. Ein verführerisches Wohnlabyrinth, das alle Drei-Zimmer-Küche-Bad-Gewöhnten begeistert. Zumal die Hausherrin ihren Gästen vollkommen freien Lauf lässt. Nirgendwo finden sich die sonst obligatorischen Privato-Schilder.

Die Albergottis haben vier Kinder. Alle mit Namen aus der langen Familiengeschichte, in der sich viele Feldherren und Kardinäle, Lebemänner und Mönche finden lassen. Im 9. Jahrhundert kamen die Herzöge von Albergotti mit dem deutschen Kaiser nach Italien und siedelten sich in der Toskana an. Sie errichteten eine kleine Burg, die mit der Zeit verfiel. Auf den Ruinen dieser Burg erbauten und vergrößerten die Herzöge ihre stattliche Villa, die Bauelemente aus allen Epochen vorweist. »Als Francesco und ich hier in die Villa zogen«, erklärt die Herzogin, »war alles heruntergekommen.« Fledermäuse lebten in den Sälen. In der Hauskapelle entdeckte man Reliquien eines Heiligen mit Namen Coelestin. Sein Schädel wird über dem Altar aufbewahrt. Die Kosten für die Restaurierung waren groß, weshalb die Albergottis ihr riesiges Haus für Gäste öffneten. Im Park stehen Ferienwohnungen zur Verfügung und in der

1 Gedenken beim Kerzenschein in der Madonnenkapelle des Doms, darüber… **2** …Deckenfresken. **3** Umzug auf dem Corso anlässlich des »Giostra del Saracino«. **4** Die Piazza Grande wirkt wie der Festsaal der Stadt, in dem die einzelnen Reitergruppen zum Giostra aufmarschieren.

1 Die Kapelle des mächtigen Bischofs Ciuccio Tarlati im Dom überwölbt ein Fresko der Frührenaissance. **2** Der gotische Hauptaltar (1369) für den heiligen Donatus. Der Märtyrer war der zweite Bischof der Stadt (285–304). **3** Blick in die Capella della Madonna Conforto im Dom. **4** Stille Andacht. **5** Reliquienbüste des heiligen Donatus in der Pieve di S. Maria. **6** Klassizistische Inflation der Putti: Heerscharen von Terrakottaengeln in der Capella Madonna Conforto.

Villa zwei Zweibettzimmer. Eines davon hat einen Traumblick in den Park. Bed and Breakfast vom Feinsten – und dann auch noch zu Preisen, die für die Toskana erstaunlich niedrig sind. »Gäste sind bei uns keine zahlenden Fremden, sondern werden Teil der Familie«, sagt die Marchesa. Sie freut sich, wenn ihre Gäste Lust haben, im Gemüsegarten mit anzupacken oder mit ihr zusammen zu kochen. Francesca kennt Arezzo wie ihre Westentasche. Einkaufen geht sie immer selbst und kann ihren Gästen ausgezeichnete Tipps für das Städtchen geben. Einen Kaffee trinkt sie am liebsten bei »Veraldi« in der Via Calamandrei. Mario Domenico Veraldi gilt als der unbestrittene Kaffeeexperte von Arezzo. Seine Mischung cremone mag Francesca ganz besonders. Bevor man sich auf den Weg macht, um die Kunstwerke Arezzos zu besuchen, empfiehlt die Marchesa noch eine zusätzliche Stärkung in der Pasticceria de' Cenci. Traumhaft

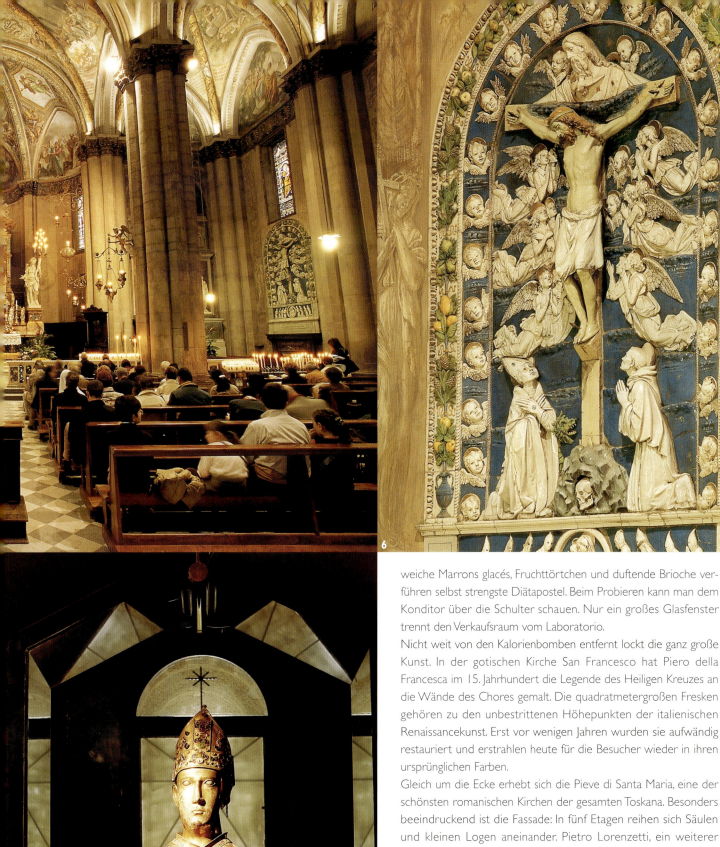

weiche Marrons glacés, Fruchttörtchen und duftende Brioche verführen selbst strengste Diätapostel. Beim Probieren kann man dem Konditor über die Schulter schauen. Nur ein großes Glasfenster trennt den Verkaufsraum vom Laboratorio.

Nicht weit von den Kalorienbomben entfernt lockt die ganz große Kunst. In der gotischen Kirche San Francesco hat Piero della Francesca im 15. Jahrhundert die Legende des Heiligen Kreuzes an die Wände des Chores gemalt. Die quadratmetergroßen Fresken gehören zu den unbestrittenen Höhepunkten der italienischen Renaissancekunst. Erst vor wenigen Jahren wurden sie aufwändig restauriert und erstrahlen heute für die Besucher wieder in ihren ursprünglichen Farben.

Gleich um die Ecke erhebt sich die Pieve di Santa Maria, eine der schönsten romanischen Kirchen der gesamten Toskana. Besonders beeindruckend ist die Fassade: In fünf Etagen reihen sich Säulen und kleinen Logen aneinander. Pietro Lorenzetti, ein weiterer Künstlerstar der Renaissance, schuf für das Kircheninnere einen Flügelaltar von seltener Sinnlichkeit: Zu sehen ist eine wie entrückt wirkende Mutter Gottes mit ihrem Kind. Hinter der Pieve, was nichts anderes heißt als kleine Landkirche, breitet sich die Piazza

Arezzo 127

Grande aus, der Hauptplatz von Arezzo. Ein unebener Platz, der zu einer Seite hin abfällt. Diese Form und die sehr verschiedenen Palazzi, darunter vor allem der um 1400 entstandene Palazzo della Fraternità dei Laici, ein eigentümlicher Mix aus Gotik und Renaissanceelementen, verleihen der Piazza ihr unverwechselbares Aussehen. Jeden Monat findet hier einer der berühmtesten Antiquitätenmärkte Italiens statt.

Am gotischen Dom vorbei führt der Weg zur Kirche San Domenico, die hübsch auf einem baumbestandenen Vorhof steht. Während der Gotik begonnen, wurde dieses Gotteshaus später oft umgebaut. Unter den zahlreichen religiösen Kunstwerken im Inneren besticht vor allem ein bemaltes Holzkreuz des jüngeren Cimabue. Ein Kruzifix aus dem 13. Jahrhundert, das in seiner Ausdrucksstärke vielleicht eines der beeindruckendsten der Toskana ist. Nicht weit von der Kirche entfernt lebte in der Casa di Giorgio Vasari der gleichnamige berühmte Maler und Kunsttheoretiker (1511–1574). »Wir haben auch zwei Museen«, erklärt Francesca Albergotti, »die man schon gesehen haben sollte.« Das Museo d'Arte medievale e moderna besitzt alte Kunst: Gemälde von Spinello Aretino und Andrea della Robbia, von Luca Signorelli und Grechetto. Im Museo

1 und 3 Fürstlich schlafen mit Blick in den Park: in der Villa I Bossi. **2** Die Palazzi del Tribunale und della Fraternità dei Laici. Den Glockenturm setzte Giorgio Vasari auf. **4** Beim »Giostra del Saraceno« müssen Reiter aus vollem Galopp mit der Lanze eine Holzfigur, den Sarazenen, treffen.

128 Der Osten

Archeologico Mecenate, zu dem das römische Amphitheater gehört, sind feinste antike Vasen und Skulpturen zu besichtigen.

Nach der Besuchstour empfiehlt sich eine mittägliche Stärkung. Zum Beispiel in der »Enoteca Torre di Nicche«. Regionaler Aufschnitt wird dort serviert und dazu eine große Auswahl an lokalen Weinen. Ausgezeichnete Tropfen kredenzt auch die »Enoteca Vinodivino«. In ihren Kellern lagern 950 verschiedene Weine. Gut isst man in »La Lancia d'Oro«. Das Restaurant befindet sich an der Piazza Grande. Auf den Teller kommen deftige Lokalspezialitäten. Die einheimische Küche Arezzos bietet »La Doccia«, einige Kilometer außerhalb der Stadt. Die Anfahrt lohnt sich: Das Carpaccio aus gegrilltem Truthahn mit Kräutern oder auch die Raviolinudeln mit scharfem Pecorino schmecken einfach umwerfend gut.

Doch viel schöner ist es sicherlich zusammen mit Francesca, Francesco und ihren vier Kindern zu Abend zu essen – auf der Terrasse bei der Taubenvoliere unter dem im Sommer angenehm kühlenden Dach. Auf diesem Dach lebt die einzige Katze des Hauses. Nur nachts traut sie sich vorsichtig von dort herunter. Dann, wenn die Hunde, die sechsköpfige Familie und ihre Gäste tief schlafen, geht sie auf die Jagd.

Arezzo – von Medici-Mauern behütet

Wichtigste Sehenswürdigkeiten
Kirche S. Francesco (hier malte Piero della Francesco seinen vielleicht schönsten Freskenzyklus), Kirche Pieve S. Maria (romanische Kirche mit Renaissancekunst im Inneren), Piazza Grande (Hauptplatz mit Palästen umstanden), Kirche S. Domenico (gotisches Kirchenjuwel), Museo dell'arte mediovale (Renaissancekunst), Museo archeologico Mecenate (Kunst der Antike).

Geschichte
Die große Zeit Arezzos als politischer und wirtschaftlicher Stadtstaat begann im 11. Jahrhundert. Wie oft in der Toskana waren es reiche Händler und Bankiers, die ihr Guthaben in Kunst investierten. Gegen die aggressiven Florentiner wurde die Stadt militärisch ausgebaut, doch schließlich wurde sie Teil des Herzogtums der Medici.

Essen und Trinken
Caffé Veraldi, Via Calamandrei 154, Tel. 05 75-37 04 04; eines der besten Cafés von Arezzo.
Enoteca Vinodivino, Via Cealpino 10, Tel. 05 75-29 95 98; in den Kellern dieses Weinladens lagern 950 verschiedene Tropfen.
Enoteca Torre di Nicche, Piazza S. Martino 8, Tel. 05 75-35 20 35; deftige Hausmannskost mit guten Tropfen der Toskana.
La Doccia, Via Setteponti 24 g, Tel. 05 75-36 42 22; regionale Traditionsküche in rustikalem Ambiente.
La Lancia d'Oro, Piazza Grande 18/19, Tel. 05 75-2 10 33; lokale Speisen, gut sind vor allem die Suppen und die Nudelgerichte.

Übernachten
*****Villa I Bossi,* Gragnone 44–46, 11 Zimmer, Tel.: 05 75-36 56 42 oder über die B&B-Agentur Caffelletto, wo man auch Deutsch spricht: www.caffelletto.it. Wohnen bei Herzogs in einem historisch gewachsenen Ambiente. Es gibt Waldflächen, einen italienischen und einen englischen Landschaftspark mit großem Pool.

Einkaufen
Pasticceria de´ Cenci, Via de´ Cenci 17, Tel. 05 75-2 31 02; Früchtetörtchen und andere Leckereien für zwischendurch.

Information
Piazza della Repubblica 28, Tel. 05 75-37 76 78, E-Mail: info@arezzo.turismo.toscana.it

130 Der Osten

Raue unbekannte Toskana
Sansepolcro und die Bergklöster

Auf den Spuren von Einsiedlermönchen und ihren abgeschieden in Wäldern gelegenen Klosteranlagen und zu Besuch in der immer noch unbekannten Osttoskana.

Es gibt eine Toskana, in der Touristen, selbst die reiselustigen Deutschen, eher selten anzutreffen sind. Selbst in der Alta stagione, in der Hauptsaison. Diese unbekannte Toskana liegt etwas östlich zwischen Florenz und Arezzo. Eine Gegend mit herben Landschaften, mit Bergen und Wäldern, in denen Wildschweine leben und in die sich vor vielen Jahrhunderten Mönche in Eremitenklöster zurückzogen. Eben weil der Massentourismus einen Bogen um diese Toskana macht, hat sie ihren stillen und wilden Charakter bewahren können. Eine Rundfahrt durch diese Landschaft sollte in Sansepolcro beginnen.

Das historische Zentrum von Sansepolcro ist immer noch weitgehend von jener Verteidigungsmauer umgeben, die Cosimo I. Medici (1389–1464) errichten ließ. Innerhalb des Ortes locken historische Zeugnisse vergangener Zeiten. Vor allem aus dem 15. Jahrhundert, als Piero della Francesca, der vielleicht berühmteste Sohn der Stadt und einer der angesehensten Maler der Renaissance, hier lebte und wirkte. Durch die Porta del Castello im Norden geht es ins Centro storico, den historischen Stadtkern. Die Via Matteotti bietet rechter- und linker Hand mittelalterliche Wohntürme und Palazzi. Besonders schön: der Palazzo delle Laudi. In diesem prächtigen Bauwerk aus dem 17. Jahrhundert ist heute das Rathaus untergebracht.

Viele der Bauwerke zeugen von der wichtigsten Zeit Sansepolcros, als sich die Stadt als so genannte freie, das heißt politisch unabhängige Kommune behaupten konnte. Sansepolcro kann eine ausgeprägte demokratische Tradition vorweisen. Die reichen Bürger der Stadt leisteten den absolutistischen Medicifürsten lange Widerstand. Als Sansepolcro schließlich an die Medici fiel, konnten diese den Protest der Bürger nur schwer unterdrücken. Wie überall in der Toskana, wo die Florentiner Herrscherfamilie ihre Eroberungen durchführte, stellte sie eine berittene Polizei auf, die aufständische Bürger in Schach halten sollte.

Der Dom ist ein Meisterwerk aus der Zeit des Übergangs von der Romanik zur Gotik und wurde zwischen dem 11. und 13. Jahrhun-

1 Abendlicht auf den dicken Mauern des Castello di Poppi. **2** Junge Schönheiten auf den Stufen zum Dom. **3** Lago di Montedoglio: kleine und einsame Strandbuchten auch im Hochsommer. **4** Prozession der Mönche im Bergkloster La Verna.

dert errichtet. In seinen drei Kirchenschiffen mit den Seitenaltären gibt es Gemälde und Skulpturen verschiedener Kunstepochen zu sehen. Am zweiten Altar des linken Kirchenschiffs hängt eine hinreißende Himmelfahrt Marias von Palma il Giovane (1544–1628). In der Nähe des Doms stellt das erst vor wenigen Jahren restaurierte Museo Civico Werke der italienischen Renaissance aus: von Luca Signorelli, von Leandro Bassano und von Piero della Francesca. Sein Freskenbild »Die Auferstehung«, entstanden Mitte des 15. Jahrhunderts, gilt als eines der Meisterwerke der italienischen Kunst. Das Haus des Künstlers kann man übrigens noch heute besichtigen. Es befindet sich gegenüber der kleinen romanischen Kirche S. Francesco.

Der Besucher erkennt die älteste Straße Sansepolcros, die Via XX Settembre, an ihrem gewundenen Verlauf. Eine Straße, die interessante Einblicke in Gassen und Innenhöfe bietet. Im westlichen Teil stehen noch einige der mittelalterlichen Wohntürme.

1 Spätnachmittag in Poppi. **2** Pieve Romena bei Stia: ein Kleinod unter den frühromanischen Kirchen der Toskana. **3** Vor dem Dom in Sansepolcro. Überhohe Arkaden heben das Piano Nobile des Palazzo delle Laudi stolz empor. **4** Morgens auf dem Wanderweg zur über 1000 Meter hoch gelegenen Einsiedelei Eremo di Camàldoli. **5** Sommerliche Parkpflege in Sansepolcro.

Beim Bummel durch Sansepolcro erkennt man, dass die meisten Straßen noch heute dem Schachbrettraster der Römerstadt folgen. Auf dem Weg in den Norden von Sansepolcro, zu den Eremitenklöstern, führt die Landstraße durch einen verlassen wirkenden Ort mit einem eigentümlichen Namen: In Caprese Michelangelo wurde am 6. März 1475 Michelangelo Buonarotti geboren. Ein kleines Museum zeigt Gipsnachbildungen einiger Werke des Renaissancegenies.

La Verna wurde von Italiens Dichterfürst Gabriele D'Annunzio als »rauer Felsen zwischen Tiber und Arno« bezeichnet. Noch heute fasziniert diese Bergformation aus Kalkgestein, die von der Erosion geformt wurde. Graf Orlando Cattani schenkte die Bergspitze 1213 Franz von Assisi. Der ließ sich ein Jahr darauf mit einigen Anhängern dort nieder. Seitdem gilt La Verna als einer der wichtigsten franziskanischen Pilgerorte. Die Hauptkirche, Chiesa Maggiore, stammt aus dem 15. Jahrhundert. Andrea della Robbia schuf die schönen Terrakotten. Durch einen freskengeschmückten Gang wird der Besucher in die Chiesa delle Stimmate geführt, die Kirche der Stigmen. Auch hier große Kunst von della Robbia. Auf dem Fußboden sind unter Glas Flecken auf dem Boden zu erkennen. Es soll sich um Blut aus den Wundmalen des heiligen Franz handeln. Diese Tropfen werden noch heute verehrt. In einer feuchten und kühlen Grotte befindet sich ein steinernes Bett. Hier soll der heilige Mann geschlafen haben.

Die Mönche des Klosters forsten die Wälder in der Umgebung auf. Noch heute findet der Reisende deshalb rund 800 Hektar reinen Edeltannenwaldes. Die Buchen, die von den Mönchen gepflanzt wurden, können einen Umfang von bis zu 3,5 Metern haben. Das sind Rekordwerte in Italien. Viele dieser Buchen stammen noch aus der Zeit von Michelangelo. Diese Wälder waren der ganze Stolz der Mönche. In früheren Epochen reichte die Erlaubnis des Priors nicht, um einen der Bäume zu fällen: Die gesamte Klostergemeinschaft musste über das Fällen mitentscheiden.

Nicht weit von La Verna entfernt liegt das Städtchen Bibbiena – hübsch anzusehen mit einfachen Renaissancepalästen und Kirchen. Für die Kirche Sant´ Ippolito e Donato aus dem 12. Jahrhundert malte Arcangelo di Cola ein sehenswertes Madonnenbild. Das schöne Holzkreuz stammt von Duccio di Buoninsegna (etwa 1255–1319). Im nahe gelegenen Poppi sollte das Castello Pretorio besucht werden. Der wuchtige Bau aus dem 13. Jahrhundert ist in einigen Sälen mit Wandbildern aus dem 14. Jahrhundert verziert worden. Auf halber Strecke zwischen Poppi und Stia steht die

Pieve di Romena, eine der besterhaltenen romanischen Kirchen in der Gegend. Sie ist in der Regel verschlossen. Den Schlüssel verwahrt ein Küster, der im benachbarten Haus wohnt.

Von Poppi aus führt eine langsam ansteigende Straße in die Berge und in uralte Wälder. Graf Maldolo von Arezzo schenkte einen Teil dieser Wälder Mönchen, die auf der Suche nach Einsamkeit waren. In 800 Meter Höhe wurde erst ein Kloster errichtet, dann, 300 Meter höher, eine Einsiedelei – inmitten einer noch heute wilden und herben Landschaft. Das Kloster ist in weiten Teilen zu besichtigen. Es bietet keine bedeutenden Kunstwerke, dafür aber eine fast komplett erhaltene Apotheke aus dem 16. Jahrhundert und eine barocke Kirche. Die Kirche der Einsiedelei hingegen ist über und über mit Goldstuckaturen verziert worden. Die 20 Zellen der Eremiten, die hinter einem Gitter gut zu sehen sind, können nicht betreten werden. In einem kleinen Laden im Kloster verkaufen die Eremiten Brote und Getränke als Stärkung für die Wanderer, die lohnenswerte Spaziergänge durch den Parco Nazionale del Monte Falterona unternehmen wollen.

1 La Verna: ein Kloster mit mehreren Kirchen und Klosterinnenhöfen. **2** Chiesa S. Maria degli Angeli in La Verna. **3** Prächtige Goldstuckaturen in der Eremo di Camáldoli. **4** Zimmer im »Oroscopo«.

Sansepolcro und die Bergklöster

Wichtigste Sehenswürdigkeiten
Sansepolcro (Hauptplatz Piazza Torre di Berta, Via Matteotti, der Dom und das Museo Civico Duomo, die Fortezza Medicea), La Verna (das Kloster Convento La Verna), Bibbiena (der historische Ortskern, Kirche SS. Ippolito e Donato), Poppi (Castello Pretorio), Camaldoli (Kloster und Einsiedelei), Stia (Kirche Pieve di Romena).

Geschichte
Sansepolcro wurde 1441 von der Kirche an die Florentiner verkauft. Cosimo I. Medici ließ die Stadt im 15. Jahrhundert militärisch ausbauen und förderte ihre wirtschaftliche Entwicklung. Das Umland geriet mit dem Verkauf ebenfalls unter die Herrschaft der Medici.

Essen und Trinken
Sansepolcro:
Enoteca Guidi, Via Pacioli 44, Tel. 05 75-73 65 87; Weinbar im historischen Zentrum, in der es kalte und warme Lokalspezialitäten gibt
Da Ventura, Via Niccolo Aggiunti 30, Tel. 05 75-7 25 60; typische Gerichte aus der Osttoskana.
Bibbiena:
Il Bivio, Loc. Bivio di Banzena 65, Tel. 05 75-59 32 42; ausgezeichnete regionale Nudel- und Fleischgerichte.

Übernachten
*****Relais il Fienile,* Bibbiena, Loc. Gressa Nord, 6 Zimmer, Tel. 05 75-59 33 96, Fax 05 75-56 99 79, E-Mail: info@relais-ilfienile.it. Scheunenhäuser des 18. Jahrhunderts wurden in ein luxuriöses Ferienrelais verwandelt. Ruhig und mit Pool.

****Oroscopo,* Sansepolcro, Loc. Pieve Vecchia, Via P. Togliatti 68, 12 Zimmer, Tel./Fax 05 75-73 48 75. Typisches toskanisches Steinhaus, hübsche und komfortable Zimmer.

Einkaufen
Panificio La Spiga, Via S. Caterina 76, Tel. 05 75-74 98 43; fantastisches Brotangebot, besonders lecker: die ofenfrischen Kuchen.

Information
Sansepolcro: Via della Fonte, Tel./Fax 05 75-74 05 36
Bibbiena: Piazza Matteotti 3, Tel. 05 75-59 30 98,
E-Mail: infotu@inwind.it

Traumblick über das Chiana-Tal
Die Mittelalterstädte Cortona und Castiglion Fiorentino

Absolut lohnenswert ist ein Spaziergang durch einen der besterhaltenen Orte der Osttoskana, in dem Mittelalter und Renaissance die schönsten Kulissen bieten, von dem man bezaubernde Blicke ins Tal hat.

Cortona ist eine der am schönsten gelegenen Städte der Region, einst von den Etruskern am Monte Sant´Egidio errichtet, noch heute von ihrer Stadtmauer eingefasst, umgeben von Olivenhainen. Der Blick von Cortona geht auf das weite Chiana-Tal. Der Ort lädt zum Verweilen und Ausruhen ein. Im mittelalterliche Bauwerke prägen die Plätze und Straßen. Umbauten wurden nur sehr behutsam vorgenommen. Einen Rundgang sollte man bei der Piazza della Repubblica beginnen. Vielleicht nach einer Stärkung im »Café Signorelli« in der Via Nazionale. Der Cappuccino ist hier besonders cremig. Im Palazzo Comunale tagen und streiten schon seit dem 13. Jahrhundert die Stadtväter. Der Platz geht in die Piazza Signorelli über. Hier erhebt sich der barocke Palazzo Pretorio. In seinen Sälen ist ein reizvolles Museum untergebracht: Das Museo dell'Accademia Etrusca zeigt Grabungsfunde aus der Umgebung. Dabei muss man wissen, dass die Erforschung der vorrömischen Etrusker, die in der Toskana lebten, in Cortona schon seit Mitte des 18. Jahrhunderts betrieben wird. Neben mehreren Sarkophagen, auf deren Deckeln lebensgroße Skulpturen die Verstorbenen darstellen, fasziniert in diesem schon 1727 gegründeten Museum einer der schönsten jemals ausgegrabenen etruskischen Leuchter: Er ist ganz aus Bronze, fast komplett erhalten und zeigt Satyrn und Sirenen. Beachtung findet auch die umfangreiche Münzsammlung.
Neben dem Renaissancedom sollte man unbedingt ein weiteres Museum besuchen. So sehr die alten Gassen Cortonas auch locken, sie kann man auch später erbummeln. Das Museo Diocesano birgt Meisterwerke italienischer Kunst. Darunter Gemälde, die zu den schönsten wichtiger Maler gehören, wie zum Beispiel von Pietro Lorenzetti (1280–1348), Beato Angelico (ca. 1400–1455) und Luca Signorelli (1441–1523). In der Kirche San Francesco verwahrt man am Hauptaltar eine Reliquie des Heiligen Kreuzes in einem kostbaren byzantinischen Elfenbeinbehälter.
Der Weg zum Santuario di Santa Margherita lenkt den Besucher durch die Via Berrettini: In stiller Eintracht reihen sich hier alte Häu-

1 Santuario di Santa Margherita in Cortona. **2** Auf den uralten Stufen der Piazza della Repubblica. **3** Via dell'Orto della Cera: Toskanaidylle pur. **4** Idealarchitektur der Renaissance: Der harmonisch proportionierte Zentralbau der S. Maria Nuova (um 1500).

ser und Palazzi aneinander. Rechter Hand führt eine Abzweigung nach San Nicolò. Wenn diese Kirche verschlossen ist, empfiehlt es sich im benachbarten Haus beim Küster zu klingeln. Gegen eine kleine Mancia, ein Trinkgeld, öffnet er gern das Hauptportal. Im Inneren dieser zypressenumstandenen Kirche wird eine Beilegung von Luca Signorelli aufbewahrt. Hier spürt man Toskana pur: Architektur, Natur und Malerei gehen eine perfekte Symbiose ein.

Im Santuario wird der Körper der heiligen Margherita von Cortona aufbewahrt. Das Kreuz aus dem 12. Jahrhundert, das ebenfalls in der Kirche ausgestellt wird, soll zu der frommen Frau gesprochen haben. Weiter geht es zur Fortezza Medicea aus dem 16. Jahrhundert, von der aus der Blick in die bukolische Landschaft schweift. Dort liegt eine der elegantesten Renaissancekirchen der Toskana, Santa Maria delle Grazie (1485), eines der wenigen noch erhaltenen Werken von Francesco di Giorgio Martini (1439–1502). Im Sommer 2004 kamen Weltstars nach Cortona. Wie zum Beispiel die Opernsängerin Renée Fleming. Im Stadttheater fand Anfang August das »Tuscany Sun Festival« statt. Eine Idee, so heißt es, von der US-amerikanischen Schriftstellerin Francis Mayes aus San Francisco, die in einer Villa in der Nähe von Cortona lebt. Mit ihrem Roman »Unter der toskanischen Sonne« wurde sie weltberühmt. Dieses Buch lockt seit seinem Erscheinen jedes Jahr Tausende von Amerikanern nach Cortona.

1 Vicolo Notte: Gässchen wie aus einer anderen Zeit. **2** Aussichtsterrasse in Castiglion Fiorentino. **3** Schon im Mittelalter war die Via Guelfa in Cortona eine Geschäftsstraße: **4** So hoch wie der Dom – das Rathaus. Zur Piazza della Repubblica hin schafft die Freitreppe Bühnenatmosphäre.

Wer lokales Öl verkosten will, sollte in den Ortsteil Manzano fahren. Luigi D'Alessandro besitzt 7700 Bäume, die ein kräftiges Öl liefern. Probierenswertes gibt es auch auf dem Weingut Podere il Bosco: einen kräftigen Rotwein aus Syrahtrauben.

Etwas außerhalb von Cortona bietet das »Relais il Falconiere« stilvolle und sehr ruhige Zimmer. Im hoteleigenen Restaurant, das über einen Michelin-Stern verfügt, werden lokale Speisen vom Allerfeinsten serviert. Preiswerter und rustikaler isst man in der »Taverna Pane e Vino« an der zentralen Piazza Signorelli.

Nicht weit von Cortona entfernt lockt die malerische Kleinstadt Castiglion Fiorentino – ein mittelalterliches Architekturjuwel! Die Collegiata wurde 1853 auf den Mauerresten eines vorherigen Gebäudes errichtet und bietet in seinem Inneren große Kunst: Renaissance-Terrakotten der Familie della Robbia und ein wertvolles Tafelbild von Segna di Bonaventura, eine Madonna mit Kind, von deren Anblick man sich nur schwer trennen kann.

Die Piazza Municipio ist das Zentrum von Castiglion. Schon seit dem 16. Jahrhundert sitzen die Menschen unter den Arkaden des Loggiato Vasariano. Auch hier wieder ein Museum, das Kunstliebhaber nicht übergehen sollten. In der Pinacoteca Civica finden sich vor allem Gemälde der Gotik und der Frührenaissance. Bilder, auf denen eine Landschaft zu sehen ist, die sich in den letzten Jahrhunderten nur wenig verändert hat. Mitten in dieser idyllischen Natur liegt acht Kilometer östlich von Castiglion das »Relais San Pietro in Polvano«. Rustikal und elegant sind die Zimmer und das Abendessen wird auf einer Panoramaterrasse serviert. Wohin soll man hier zuerst schauen: auf die leckeren Speisen oder auf die Landschaft?

Cortona und Castiglion Fiorentino

Wichtigste Sehenswürdigkeiten
Cortona:
Piazza della Repubblica, Museo dell´Accademia Etrusca, Museo Diocesano, Fortezza Medicea, Madonna del Calcinaio, S. Maria delle Grazie.
Castiglion Fiorentino:
Collegiata (Renaissancekunst), Piazza del Municipio, Pinacoteca civica.

Geschichte
Von der etruskischen Geschichte zeugen die beeindruckenden Mauerreste Cortonas. Nachdem die Stadt römisches Handelszentrum wurde, verfiel sie. Erst im hohen Mittelalter kam sie wieder zu politischer und künstlerischer Blüte.

Essen und Trinken
Cortona:
Taverna Pane e Vino, Piazza Signorelli 27, Tel. 05 75-63 10 10; rustikales Ambiente, ausgezeichnete Küche.
Preludio, Via Guelfa 11, Tel. 05 75-63 01 04; Traditionsküche in einem alten Palazzo.
Café Signorelli, Via Nazionale, Tel. 05 75-60 30 75; guter Cappuccino.
Castiglion Fiorentino:
Da Muzzicone, Piazza San Francesco 7, Tel. 05 75-65 84 03; rustikales Lokal mit einheimischen Leckereien.

Übernachten
Cortona:
******Relais il Falconiere,* Loc. San Martino, 13 Zimmer, Tel. 05 75-61 26 79, Fax 05 75-61 29 27, www.ilfalconiere.com. Traditionshaus der Luxushotelgruppe Relais & Château. Zimmer und Spitzenrestaurant, ein Michelin-Stern, in einer barocken Villa mit Park und Pool.
****Relais Villa Petrischio,* Via del Petrischio 25, 13 Zimmer, Tel. 05 75-61 03 16, Fax 05 75-61 03 17, E-Mail: info@villapetrischio.it. Herrliche Villa des 19. Jahrhunderts mit Park und Pool.
Castiglion Fiorentino:
*** *Relais San Pietro in Polvano,* Loc. Polvano, Tel. 05 75-65 01 00, Fax 05 75-65 02 55, 5 Zimmer, E-Mail: info@polvano.com. Komfortables Landhaus mit Schwimmbad.

Einkaufen
Cortona:
Tenimenti – Luigi D´Alessandro, Loc. Manzano 15, Tel. 05 75-61 86 67; gute Adresse zum Ölkauf.

Information
Cortona: Via Nazione 42, Tel. 05 75-63 03 52, E-Mail: info@cortonaantiquaria.com
Castiglion Fiorentino: Corso Italia 111, Tel./Fax 05 75-65 82 78

Weinberge im Chianti zwischen Panzano und Greve.

Im Garten Eden der Weine
Chianti – Weinparadies Osttoskana

Eigentlich ist die ganze Toskana Anbaugebiet für Chiantiweine. Aber um das Gütezeichen DOCG Chianti Classico zu erhalten, müssen die Reben zwischen Florenz und Siena angebaut werden. Ein Gebiet mit Hügeln und Wäldern, wo fast jede Straße zu Weingütern, Burgen oder landwirtschaftlichen Gütern führt.
Für die meisten Italienbesucher ist das Wort *Chianti* der Inbegriff italienischen Weins – vor allem seit den 1950er Jahren, als die Deutschen aus ihrem Italienurlaub jene bastumwundenen, bau-

chigen Flaschen mit einfachem Chianti nach Hause brachten. Heute sind diese Weine so teuer in ihrer Herstellung, dass die meisten Winzer nur noch die industriell gefertigten braunen Bordeauxflaschen benutzen.
Das vor allem deutsche Fixiertsein auf den Chianti ruft unter Italienern Kopfschütteln hervor. Denn der Wein des Chiantigebietes macht nur rund ein Prozent der gesamten italienischen Weinerzeugung aus. Tatsache ist auch, dass viele Italiener nie Chianti trinken, vor allem nicht, wenn sie in Regionen leben, die andere Rebensäfte produzieren. Hinzu kommt, dass Chiantiweine dank des ausländischen Interesses immer höhere Preise annehmen. Preise, die von den begüterten Ausländern bereitwillig gezahlt werden, gegen die sich aber immer mehr Italiener sträuben.
Das Anbaugebiet für den *Chianti Classico* umfasst das Territorium zwischen den Kommunen Greve in Chianti, Radda in Chianti, Castellina in Chianti und einen Teil der Ortschaften Castelnuovo Berardenga, Poggibonsi, Barberino Val d'Elsa und San Casciano in Val di Pesa. Um ein echter Chianti Classico zu sein, muss der Rebensaft aus 75 bis 100 Prozent Sangiovese, null bis zehn Prozent Canaiolo Nero sowie ein bis sechs Prozent Trebbiano Toscano oder Malvasia Bianco bestehen. Die Farbe ist in der Regel kräftig rot. Sein Duft variiert zwischen Stiefmütterchen, Schwertlilie und Vanille. Sein Geschmack ist harmonisch mit ein wenig Tannin. Meistens hat er einen Alkoholgehalt von zwölf Prozent. Chianti Classico muss mindestens zehn Monate lagern. Verfügt er über einen Alkoholgehalt von 12,5 Prozent, verlängert sich die Lagerdauer auf mindestens drei Jahre. Nur so erhält er die Bezeichnung Riserva.
Die Geburtsstunde des Chianti Classico schlug 1967, als er das Gütesiegel DOC erhielt. Erst 1984 wurde es zum DOCG. Was den Chianti abgesehen von seinem Duft und Geschmack von anderen Weinen unterscheidet, ist die Methode des *Governo*. Dabei handelt es sich um ein Vinifikationsverfahren, durch das ein Chianti

1 Große Namen, große Weine und oft auch große Preise. **2** Traumobjekt zu Traumpreisen: eine Villa bei Radda. **3** Marienaltar bei Radda.

Classico seinen unverwechselbaren Charakter bekommt. Bei diesem Verfahren werden etwa zehn Prozent der gelesenen Trauben zunächst nicht gepresst. Man lässt sie eintrocknen, bevor sie dann im November gepresst und vergoren werden. Noch während die Gärung im Gange ist, werden sie dem bereits vergorenen Chianti beigemischt. Bis zum nächsten Frühling lagert das Gemisch dann in Bottichen mit Gärverschlüssen, durch die die entstehende Kohlensäure austreten kann. Nur ein Teil von ihr bleibt im Wein und verleiht ihm eine feine Frische, die sich durch ein leichtes Prickeln bemerkbar macht. Das Governo wird heute leider immer seltener angewandt. Stattdessen setzt sich im Chianti zunehmend eine Bordeauxisierung durch, die vom Wein einen ausgeprägten Körper und Tanninreichtum fordert, meist

begleitet von einem Barriqueton. – Ein eleganter Wein, der aber immer weniger dem traditionellen Chianti Classico entspricht.
Toskanareisende werden häufig auf den Begriff *Chianti Putto* stoßen. Diese Bezeichnung meint einen Chiantiwein, der nicht aus dem klar definierten Anbaugebiet des Chianti Classico stammt und sich deshalb auch nicht so nennen darf. Seit 1984 ist auch er ein DOCG-Wein. Während das Erkennungszeichen beim Chianti Classico der schwarze Hahn ist, ist es beim Chianti Putto eine Putte. Weinrechtlich sind Chianti-Putto-Weine all jene Rebensäfte, die zum Chiantigebiet der Provinzen Siena und Arezzo gehören. Auch wenn sie sich nicht Classico nennen dürfen, können diese Weine ausgezeichnet sein.
Östlich des Chianti-Classico-Gebietes wird der Colli Aretino angebaut. Die Reben für diesen Wein wachsen zumeist an den Abhängen des Valdarno. Der *Chianti dei Colli Aretini* ist ein beachtenswerter Wein. Das Anbaugebiet dieses Weins, der auch *Valdichiana Bianco* und *Bianco Vergine DOC* genannt wird, umfasst ein Territorium, das von Arezzo bis zum Lago Trasimeno reicht. Ein Gebiet mit verschiedenen Klimaeinflüssen, die sich auf den Wein auswirken und zu ganz unterschiedlichen Tropfen führen. Der Valdichiana Bianco besteht in der Regel aus mindestens 20 Prozent Trebbiano Toscano und bis zu 80 Prozent Chardonnay oder Pinot Bianco oder Grecchetto oder auch Pinot Grigio. Trebbiano Toscano und Grecchetto sind lokale Trauben, die in der Gegend von Arezzo seit dem Mittelalter bezeugt sind. Die Farbe des Valdichiana Bianco ist strohgelb mit Reflexen, die ins Grünliche gehen. Sein Duft ist reich an Blüteneindrücken. Der Geschmack ist leicht und angenehm trocken mit einem überraschenden Nachgeschmack von Bittermandel. Der Alkoholgehalt liegt bei rund zehn Prozent. Wird er als Frizzante oder als Spumante ausgebaut, erreicht er elf Prozent. Der Valdichiana Bianco wird jung getrunken, am besten im ersten Jahr nach seiner Abfüllung.

Chianti – Weinparadies Osttoskana

Panzano:
1 *Castello di Rampolla,* Via Case Sparse 22, Tel. 055-85 20 01; Die Nachfahren von Diplomaten des Stauferkaisers Friedrich II. produzieren einen berühmten Chianti Classico DOCG.
2 *Tenuta di Fontodi,* Via San Leonino 87, Tel. 055-85 20 05; traumhaft: der Flaccianello della Pieve da Sangiovese. Klassische Weine wie der Vigna del Sorbo Riserva.

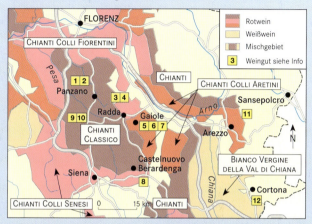

Radda in Chianti:
3 *Castello d´Albola,* Via Pian d´Albola 31, Tel. 05 77-73 80 19; die mittelalterliche Burg dieses Weingutes wurde im 16. Jahrhundert von der heiligen Maddalena de Pazzi bewohnt. Die Nachfahren keltern einen ausgezeichneten Chianti Classico.
4 *Castello di Volpaia,* fraz. Volpaia, Tel. 05 77-73 80 66; unbedingt probieren: den Balifico.

Gaiole in Chianti:
5 *Castello di Brolio,* fraz. di Castello di Brolio, Tel. 05 77-73 01; die Adelsfamilie der Ricasoli produziert einige der besten Weine des Chianti.
6 *Castello di Cacchiano,* Loc. Cacciano, Tel. 05 77-74 70 18; historische Weinkeller in einer Burg aus dem 11. Jahrhundert. Traumhafter Dessertwein Vin Santo aus Malvasia Bianca.
7 *Coltibuono,* fraz. Badia di Coltibuono, Tel. 05 77-7 44 81; prächtige Anlage, wo alle Weine plus die verschiedenen Olivenöle degustiert werden können.
Castelnuovo Berardenga:
8 *Castello dei Bossi,* Loc. Bossi in Chianti, Tel. 05 77-35 93 30; erstklassige rote Chiantiweine. Überraschend gut: der Tischwein Corbaia.

Castellina in Chianti:
9 *Castello di Fonterutoli,* fraz. Fonterutoli, Tel. 05 77-73 55 71; Mittelalterburg, in der die Hausweine verkostet werden, beachtenswert vor allem der Castello di Fonterutoli.
10 *Rocca della Macie,* Loc. Le Macie, Tel. 05 77-73 71; der Sohn des Filmproduzenten Italo Zingarelli keltert kräftige Rotweine, darunter den Riserva Fizzano.

Colli Aretini und Valdichiana:
11 *Fattoria San Fabiano,* Arezzo, Loc. San Fabiano 33, Tel. 05 75-2 45 66; der Armaiolo IGT schmeckt fantastisch, vor allem zu deftigen Vorspeisen.
12 *Azienda Agricola La Calonica,* Cortona, Loc. Capezzine, Tel. 05 75-72 41 19; berühmt für den weißen Valdichiana DOC.

Küste bei Porto Ercole.

Der Süden

Arme Maremma – tierreiches Biotop
Bei den Butteri und im Naturschutzpark Uccellina

Eine der einsamsten Gegenden Italiens hat einen der schönsten Naturschutzparks Italiens. Die lange Zeit vergessene Region bietet Orte, die auch heute vom großen Tourismus noch nicht entdeckt wurden.

In der sumpfigen und feuchten Landschaft der Maremma geht es nicht immer nur friedlich zu. Wenn Gruppen von Rindern und Wildpferden auftauchen, fliegen Silberreiher und graue Fischreiher auf. Graugänse recken ihre Hälse und machen sich auf den Weg zu ruhigeren Plätzen. Krickenten und Kormorane, Wasserhühner und Rohrdommeln, Pfeifenten und Grünschenkel suchen das Weite. Sie bringen sich in Sicherheit, wenn die Tierherden – geführt von den Butteri, den berühmten Cowboys des wilden Westens der Toskana – antraben. Kräftige Kerle sind diese Reiter, die bei der Merca, der Brandmarkung der Maremma-Rinder, einem Ritual, das sich jedes Jahr am 1. Mai während eines Volksfestes wiederholt, Jungtiere mit den bloßen Händen bezwingen. Cowboys, vielleicht die letzten Europas. Mit festen Lederhosen und großen Hüten, der traditionellen Kleidung der Butteri. Wer ihnen bei der Arbeit zuschauen will, sollte sich an die Azienda regionale agricola di Alberese wenden. Hier werden für Besucher Tagestouren auf den Spuren der Butteri organisiert. Die Butteri sind die berühmtesten Persönlichkeiten der Maremma, einer Landschaft, die bis noch vor 100 Jahren in vielen Volksliedern als »amara«, als bettelarm, besungen wurde.

Die Maremma, das war jahrhundertelang ein Landstrich am Meer, der sich durch Sümpfe und Malaria, durch große Not und Armut auszeichnete. Reisende mieden diese Gegend und so ist sie in nur wenigen älteren Reiseführern zu finden. Unter den Römern war hier allerdings eine der Kornkammern des Reiches. Große Farmen hatten das Land untereinander aufgeteilt. Als Rom aus seiner neuen Provinz Ägypten jedoch billigeres Korn zu importieren begann, bedeutete dies mit der Zeit den Ruin der Maremma. Ein jahrhundertelanger Ruin, denn Industrieansiedlungen gab es nie.

Die vorherrschende Armut führte zum berühmt-berüchtigten Banditenwesen der Maremma, das sich seit dem 18. Jahrhundert zunehmend ausbreitete und Ende des 19. Jahrhunderts seine Blütezeit erlebte. Jahrzehnte und äußerst brutale Methoden brauchte die Polizei des in der Mitte des letzten Jahrhunderts politisch geein-

1 Wehrburg von Populonia Alta im Abendlicht. **2** Madonna am Dom von Grosseto. **3** Glück unter einem Olivenbaum – gilt auch für Kühe. **4** Immer seltener findet man so kleinteilig angelegte landwirtschaftliche Anbauflächen, die Italien früher so stark prägten. Hier bei Marsiliana.

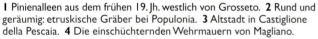

1 Pinienalleen aus dem frühen 19. Jh. westlich von Grosseto. **2** Rund und geräumig: etruskische Gräber bei Populonia. **3** Altstadt in Castiglione della Pescaia. **4** Die einschüchternden Wehrmauern von Magliano.

ten Italien, um die Banditenbanden letztlich in den Griff zu bekommen. Unter Benito Mussolini (1883–1945) wurden dann viele Sümpfe trockengelegt. Es entstand neues Ackerland. Seit 1945 ist niemand mehr an Malaria erkrankt.

Die Auswirkungen jahrhundertelanger Einsamkeit sind in der Maremma noch überall spürbar. Die Bewohner sind oft spröde und wortkarg. Die Landschaft wird immer noch in weiten Teilen von einer wilden Natur bestimmt. Vor allem dort, wo sich der Naturschutzpark Uccellina befindet. Ein 10 000 Hektar großes Gebiet südlich von Grosseto, das zu den unberührtesten und schönsten ganz Italiens gehört. Die Parkverwaltung organisiert für Interessierte abends, kurz vor Einbruch der Dunkelheit, geführte Wanderungen. Ausgerüstet mit einem Fernglas und festem Schuhwerk nähert man sich den wilden Tieren, wenn diese sich auf die Suche nach Nahrung machen. Begegnungen der besonderen Art werden garantiert, denn die Führer kennen den Park wie ihre Westentasche. Besonders schön: das Beobachten der Wildpferde, wenn diese durch die Sumpfgebiete galoppieren und im Hintergrund die Sonne blutrot über dem Meer untergeht. Wer abends den Park nicht verlassen will, sondern mittendrin übernachten möchte, der muss »Le Canelle« aufsuchen. Nur ortskundige Führer finden diese versteckten Unterkünfte, die aus kleinen Cottages und einem mittelalterlichen Turm bestehen. Man ist dort unter sich und in der Natur und die nächtlichen Geräusche sind den meisten Parkbesuchern so unbekannt, dass sie sich wie in einer längst vergangenen Welt fühlen.

Auch wenn Naturreservate wie die Uccellina inzwischen zum Inbegriff der Maremma geworden sind, hat diese Region noch sehr

viel mehr zu bieten. Obwohl Grosseto in Sachen Schönheit mit den meisten anderen Städten der Toskana nicht mithalten kann, lohnt dennoch ein Besuch im Dom sowie im Museo archeologico e d'Arte, in dem viele Fundstücke aus den etruskischen Nekropolen der Umgebung gezeigt werden. Im Süden von Grosseto empfiehlt sich ein Abstecher nach Magliano in Toscana, der etruskischen Stadt Heba. Gut erhalten sind die Wehrmauern aus dem 15. Jahrhundert.

Zehn Kilometer nordöstlich von Grosseto wurden vor wenigen Jahren die Ruinen von Roselle ausgegraben. Dabei handelt es sich um eine etruskische Stadt, deren Mauerreste noch heute die Besucher beeindrucken. Eine andere und ebenso faszinierende Ruinenanlage befindet sich in Vetulonia, nördlich von Grosseto. Diese etruskische Nekropole besteht aus verschiedenen Grabhügeln, die auch von innen besichtigt werden können.

Wer nach all der Kunst und den Ruinen einen Sprung ins Meer wagen will, kann das in Punta Ala machen. Der mondäne Badeort ist von viel mediterraner Natur umgeben und bietet herrliche Sandstrände. Eine der schönsten Unterkünfte in Punta Ala ist ohne Zweifel das »Gallia Palace Hotel«. Umgeben von einem großen Park befindet sich das Hotel 500 Meter vom Meer entfernt. Für die sonnenhungrigen Gäste steht ein Privatstrand zur Verfügung.

Maremma – tierreiches Biotop

Wichtigste Sehenswürdigkeiten
Die Maremma bietet eine einmalige Tier- und Pflanzenwelt, aber Ausflüge lohnen auch die etruskischen und römischen Ruinen im Hinterland.

Geschichte
Unter den Römern Kornkammer und dann bis ins 20. Jahrhundert hinein Sumpfgegend, in der die Malaria das Leben beeinträchtigte. Erst seit einigen Jahrzehnten beliebtes Urlaubsgebiet.

Essen und Trinken
Da Flavia, Talamone, Piazza 4 Novembre 1/12, Tel. 0564-88 70 91; einfaches Restaurant mit leckeren Fischgerichten.
Gambero Rosso, San Vincenzo, Piazza della Vittoria 13, Tel. 05 65-70 10 21; zwei Michelin-Sterne und Fischgerichte, die man nicht vergessen kann.

Übernachten
*****Gallia Palace Hotel,* Punta Ala, Via delle Sughere, 78 Zimmer, Tel. 05 64-92 20 22, Fax 05 64-92 02 29, E-Mail: info@galliapacae.it. Luxushotel am Meer mit Spezialitätenrestaurant direkt am Strand.
*****Alleluja,* Punta Ala, Via del Porto, 38 Zimmer, Tel. 05 64-92 20 50, Fax 05 64-92 07 34, E-Mail: alleluja.punta-ala@baglionihotels.com. Luxuriöses Hotel am Meer.
****Antico Casale,* Scansano, Loc. Castagneta Sud-Est, 27 Zimmer, Tel. 05 64-50 72 19, Fax 05 64-50 78 05, E-Mail: info@anticocasalediscansano.com. Für ruhige Tage auf dem Land, mit Pool und Reitstall.
****Le Pisanelle,* Manciano, Strada Provinciale Sud-Est: 3,8 km, 8 Zimmer, Tel. 05 64-62 82 86, Fax 05 64-62 58 40, E-Mail: lepisanelle@laltramaremma.it. Landhaus des 18. Jahrhunderts.
*****L'Andana,* Tenuta La Badiola, Castiglione della Pescaia, località Badiola, 33 Zimmer, Tel./Fax 05 64-94 43 21. Das Tophotel der Maremma! Luxus pur, die Küche wird von Frankreichs Starkoch Alain Ducasse geführt.
**Le Canelle,* Casella Postale 7171, Albinia, 12 Zimmer, Tel. 05 64-87 00 68. E-Mail: info@clublecanelle.com; Cottages und Zimmer in einem alten Turm im Naturschutzpark.

Einkaufen
Gastronomia Enoteca Ilia, Follonica, Via Bicocchi 85, Tel. 05 66-4 00 93; Weine und Wurstleckereien.
Caseificio Carlucci, Scansano, frazione Pomonte, Loc. Cretacci, Tel. 05 64-59 90 88; Schafskäse vom Feinsten.

Information
Ente Parco Regionale della Maremma, Via Bersagliere 7/9, Alberse, Tel. 05 64-40 70 98, E-Mail: info@parco-maremma.it

Kuren wie die Götter
Saturnia und die Thermen der Südtoskana

Wo der Zorn antiker Götter die Menschen bestrafen wollte, sprudeln Heilquellen en masse aus dem Erdreich. Thermen für jeden Geldbeutel oder ganz umsonst unter freiem Himmel.

Über die Gesundheit und das Alter der Menschen, die in der Nekropole von Saturnia bestattet sind, ist heute nichts mehr bekannt. Doch schätzten sie zu ihren Lebzeiten sicher die Heilquellen in der Region: Schon die Etrusker nutzten die 37,5 Grad Celsius warmen und schwefelhaltigen Wasser, die beim heutigen Saturnia aus dem Erdboden quellen. Die Etrusker waren ihrer Zeit weit voraus: Sie erfanden sogar die ersten Zahnspangen der Menschheit und in der Metallverarbeitung waren sie anderen Kulturen weit überlegen. Also werden sie auch gewusst haben, dass das heiße und oft stinkende Wasser Körper und Geist gut tut. Einer antiken Sage zufolge entstanden die Heilquellen von Saturnia in Folge eines Zornausbruches des Gottes Saturn. Der soll sich über die Menschen auf der Erde so geärgert haben – aus uns nicht bekannten Gründen –, dass er einen gewaltigen Blitz vom Himmel herabschickte. Der traf genau auf einen unterirdischen Vulkan und seitdem sprudelt das Schwefelwasser an die Erdoberfläche – zur Freude der eigentlich bestraften Sterblichen.

Die Etrusker werden schnell begriffen haben, dass das Kuren in diesem Wasser gesundheitsfördernd ist und auch gegen Stress hilft. Die Römer bauten die Heilquellen aus, sodass man bequem ins Wasser steigen konnte. Im Mittelalter verfielen diese zum Teil großen Anlagen jedoch, auch wenn die Menschen weiterhin im Wasser badeten. Heute präsentiert sich Saturnia als eine Therme der Spitzenklasse. Vor allem die »Terme di Saturnia« sind ein Kurhotel vom Allerfeinsten, das zu den Topadressen nicht nur Italiens, sondern Europas gehört. Vor wenigen Jahren wurde der gesamte Hotelkomplex um-, ausgebaut und verschönert. Ein Thermalreich entstand, das, auch wenn es nicht gerade preiswert ist, Italiener und ausländische Gäste en masse anzieht. Für viele ist dieses Kurhotel das schönste der gesamten Toskana. Dem Gast stehen auf 2800 Quadratkilometern travertinverkleidete Bäder zur Verfügung – drinnen wie draußen, sommers wie winters. Überhaupt ist es schöner, »Saturnia« im Winter oder in der Vor- oder Nachsaison aufzu-

1 Morgenstimmung bei Montemerano – Ein Spaziergang nach dem Bad macht Freude. **2** Der Eintritt in die Freiluftthermen von Saturnia ist frei. **3** Ruheraum im Hotel Tombolo. **4** Zauberhaft: Bei den Cascate del Mulino fließt das 37,5°C warme Heilwasser über Travertinkaskaden.

suchen. Es ist weniger heiß, weniger überlaufen und die Natur zeigt sich in diesen Jahreszeiten von ihrer üppigsten Seite. Wem es bei niedrigeren Temperaturen in Badekleidung unter freiem Himmel zu kühl wird, der kann schnell ins warme Wasser steigen und sich verwöhnen lassen.

Das Hotel hat moderne Zimmer und Suiten mit allem Komfort. Neu ist ein Spa, in dem ein Miniheer von Masseuren und ayurvedischen Heilern auf die Gäste wartet. Sie versichern, Körper und Geist wieder in Einklang zu bringen. Jedenfalls für die Dauer des Aufenthaltes in diesem Haus, in dem die oberste Maxime Rilassamento, also Entspannung, lautet. Je nach persönlichem Wunsch werden Diäten ausgearbeitet und kosmetische Spezialanwendungen zusammengestellt. Geboten werden Aromatherapien und alle anderen Kuranwendungen, die trendy und in sind und dem Wohl der Psyche dienen. So zum Beispiel die Stone Therapy, die aus dem US-amerikanischen Arizona importiert wurde. Dabei handelt es sich um eine, so heißt es, antike Kuranwendung der Indianer, bei

1 Heilwasserfall direkt in den Fels gebaut: moderne Thermenanlage des Hotel »Tombolo« in Castiglione di Marina. **2** Idyllisch gelegen, bei Tag und Nacht frei zugänglich: Die Heilquellen von Saturnia bieten Gratiskuren. **3** Blick auf Montemerano. Der kleine Ort liegt wenige Minuten von der Cascata del Mulino entfernt.

der es darum geht, psychische Spannungen und physische Verspannungen sanft zu lösen. Dazu werden 54 Steine verschiedener Art benutzt, auch Basalt und Marmor aus der Umgebung. Sie werden auf jene Körperstellen gelegt, die der Aktivierung der körpereigenen Energiezentren dienen. Doch auch wer auf solche Kurerlebnisse verzichten möchte und sich einfach nur im Wasser aalen will, kann dies natürlich ausgiebig tun. Das ist auch wesentlich preiswerter, denn die Kuranwendungen sind nicht gerade besonders günstig.

Das hauseigene Restaurant bietet nicht nur eine ausgezeichnete regionale Küche. Viele der traditionellen Gerichte werden in einer Light-Version angeboten, wenn jemand gut essen, aber auch gleichzeitig abnehmen will. Wer die Zeit nicht nur im Wasser oder auf den Liegen verbringen möchte, dem bietet das Hotel Trekkingtouren, einen Golfplatz, Pferde zum Ausreiten in die südliche Maremmalandschaft mit ihren Hügeln und Wäldern sowie nächtliche Erkundungstouren zum Beobachten von Tieren und zum Besichtigen der romantischen Ruinen der Etrusker, von denen es in der Umgebung viele gibt, zum Teil malerisch mit Efeu und Buschwerk zugewachsen. Man fühlt sich an diesen Orten wie in die Zeiten Goethes zurückversetzt.

Für diejenigen Kurinteressierten, die nicht so viel Kleingeld zur Verfügung haben, um sich im »Hotel Terme di Saturnia« wie ein Pascha verwöhnen zu lassen, gibt es die Möglichkeit, in Saturnia zu kuren – kostenlos und unter freiem Himmel. In der Umgebung finden sich zahlreiche weitere Heilquellen, die jedermann zugänglich sind und den gleichen Heileffekt garantieren wie im Luxushotel. Man nehme seinen Wagen, Badekleidung, Handtücher und schon kann der Gratis-Kurspaß beginnen.

Ebenfalls in der Maremma lässt es sich auch in einem anderen und im Ausland eher unbekannten Hotel gut kuren. Das »Grand Hotel Tombolo« liegt in Marina di Castagneto, direkt am Meer. Dieses sehr komfortable Haus ist erst vor kurzem eröffnet worden. Es entstand in den Gebäuden einer Ferienkolonie der dreißiger Jahre des 20. Jahrhunderts, die sich, damals wie heute, zwischen Dünen und Strandvegetation befindet. Ein traumhafter Ort zum Abschalten und Entspannen nach all der Kunst und den kunsthistorisch bedeutsamen Städten der Toskana. In den Zimmern, die alle unterschiedlich geschnitten und eingerichtet sind, dominiert das Design. Einige Räume verfügen über Terrassen, von denen der Blick über Sand und Dünen geradewegs auf das Meer geht. Es ist fast zu schön, um wahr zu sein. Eine Besonderheit

vor allem in Italien, wo viele Küstenabschnitte leider hässlich verbaut sind. Das »Grand Hotel Tombolo« bietet die komplette Palette eines luxuriösen Kurhauses: Sauna und Hamam, römisches Bad und Säle für Kuranwendungen. Seinen ausgezeichneten Ruf genießt dieses Hotel vor allem wegen seiner thalassotherapeutischen Anwendungen. Man schwimmt draußen und drinnen und in einer romantischen Grotte.

Auch im romantischen Val d'Orcia lockt eine Therme. Hier kurten schon Renaissancefürst Lorenzo il Magnifico aus der Medicisippe und der politische Theoretiker Niccolò Macchiavelli (1469–1527). Überhaupt wussten die Menschen des 15. und 16. Jahrhunderts sehr gut, dass Kuren ihnen bekommt. In fast allen historischen Archiven finden sich Hinweise zu den Thermen der Toskana und immer wieder sind es neben Herrschern und Adligen vor allem Geistliche, die züchtig bekleidet für einige Tage zur Kur fuhren.

Das »Hotel Terme San Filippo« in Castiglione d'Orcia, südlich von Pienza gelegen, nutzt die vulkanischen Quellen des Monte Amiata. Das Kurhotel ist in einem Palazzo des 18. Jahrhunderts untergebracht. Der Pool ist neu und verfügt über einen Wasserfall, der gerade im heißen Sommer sehr erfrischend ist. Neben Kuranwendungen mit dem warmen Heilwasser werden auch Moorbäder angeboten.

1 Das Grand Hotel Tombolo liegt in unmittelbarer Strandnähe. **2** Leseraum in der Terme di Saturnia. **3** »Hotel Tombolo«: Der Service ist immer inklusive. **4 u. 6** Meditations- und Massageraum sowie ein Gästezimmer der Terme di Saturnia. **5** Ganz entspannt schlafen im Hotel Tombolo.

Saturnia und die Thermen der Südtoskana

Wichtigste Sehenswürdigkeiten
Die Thermenanlagen, allen voran Saturnia, deren Heilwasserwannen wegen ihrer Lage besonders schön sind.

Geschichte
Wie überall in der Toskana waren auch hier die Etrusker die Ersten, die es sich im heilenden Wasser gut gehen ließen. Der wirkliche Kurboom begann aber erst in der Mitte des letzten Jahrhunderts.

Essen und Trinken
Saturnia:
Il Melangolo, Piazza Vittorio Emanuele 2, Tel. 05 64-60 10 04; am Hauptplatz von Saturnia bietet dieses Restaurant südtoskanische Spezialitäten.
Marina di Castagneto:
La Tana dei Pirati, Via Milano 17, Tel. 05 65-74 41 43; Fischleckereien, die direkt am Meer serviert werden. Das Lokal verfügt über einen Privatstrand.
Castiglione d´Orcia:
»*Osteria il Castagno*«, località Vivo d´Orcia, Via Amiata 129, Tel. 05 77-87 35 08; im Sommer isst man herzhafte Speisen unter dem großen Kastanienbaum, der dem Lokal seinen Namen gab.

Übernachten und Kuren
Saturnia:
******Terme di Saturnia,* Via della Follonata, 132 Zimmer, Tel. 05 64-60 01 11, Fax 05 64-60 12 66, E-Mail: info@termedisaturnia.it. Luxus-Kurhotel, das malerisch in die Natur eingebettet ist und jede Art von Kuranwendung bietet.

Marina di Castagneto:
***** *Grand Hotel Tombolo,* Via del Corallo 3, 119 Zimmer, Tel. 05 65-7 45 30, Fax 05 65-74 40 52, E-Mail: info@grandhoteltombolo.com. Umgebaute Ferienkolonie direkt am Meer.
Castiglione d´Orcia:
*****Hotel Terme San Filippo,* Loc. Bagni San Filippo, Via San Filippo 23, 27 Zimmer, Tel. 05 77-87 29 82, Fax 05 77-87 26 84, E-Mail: info@termesanfilippo.it. Kleines und elegantes Kurhotel mit eigenem Spa.

Der grüne Berg und das blaue Meer
Monte Argentario – mondäne Ferienorte und pure Natur

Italiens Prominenz weiß, wo man es sich gut gehen lassen kann. Schon altrömische Bankiers, die man »Argentarii« nannte, genossen hier das Leben und sollen dem ehemaligen Inselberg seinen Namen gegeben haben. Noch heute bietet der Monte Argentario idyllische Fischerorte und eine naturgeschützte Lagune.

Die meisten Toskana- und Italienreisenden kommen über die Autostrada del Sole ins Land und lassen den Argentario links oder, geographisch genauer, rechts liegen. Aber auch wer über die Küstenautobahn bei Livorno in den Süden braust, weiß in der Regel nicht, dass die Halbinsel des Monte Argentario eine der schönsten und naturbelassensten Landschaften der Region aufweist – vor allem außerhalb der Hochsaison, wenn es kein Drama ist, einen Parkplatz zu finden, um zu den unzähligen Badebuchten zu gelangen.

Vor Jahrtausenden war die Halbinsel noch eine echte Insel. Aber Sandbänke, die sich zwischen dem Festland und der Insel ablagerten, bildeten Wälle, die schließlich zu Verbindungswegen zum Festland wurden. Die Einheimischen nennen sie Tomboli della Feniglia und della Giannella. Die südliche dieser Landzungen ist von einem Pinienwald bewachsen, durch den ein romantischer Fahrradweg führt, der die Küste mit dem Monte Argentario verbindet. Die Lagune, die sich zwischen den Landzungen befindet, ist rund 800 Hektar groß, bietet stille Sandabschnitte und ist als Naturschutzgebiet geschützt.

Der Ursprung des Namens Argentario ist ungewiss. Vermutlich geht er, wie vieles in der Toskana, auf die Etrusker zurück. Vielleicht aber auch auf die Argentari, die Geldverleiher, die früher einmal hier ihre Niederlassungen hatten. Das Kap hat eine Höhe von 635 Metern und ist weitgehend mit Büschen bewachsen, die typisch für Italiens Küstengebiete sind. Zwischen der üppigen Natur erheben sich diskret versteckt hinter Zypressen, Pinien und Oleanderbüschen einige der schönsten Villen des italienischen Jetset. Politiker und Unternehmer lassen es sich hier im Sommer gut gehen. Die Preise in den Lokalen entsprechen dem gut betuchten Publikum. Die Hauptzentren der Halbinsel sind Porto Santo Stefano und Porto Ercole. Hier haben die Villenbesitzer ihre Yachten vor Anker

1 Zauberhafte Blicke von der Panoramastraße. **2** Noch flicken Fischer ihre Netze an der Mole von Porto Ercole. **3** In Porto Santo Stefano liegen die Luxusyachten wohlhabender Römer und Florentiner. **4** Morgenstimmung in der Bucht von Porto Ercole.

liegen und dann und wann lässt sich auch das Privatschiff des Königs von Spanien sehen, der in diesen Gewässern gern Kapitän spielt. Beide Hafenorte sind ziemlich schick und verfügen im Sommer über einen mondänen Touch. Besonders schön ist es im Frühjahr und im Herbst, wenn die Einheimischen unter sich sind. Erst dann kommt der ganze Charme dieser Orte zum Vorschein.

Am Strand von Porto Ercole starb am 18. Juli 1610 der Maler Caravaggio, einer der berühmtesten Künstler Italiens. Er war aus Neapel und vor den Schergen der Malteserritter in die Toskana geflohen. 4,5 Kilometer südwestlich von Porto Ercole gewährt »Il Pellicano« seinen Gästen luxuriöse Meeresatmosphäre. Das komfortable Hotel bietet Unterkunft in kleinen Villen zwischen Olivenbäumen: Romantischer geht es nicht! Alle Suiten haben Blick auf das Meer. Zum Essen empfiehlt sich »Il Gambero Rosso«, ein Traum von einem Fischrestaurant direkt am Hafen.

Um die Schönheit des Monte Argentario zu erfahren, muss der Autofahrer die Panoramica nehmen, eine Landstraße, die rund um die Halbinsel führt. Überraschende Aussichtspunkte sind garantiert, und wer auf einem der zahlreichen Parkplätze anhält und einen der

vielen kleinen Wege durch das Buschwerk einschlägt, gelangt zu romantisch gelegene Badebuchten. Hier gibt es keine organisierten Strandbäder: Man muss sich selbst versorgen, aber das macht den wilden Reiz des Argentario aus. Am schönsten wirkt der Argentario aber vom Meer aus. Entweder mit dem eigenen Boot oder aber als Gast auf einem der Rundfahrtschiffe. Egal, wie man auf das Meer kommt: Vom Boot aus sieht der Reisende so viele Buchten und Sandzungen, die ins Meer reichen, dass man am liebsten gleich ins Wasser springen möchte, um dort hinzuschwimmen.

Das Kap ist über drei Verbindungswege mit dem Festland verknüpft. Mitten auf dem mittleren dieser Wege liegt Orbetello. Das kleine Städtchen besitzt einen gotischen Dom und das Museum Antiquarium Civici, in dem die erstaunlich gut erhaltene Vorderseite eines römischen Tempels zu bewundern ist.

1 Blick über Villen auf einsam im Meer liegende Felsen. Im Hintergrund die Isola di Giglio. **2** Mediterrane Farbigkeit mit Panoramablick auf das Meer. Porto Santo Stefano lockt mit feinen Boutiquen und Ristoranti. **3** Manche der Yachten in Porto Santo Stefano können gechartert werden. **4** Im Jahr 273 errichteten die Römer Ansedonia. Von den Sienesen wurde es 1330 völlig zerstört. **5** Capalbio, ein schicker Ferienort.

1 Lebensraum für Störche, Flamingos und Fischreiher: Die Lagune von Ortobello, liegt zwischen dem Monte Argentario und dem Festland und steht unter Naturschutz. Fischern verschafft die Lagune ein kleines Einkommen. 2 Windmühle auf befestigten Sandbänken. 3 Fischer vermieten manches Boot. 4 Innenhofromantik in Capalbio.

Nicht weit ist es vom Argentario nach Ansedonia. Außerhalb des Städtchen und mit einem herrlichen Panoramablick auf das Meer befinden sich die Ruinen von Cosa, einer römischen Stadt, die bereits im 5. Jahrhundert n. Chr. unterging und 1330 von den Sienesen völlig zerstört wurde. Zu besichtigen sind die Stadtmauern, Reste von Tempeln und anderer Gebäuden. Im Puccini-Turm am Strand soll der große Komponist an der Oper »Tosca« gearbeitet haben. 18 Kilometer nordöstlich schmiegt sich die Ortschaft Capalbio an die Hügel der südlichen Maremma. Ein hübscher Ort, der seit den siebziger Jahren des 20. Jahrhunderts zum Sommerziel der linken Politiker- und Intellektuellenschickeria Roms geworden ist.

Monte Argentario – grüner Berg und blaues Meer

Wichtigste Sehenswürdigkeiten
Argentario (Panoramastraße, Strände, Naturschutzgebiet der Lagune), Porto Santo Stefano und Porto Ercole (Yachthafen und enge Gassen), Orbetello (Museo Antiquarium Civici), Capalbio (mittelalterlicher Ortskern), Ansedonia (Ruinen der Stadt Cosa).

Geschichte
In der Antike war die Halbinsel nur spärlich besiedelt. Erst im Mittelalter ließen sich Menschen auf ihr nieder. Seit der Mitte des letzten Jahrhunderts gilt es als schick, hier ein Ferienhaus zu haben.

Essen und Trinken
Porto Ercole:
Il Gambero Rosso, Lungomare Andrea Doria 62,
Tel. 05 64-83 26 50; die beste Adresse für Fischleckereien.

Übernachten
Porto Ercole:
Il Pellicano, Loc. Lo Sbarcatello, 50 Zimmer,
Tel. 05 64-85 81 11, Fax 05 64-83 34 18,
E-Mail: info@pellicanohotel.com. Luxus pur in Strandnähe.
Porto Santo Stefano:
Torre di Cala Piccola, 51 Zimmer, Tel. 05 64-82 51 11, Fax 05 64-82 52 35, E-Mail: prenotazioni@torredicalapiccola.com. Rustikale Minivilla zum Mieten, rund um einen alten Turm direkt am Meer. Ein traumhafter Ort zum Ausspannen.

Information
Porto Santo Stefano: Corso Umberto 55 a,
Tel. 05 64-81 42 08, E-Mail: infoargentario@lamaremma.info
Informationen zu Bootsrundfahrten unter Tel. 05 64-81 29 20

Das toskanische Jerusalem
Entdeckungen in der Etruskerstadt Pitigliano

Wo Juden und Christen in seltener Eintracht zusammenlebten, wo mittelalterliche Palazzi auf etruskischen Ruinen stehen und wo Italiens einziger koscherer Wein angebaut wird.

Von zahllosen Weinreben und eleganten Zypressen, die auf grünen Wiesen und Hügeln stehen, gibt es hier keine Spur. Stattdessen findet man Wälder mit Eichen und Kastanien, kleine und schmale Straßen. Dann plötzlich taucht ein Felsen auf, der aus den Wäldern herauszuragen scheint. Auf dem Felsen erhebt sich eine Ortschaft. Der Stein der Häuser hat die gleiche Farbe wie der Felsen, wirkt genauso porös. Gebäude und Gestein wirken wie eine Einheit – so als ob Menschen ihre Behausungen direkt aus dem Felsen geschlagen hätten. So präsentiert sich dem Besucher Pitigliano, eine der romantischsten Ortschaften der Toskana. Ein Kleinod, in das sich nur selten Touristenscharen verirren. Hier gibt es sie noch, die urwüchsige Toskana.

Natürlich waren es die wehrhaften Etrusker, die den strategisch gut gelegenen Felsen als Erstes besiedelten. Bei der Fahrt hoch zur Ortschaft sieht man noch ihre Grabhöhlen, die sie in den weichen Tuffstein des Felsens geschlagen haben. Hunderte von Grabhöhlen befinden sich dort, die aus dem Felsen eine Art Tuff-Emmentaler machen. Die praktisch veranlagten Italiener haben viele von ihnen in Garagen und Weinkeller umgewandelt. Sie haben einfach zu viele dieser Höhlen, sodass selbst die »Sopraintendenza«, die italienische Behörde für Altertümer, keinen Protest gegen dieses eigentlich als Antikenfrevel zu wertende Treiben einlegt. Ein großer Vorteil ist auch, dass die Kavernen dem lokalen Weißwein eine das ganze Jahr gleichbleibende Lagerungstemperatur garantieren. Deshalb verwahrt die städtische Winzergenossenschaft kurioserweise ihre Rebenschätze in etruskischen Grabhöhlen.

Pitigliano wird überragt vom mächtigen Castello Orsini. Im Inneren ist ein Diözesanmuseum untergebracht, das einige schöne Stücke zeigt. Das Schloss und die Ortschaft sind nur über ein Aquädukt, eine antike Wasserleitung, zu erreichen, die einzige Verbindung zur Außenwelt. Ein Ort des Rückzugs, wo man sich in Sicherheit fühlen konnte. Das dachten sich auch die Juden, die sich hier während der Renaissance niederließen. Sie waren vor der antisemitischen Politik

1 Früher verstand man es, mit Pinien Landschaftskunst zu gestalten.
2 Mittelalterliche Bogengänge im ehemaligen Ghetto von Pitigliano.
3 Frühling in der oft herb wirkenden Landschaft um Sorano. **4** Diese in die Felsen geschlagene Serpentinenstraße nutzten schon die Etrusker.

1 Gässchenlabyrinth mit Eingangstreppen. **2** ... wenn Blumenkästen fehlen. **3** Via del Bastone, die »Straße des Stocks«, den ältere Besucher unbedingt nach Pitigliano mitnehmen sollten. **4** Nur von sehr kleinen Autos befahrbar. **5** Innenhof des Renaissance-Palazzo Orsini.

der Medicifürsten aus Florenz geflohen. Unter dem Einfluss der Juden wurde Pitigliano zum toskanischen Jerusalem. Seit einigen Jahren besinnen sich die Bürger von Pitigliano wieder auf ihre hoch interessante jüdische Geschichte und restaurieren jene Gebäude, die an das jüdische Leben erinnern. So sind jetzt ein jüdischer Feuerofen für die Produktion von Brot, eine barocke jüdische Apotheke und die prächtige Renaissancesynagoge zu besichtigen. Interessant ist, dass die katholischen Bürger des Ortes ihre jüdischen Mitbürger in keinster Weise unterdrückten oder ausgrenzten. Während es überall in Italien zu Pogromen kam, lebte man in Pitigliano friedlich neben- und miteinander. Neben den Relikten des jüdischen Pitigliano, wo man in fast allen Lebensmittelgeschäften auch koscheren Weißwein erwerben kann, der in den meisten jüdischen Restaurants Italiens getrunken wird, gibt es auch katholische Baudenkmäler, die den Besuch lohnen. Sehenswert sind der barocke Dom und die Renaissancekirche Santa Maria. Doch der besondere Zauber Pitiglianos besteht in seinem gesamten historischen Ortskern. Nichts Modernes stört das nahezu komplett erhaltene historische Ambiente aus mittelalterlichen und Renaissancegebäuden.

Nur einige wenige Kilometer von Pitigliano entfernt liegt Sovana – eher ein Dorf als eine Stadt. An einem Ende Sovanas erhebt sich der Dom, am anderen der massige Turm des Palazzo Aldobrandeschi. Auch hier wieder dieser ungewohnte Eindruck, in einer touristisch unbeleckten Toskana zu sein. Im Stadtkern steht noch jenes Haus, in dem Papst Gregor VII. um das Jahr 1021 geboren worden sein soll. Gregor VII. war jener Pontifex, der Kaiser Heinrich IV. zum Gang nach Canossa gezwungen hatte. Etwas außerhalb des Ortskerns erhebt sich auf einer Wiese SS. Pietro e Paolo, eine Kirche, an der drei Jahrhunderte lang gebaut wurde.

Ganz in der Nähe dieser verschlafenen Idylle ermöglicht ein Spaziergang zu den etruskischen Gräbern den Einstieg in eine längst versunkene Welt, die umgeben ist von wildwüchsiger Natur. Viele der Bauten sind von Efeu und Blattwerk bedeckt und man fühlt sich an Goethes Beschreibungen antiker Monumente erinnert. Beeindruckend ist vor allem die Tomba Ildebranda: ein aus dem Felsen herausgeschlagenes Geviert, das von zwölf Säulen auf drei Seiten gebildet wird. Die vierte Seite geht in den Felsen über. Nicht weit entfernt lockt ein von den Etruskern aus dem Felsen gehauener Hohlweg. Ein romantischer Ort, bei dem tagsüber das Sonnenlicht durch Tausende von Blättern uralter Bäume gefiltert wird. Ein Ort, an dem man sich sofort wie in eine andere Zeit versetzt fühlt.

Pitigliano – das toskanische Jerusalem

Wichtigste Sehenswürdigkeiten
Pitigliano (jüdische Synagoge und Brotofen, Kirche Santa Maria sowie der gesamte Altstadtkern), Sovana (Dom, Palazzo Aldobrandeschi, Kirche Santi Pietro e Paolo, etruskische Nekropole).

Geschichte
Eine der abgelegensten Gegenden der Toskana – bis heute. Seit dem Mittelalter zogen sich hierher immer wieder religiöse Minderheiten zurück. Noch heute gehört Pitigliano nicht zum touristischen Standardprogramm von Italienreisenden.

Essen und Trinken
Pitigliano:
Il Tufo Allegro, Vicolo della Costituzione 5, Tel. 05 64-61 61 92; im historischen Ortskern gelegenes rustikales Lokal mit Traditionsspeisen.
Sovana:
Dei Merli, Via Rodolfo Siviero 1/3, Tel. 05 64-61 65 31; typische Maremmaküche mit Fisch und Rindfleisch. Guter Weinkeller mit lokalen Erzeugnissen.

Übernachten
Sovana:
****Della Fortezza,* Sorano (einige Kilometer von Sovana entfernt), Piazza Cairoli, 14 Zimmer, Tel./Fax 05 64-63 20 10, E-Mail: fortezzahotel@tin.it. Schlafen in einer verwinkelten Burg in bequemen Zimmern mit viel Ambiente.

Einkaufen
Pitigliano:
Erboristeria Costanza Giunti, Via Zuccarelli 31, Tel. 05 64-61 54 50; mitten im ehemaligen Ghetto werden in diesem historischen Laden Gewürze aller Art verkauft.
Sassotondo, Località Pian di Conati 52, Tel. 05 64-61 42 18; eines der besten Unternehmen, um das kräftige lokale Olivenöl zu erwerben.

Information
Pitigliano: Piazza Garibaldi 51, Tel. 05 64-61 71 11

Drei Visionen im Val d'Orcia
Daniel Spoerris Kunstpark, Pienza und die Abtei Sant' Antimo

Drei große Ideen reihen sich im Val d'Orcia aneinander: Daniel Spoerri schuf in Seggiano einen Kunstpark, Piccolomini-Papst Pius II. die Idealstadt Pienza und die Benediktiner bauten das zisterziensisch beeinflusste Kloster Sant' Antimo mitten in die Einsamkeit dieses Hügellands.

Man geht herum und sieht zunächst gar nichts. Man muss die Dinge ganz langsam entdecken.« Daniel Spoerri (geb. 1930) hat sich ganz bewusst dafür entschieden, in seinem Park keine Hinweisschilder aufzustellen. Seine Besucher sollen sich allein zurechtfinden, allein entdecken, ohne dass sie bei der Hand genommen werden. Spoerri wohnt in Seggiano, nicht weit von Pienza entfernt. Ein traumhafter Ort! Der Reisende, der über die staubige Landstraße von Seggiano hierher kommt, stößt zunächst auf ein unscheinbares Tor. Man läutet und Patrizia Cianchi, verantwortlich für Haus und Garten, öffnet per Fernsteuerung. Durch eine Zypressenallee geht es auf das Haus zu und zum Eingang eines der schönsten italienischen Skulpturenparks. Patrizia händigt dem Besucher eine Art Wanderkarte aus, in der verzeichnet ist, wo ungefähr sich die einzelnen Kunstwerke befinden und über welche Wege oder durch welches Gestrüpp sie zu erreichen sind.

Daniel Spoerri, der Rumäne jüdischer Abstammung, der Balletttänzer und Choreograph war, als Poet und Schriftsteller wirkte und in Zürich, Paris und Düsseldorf Restaurant-Gallerien führte, ist einer der Begründer der Kunstrichtungen Fluxus und Eating Art. Konsequent wie nur wenige andere Künstler des 20. Jahrhunderts hat Spoerri den Alltag zur Kunst erhoben. Berühmt sind seine Fall-Bilder: Er klebt Essensreste auf eine Leinwand und hängt sie dann an die Wand. Seit Jahren lebt Daniel Spoerri in Seggiano, wo er in seinem Park Kunst versammelt: Kunst von sich und Künstlerfreunden. Der Park ist ein work in progress. Derzeit sind auf dem 17 Hektar großen Grundstück 45 Objekte zu besichtigen. Von Jean Tinguely und Eva Aeppli, von Dieter Roth und anderen wichtigen Künstlern des 20. Jahrhunderts. Besonders faszinierend ist zum Beispiel »Die große Lampe für Daniel«, ein wirres, sich wild bewegendes und aufleuchtendes Gebilde von Jean Tinguely. Oder der »Turm der Liebenden«, ein kleines rundes Gebäude von vier auf gelben Kugeln sitzenden Raben umgeben, ein Werk von Alfonso Hüppi. Spoerris

1 Auf dem Weg zwischen Pienza und Seggiano liegt das Kloster Sant' Antimo. **2** Während die Ehefrauen kochen sitzen die Männer auf der Piazza Pio II. **3** »Daniel in der Löwengrube«: Kapitelldetail aus Sant' Antimo. **4** Immer wieder schön: Zypresseninsel bei San Quirico d'Orcia.

»Schädelkapelle« ist ein gespenstisches Memento Mori: Der Künstler hat Totenschädel auf einem Regal zusammengestellt. Ein daneben stehender Spiegel zwingt den Gartenbesucher, sich mit seinem Gesicht, mit Tod und Verfall auseinander zu setzen. Auch Spoerris Objekt »Zimmer Nummer 13«, eine originalgetreue Nachbildung seines Ateliers im Pariser Hotel »Carcassone« in Bronze, gehört zu den Überraschungen des Gartens. Der Raum, der über keine Decke verfügt und sich dem Himmel öffnet, ist schräg auf einen Hügel gestellt worden. Kunst, meint Spoerri, müsse solche Schräglagen provozieren, nur so habe sie das Recht, sich Kunst zu nennen.

Der Besuch des Gartens ist kein Kinderspiel. Wenn es zuvor geregnet hat, kann es schon einmal passieren, dass man bis zu den Knöcheln im Matsch versinkt. Spoerri weigert sich ausgebaute Wege in seinem Garten anzulegen. Das ist auch gut so, denn schließlich handelt es sich nicht um einen Museumsparcour, sondern um einen, wenn auch großen und eigenartigen, Privatgarten oder vielmehr Privatpark. Spoerri rät seinen Besuchern, sich einfach treiben zu lassen, »von den Düften und Farben, auf die man überall stößt«. Deshalb sollte man sich Zeit nehmen für seinen Park. Zeit zum Bummeln, zum Staunen und um sich zu verlaufen. Das macht den besonderen Reiz aus. Spannend ist auch, dass einige der Kunstwerke ganz bewusst von Büschen umgeben sind. Spoerri will, dass seine Besucher die Kunst in der Natur entdecken, und auch umgekehrt. So zum Beispiel den Feuer speienden Drachen. Der Künstler Paul Wiedmer schuf aus Stahl eine Art Drachenskulptur, die fast ganz von Efeu umwachsen ist. Man würde den Drachen schlichtweg übersehen, wenn er nicht ab und an aus seinem Maul Feuer speien würde. Wie in einem Garten der Renaissance und des Manierismus soll auch bei Spoerri der Gartenbesucher überrascht und auf den Arm genommen werden.

Andere Kunstwerke sind unübersehbar, stehen frei in der Landschaft. So zum Beispiel Spoerris »land art«. Dafür ließ sich der Künstler von den gigantischen und nur aus der Luft in ihrer ganzen

Größe erkennbaren Gottesdarstellungen im lateinamerikanischen Nazca inspirieren. Spoerri schuf aus Mauerwerk eine riesige Figur auf einer Wiese. In ihrer Ausdehnung und in ihren Formen ist sie nicht komplett zu erkennen. Die Künstlerin Esther Seidel stellte deshalb an eines der Enden dieser Steinskulptur einen verdutzt schauenden Steinmann. Er glotzt auf das Werk von Spoerri und es scheint, als ob er nicht wüsste, was er dazu sagen soll.

Von Seggiano aus führen verschiedene Landstraßen in das Tal Val d'Orcia. Ein Tal, das erst vor kurzem von der Weltkulturorganisation UNESCO zum Weltkulturgut ernannt wurde. Eine Gegend mit sanften Hügeln, auf denen große und zumeist verlassene Gehöfte liegen. In einigen sind Ferienwohnungen zu mieten. Der Turm »La Torre«, der der Bauernfamilie Nardi gehört, ist komplett zu mieten. Er verfügt über mehrere Stockwerke, die durch eine Holztreppe miteinander verbunden sind. Im Hauptraum befindet sich ein riesiger Kamin. Der Blick vom Hügel, auf dem sich dieser mittelalterliche Wachturm erhebt, ist vor allem bei Sonnenuntergang zauberhaft: In der Ferne sind die Konturen von Pienza zu entdecken – der Stein gewordene Traum eines Renaissancefürsten.

Enea Silvio Piccolomini wurde 1405 in Pienza geboren, das damals allerdings noch Corsignano hieß. Er war der Spross einer kunstsinnigen Adelssippe. In den weltlichen Dingen und mit dem mondänen Leben kannte er sich gut aus und so wunderte sich niemand, dass Enea Silvio, nachdem er 1458 zu Papst Pius II. ernannt worden war, auch weiterhin Gedichte schrieb und sich als Kunstsammler und Baumeister betätigte. Pienza kann vielleicht als sein Hauptwerk gelten. Er ließ den kleinen und auf einem lang gezogenen Hügel gelegenen Ort Corsignano zum Teil vollkommen neu errichten und leitete von seinem Papstnamen Pio den neuen Stadtnamen Pienza ab. In nur drei Jahr schuf sein Lieblingsarchitekt Bernardo Rossellino ein Renaissancejuwel. Eine Ministadt aus der Retorte, die zum Symbol einer neuen und aufgeklärten Zeit werden sollte: architektonische Rationalität gegen das düstere Mittelalter mit seinen engen und dunklen Gassen. Papst Pius II. verpflichtete sämtliche Adels- und Bürgerfamilien, ihre Häuser und Paläste sowie ihre Familienkapellen im Stil des Rossellino bauen zu lassen. Auch wenn sein städtebauliches Projekt nach seinem Tod 1464 nicht mehr weitergeführt wurde, so erhält der Besucher des heutigen Pienza doch einen atemberaubenden Eindruck von einer Ortschaft ganz im Stil der Renaissance.

Zentrum von Pienza ist die Piazza Pio II. Sie befindet sich am höchsten Punkt des Städtchens. In der Mitte steht ein Pozzo. Dieser Brunnen ist ein Werk von Bernardo Rossellino. Der Platz ist umstellt von eleganten Gebäuden. Neben dem Palazzo Vescovile und dem Palazzo Pubblico erhebt sich die Kathedrale. Rossellino errichtete sie an der Stelle einer romanischen Kapelle. Das Innere ist groß und weit und soll damit den lichten Charakter des neuen Denkens der Renaissance zum Ausdruck bringen. Beachtenswert sind der hochgotische Chor in der Zentralkapelle von 1462 sowie die Himmelfahrt Marias, Hauptwerk des Vecchietta (1412–1480). Das Taufbecken gilt als eines der Meisterwerke von Rossellino.

1 Die Benediktinerabtei S. Antimo – reine, gut erhaltene Romanik (12. Jh.). **2** Sonntagmorgen in der Piccolomini-Stadt Pienza – Kathedrale und Palazzo Piccolomini (1459–1463) an der Piazza Pio II. **3** Barockes Christophorusfresko in S. Antimo. **4** Die Schlichtheit ist prägend für die Romanik.

1 Echte und unechte Besucher des labyrinthischen Mauerwegs in Spoerris Garten der Kunst. **2** »Nicht öffnen bevor der Zug hält«: Kunst von Pavel Schmidt. **3** Ein Porchetta-Stand gehört auf jeden Dorfmarkt. **4** Fiera del Cacio in Pienza: ein Stelldichein lokaler Käseerzeuger. **5** Das Val d'Orcia wurde vor kurzem zum Weltkulturgut der UNESCO erhoben.

Direkt neben der Kathedrale hat sich Enea Silvio Piccolomini einen eigenen Palast bauen lassen. Er wirkt größer und stolzer als die Kirche und bringt damit das Selbstbewusstsein des intellektuellen Aristokraten zum Ausdruck, der sich vorallem als Individuum verstand und erst dann als Papst. Vom Innenhof aus geht es zu einer grandiosen Loggia und zu einem Garten, von dem aus man auf das Val d'Orcia blickt. Die Räume im ersten Stock sind ganz im Stil einer fürstlichen Residenz des 15. Jahrhunderts eingerichtet.

Gegenüber vom Palazzo Piccolomini steht die Canonica, in der heute das Museo della Cattedrale untergebracht ist – ein Besuch lohnt sich. Besonders schön sind die Prachtgewänder von Pius II. Sie verdeutlichen, zu welcher Prachtentfaltung sich Renaissancepäpste hinreißen ließen. Verlässt man das Museum, empfiehlt sich ein Spaziergang über den Corso Rossellino: Kleine Geschäfte und Boutiquen reihen sich dort aneinander und in verschiedenen Feinkostläden können Spezialitäten aus der Umgebung verkostet werden. Bei Sonnenuntergang sitzen viele der Bewohner Pienzas auf der schmalen Via del Castello. Sie führt von der Porta al Ciglio zur Piazza Rossellino, von der aus man atemberaubendende Blicke

170 Der Süden

genießen kann: auf die Apsis der Kathedrale, in das Tal Richtung Seggiano und auf den 1738 Meter hohen Monte Amiata.

Von Pienza über das Städtchen San Quirico d'Orcia mit der beeindruckenden romanischen Collegiata-Kirche führt eine romantische Landstraße zu einem der schönsten Plätze der Toskana, zur Abteikirche Sant'Antimo. Dieser Ort enthüllt nur demjenigen seinen ganzen Zauber, der frühmorgens oder am späten Nachmittag anreist, wenn die vielen Reisebusse verschwunden sind. Der Legende nach gründete Karl der Große 781 dieses Kloster, das lange Zeit eine Benediktinerabtei war. Die Kirche wurde im 12. Jahrhundert im Stil der Romanik und der französischen Zisterzienser errichtet. In den neunziger Jahren des letzten Jahrhunderts wurde ein Teil der Klosterruine restauriert. Mächtige Säulen tragen im Inneren die Decke des dreischiffigen Raums. Besondere Beachtung verdienen die Kapitele der Säulen: Sie zeigen romanische Darstellungen von großer Ausdruckskraft. In der Regel wird der immense Raum der Kirche mit sanfter Musik aus dem Mittelalter beschallt. Nur dezent mit elektrischem Licht ausgeleuchtet, das sich mit dem Kerzenschimmer vermischt, vermittelt dieses Gotteshaus eine ganz eigene Atmosphäre, der man sich nur schwer entziehen kann. Vor allem in der Abenddämmerung, wenn Nebelschwaden Sant'Antimo einhüllen und das Gotteshaus wie eine Fata Morgana erscheinen lassen.

Val d'Orcia – drei Visionen

Wichtigste Sehenswürdigkeiten
Seggiano (Skulpturengarten von Daniel Spoerri), Pienza (Piazza Pio II., Cattedrale, Palazzo Piccolomini, Museo della Cattedrale), Sant' Antimo (Abteikirche).

Geschichte
Seit der Antike sind die Felder bei Pienza landwirtschaftliches Anbaugebiet. So entstand eine traditionsreiche Kulturlandschaft, die heute zahlreiche Besucher anlockt.

Essen und Trinken
La Buca della Fate, Corso Rosselino 38 a, Tel. 05 78-74 82 72; einfache, auch von Einheimischen frequentierte Trattoria mit Hausmannskost und toskanischen Weinen.
Latte di Luna, Via San Carlo 2/4, Tel. 05 78-74 86 06; rustikale Traditionsküche. Empfehlenswert sind vor allem die Vorspeisen und die Primi Piatti, die ersten Gänge.

La Porta, Loc. Montichiello, Via del Piano 3, Tel. 05 78-75 51 63; fantastische Nudel- und Aufschnittgerichte, Panoramaterrasse mit Blick ins Val d'Orcia.

Übernachten
****Il Chiostro di Pienza,* Corso Rossellino 26, 37 Zimmer, Tel. 05 78-74 84 00, Fax 05 78-74 84 40,
E-Mail: ilchiostrodipienza@virgilio.it. Im Herzen von Pienza in einem Palazzo aus dem 15. Jahrhundert untergebracht.
*****L'Olmo,* Montichiello, Podere Ommio 27, 6 Suiten, Tel. 05 78-75 51 33, Fax 05 78-75 51 24,
E-Mail: info@olmopienza.it. Residenz aus dem 17. Jahrhundert mit allem Komfort und Pool.
*****Relais La Saracina,* Strada Statale 146, bei km 29,7, 5 Zimmer, Tel. 05 78-74 80 22, Fax 05 78-74 80 18,
E-Mail: info@lasaracina.it. Rustikales aber elegantes Wohnen, mit allen Bequemlichkeiten und Schwimmbad im Garten.
***La Torre,* Loc. Va Vittoria, Tel. 05 78-75 50 37. Traumhaft gelegener mittelalterlicher Wachturm, den man komplett mieten kann.
Il Giardino di Daniel Spoerri, 3 Ferienwohnungen im Skulpturengarten, Tel. 0049-221-211745. www.danielspoerri.org
E-Mail: b.raederscheidt@web.de

Einkaufen
Da Marusco e Maria, Corso Rossellino 21, Tel. 06 78-74 82 22; das Wurstparadies schlechthin.
Enoteca Cornucopia, Piazza Martiri della Libertà 2, Tel. 06 78-74 81 50; repräsentative Auswahl lokaler Weine, auch Käse, Wurst und Marmeladen.

Informationen
Corso Rossellino 59, Tel. 05 78-74 90 71,
E-Mail: infopienza@quipo.it

Weingiganten
Montalcino und Montepulciano ringen um die besten Weine

Mitten im toskanischen Wein- im Feinschmeckerparadies: Wo gibt es sonst noch auf so kleinem Raum so viele kulinarische Spitzenadressen?

Der Ort ist nicht leicht zu finden. Am besten lässt man sich auf einer guten Straßenkarte von einem Einheimischen erklären, wie man zur Località »Poggio Antico« gelangt. Von Montalcino kommend weist ein nicht gerade großes Hinweisschild auf »Poggio Antico« hin. Die Schotterstraße wird zu einer Zypressenallee, die sich in sanften Kurven leicht bergab windet. Die Landschaft kann nicht schöner sein. Sie öffnet sich zu einem Tal, das auf den ersten Blick ganz mit Weinreben bewachsen zu sein scheint. Dann taucht ein niedriges Gebäude aus Naturstein auf mit einem Parkplatz davor. Das Gebäude hat nur eine Eingangstür. Dass sich dahinter eines der besten Lokale der Toskana verbirgt, würde man nicht vermuten. In der Regel empfängt Patrizia Minetti ihre Gäste höchstpersönlich. Ihr Mann Roberto steht am Herd und zaubert neu erdachte und traditionelle Leckereien auf die feinen Porzellanteller. Wie zum Beispiel ein göttliches Tintenfischgericht mit einer Soße aus Tomaten und dem kräftigen Rotwein Brunello di Montalcino, die Quiche aus Radicchio mit dem würzigen Taleggiokäse oder den herzhaften Fischeintopf mit frischer Minze. Ganz zu schweigen von den Desserts! Um die Weinliste kümmert sich Patrizia, die Sommeliere ist, was auch erklärt, dass der Weinkeller des Restaurants »Poggio Antico« ein Gedicht ist. Bei gutem Wetter sollte man unbedingt einen Tisch auf der Terrasse reservieren. Oder aber drinnen, bei den großen Panoramafenstern, die den Blick auf die Weinfelder freigeben. Ein kulinarisches Erlebnis und Weine der Extraklasse erwarten den Gast.

Montalcino ist ein Dorado für Feinschmecker. In der Località Pieve di San Sigismondo findet sich ein weiterer Gastrotempel. In der »Osteria del Vecchio Castello« wechselt das Menü monatlich und die Weinliste beinhaltet alle toskanischen Tropfen. Nur einen Katzensprung entfernt kocht in der »Taverna Banfi« Guido Haverkock, ein Schüler des in Rom tätigen Starkochs Heinz Beck. Nur wenige Tische, viel Eleganz und fantasiereiche Gerichte werden geboten. In allen drei Restaurants sollte man frühzeitig reservieren.

1 Beim »Bravio delle Botti« werden seit dem Mittelalter Weinfässer geehrt. **2** Erst das richtige Etikett gibt der Flasche den letzten Schliff. **3** Kellermeister Adamo Pallecchi prüft edle Tropfen in der Cantina Contucci. **4** Die Weinhochburg Montepulciano thront über den Weinbergen.

Bei dem Namen Montalcino denkt jeder Weintrinker gleich an den Brunello di Montalcino, einen der berühmtesten und besten Weine Italiens. Auf den Hängen und in den Talsenken der Umgebung wird dieser kostbare Tropfen angebaut und in zahllosen Weinhandlungen angeboten. Der Besucher hat die Qual der Wahl und wenn er die Rocca aufsucht, jene mächtige Burg, die die Herren von Siena im 14. Jahrhundert errichten ließen, wird ihm der Kopf schwirren. In den mittelalterlichen Sälen befindet sich eine große Enoteca. Hier gibt es sämtliche Brunello-Weine von Montalcino zu verkosten. Montalcino ist eine kleine Ortschaft, durch die sich ein Spaziergang lohnt. Der Palazzo Comunale stammt aus dem 14. Jahrhundert. Die Mediciherrscher ließen das Gebäude später ausbauen. Hinter diesem Palazzo erhebt sich an der Piazza Garibaldi S. Egidio. In dieser romanisch-gotischen Kirche werden seit eh und je die Fahnen sämtlicher Contrade, das heißt aller Stadtteile, von Siena aufbewahrt. Eine Erinnerung an jene ferne Epoche, als dieser Teil der

1 Blick vom Rathausturm auf die Piazza Grande in Montepulciano.
2 Sieger des »Bravio delle Botti« wird, wer das Fass am schnellsten rollt.
3 Auf der Piazza Grande findet im Sommer hier eines der bekanntesten Theaterfestivals statt. **4** Auch die Jüngsten nehmen schon am »Bravio« teil.
5 Taddeo di Bartolo (1362–1422) schuf das Triptychon in der Kathedrale.

Toskana der Stadt Siena unterstand, der großen Widersacherin von Florenz. In der Kirche Sant'Agostino sind viele der Wände mit spätmittelalterlichen Fresken ausgemalt worden. Im Museo Civico e Diocesano sind schöne Madonnendarstellungen zu besichtigen, gemalt von verschiedenen Meistern aus der Region. Sie entstanden zwischen dem 14. und 16. Jahrhundert.

Nicht weit entfernt an der Piazza del Popolo locken in der Pasticceria Gelateria Mariuccia die verführerischen Kalorienbomben von Angela Maccioni. Angela backt die berühmten Rustici, ihre eigene Erfindung. Das sind harte Plätzchen aus Eiern, Mehl, Zucker und Mandeln sowie Zitrone, die in süßen Wein, den lokalen Vin Santo, getunkt werden. Einige Straßen weiter verkauft Roberto Batignani seinen selbst produzierten Honig. Zähfließende Leckereien: Sonnenblumen-, Akazien- und Kastanienhonig.

Montalcino wird, geht es um Wein, immer mit Montepulciano in einem Atemzug genannt. Die beiden Ortschaften sind über eine Straße miteinander verbunden, an der auch San Quirico d'Orcia und Pienza liegen. In Montepulciano wird ein anderer Kultwein gekeltert, der Vino Nobile di Montepulciano. Auch hierher pilgern Weinliebhaber aus aller Welt. Wie in Montalcino finden sich auch in Montepulciano berühmte und noch zu entdeckende Weingüter.

Montepulciano betritt der Besucher in der Regel durch die Porta al Prato. Hat man sie durchschritten, beginnt der Aufstieg. Die Hauptstraße zieht sich wie ein Bandwurm langsam, aber kontinuierlich den Hügel hinauf, auf dem das Städtchen errichtet wurde. Eine überaus schöne Ortschaft, in die sich in den siebziger Jahren des 20. Jahrhunderts auch der deutsche Komponist und Wahlitaliener Hans Werner Henze verliebte. Er rief das jeden Sommer stattfindende Festival für Musik und Theater »Cantiere internazionale d'arte« ins Leben. Für viele Besucher sorgt auch der »Bravio delle Botti«. Das ist ein Wettrennen, das immer am 29. August veranstaltet wird: Weinfässer müssen zum Hauptplatz hinaufgerollt werden. Ein uralter Wettkampf, der bis in das Jahr 1000 zurückreicht, als in Montepulciano bereits Wein angebaut wurde.

Der Aufstieg zur Piazza Grande, dem »Gipfel« des Hügels von Montepulciano, beginnt in der Via di Gracciano nel Corso. Rechter und linker Hand erheben sich mächtige Palazzi der Renaissance. Einer der berühmtesten Baumeister dieser Kunstepoche, Giacomo Barozzi da Vignola, baute im 16. Jahrhundert die Loggia del Grano, in der in früheren Jahrhunderten landwirtschaftliche Erzeugnisse verkauft wurden. Sant'Agostino verbindet den spätgotischen mit dem Renaissancestil. Im Inneren der Kirche befindet sich ein Holzkreuz,

1 Das Castello von Montalcino. **2** In der »Fiaschetteria Italiana« können die besten Weine der Toskana probiert werden. **3** Montalcinos Zentrum ist klein und überschaubar. **4** Wunderbar! »Il Poggio Antico«. **5** Wein der Tenuta Le Potazzine.

das im 15. Jahrhundert von Donatello bemalt worden sein soll. Andere religiöse Kunstwerke stammen von weiteren Künstlerstars der Renaissance, von Pomarancio und Antonio Pollaiolo.
Der Corso nimmt nach einigen hundert Metern den Namen Via di Voltaia nel Corso an. Auch hier wieder Palazzi und Kirchen, die beweisen, dass in Montepulciano im 15. und 16. Jahrhundert eine reiche Bürger- und Adelsschicht lebte, die prächtige Gebäude errichtete. Am Haus Nummer 27 sollte man eine Pause einlegen. Das »Antico Caffè Poliziano« ist ein richtiges Kaffeehaus, wie es in Mittelitalien nur selten zu finden ist. Bei schlechtem Wetter sitzt man gemütlich vor großen Fenstern, schaut den vorbeiziehenden Wolken zu und genießt die heiße Schokolade.
Die Piazza Grande wird im Sommer für verschiedene Spettacoli genutzt. Besonders schön sind Freiluftkonzerte am frühen Abend. Der Palazzo Comunale ist ein Werk des 14. Jahrhunderts. Zum Palast gehört ein Turm, von dem die Aussicht in das Val d'Orcia und das Val di Chiana so herrlich ist, dass der Aufstieg auch im Hochsommer lohnt. Der Dom ist von Ippolito Scalza in der Spätrenaissance errichtet worden. Seine unfertige Fassade stößt zunächst ab, aber in seinem Inneren findet der kunstsinnige Besucher, wie so oft in der Toskana, viele Meisterwerke, darunter eine beeindruckende Himmelfahrt von Taddeo di Bartolo, ein Dreiflügelaltar aus dem Jahr 1401. Was nicht im Dom zu besichtigen ist, haben die Stadtväter im Museo Civico untergebracht, wo die Kunst weitaus sicherer vor Dieben ist als in der frei zugänglichen Kirche. Es wäre unsinnig, die vielen Meisterwerke dieses kleinen, aber sehr feinen Museums aufzuzählen. Sinnvoller ist es sicherlich, durch die Säle zu bummeln und die Gesichter von Heiligen und Bürgern, die Künstler der Renaissance auf Verputz, Holz und Leinwand malten, auf sich wirken zu lassen.
In der Via del Poggiolo lohnt ein Blick auf San Biagio, eines der elegantesten Bauwerke der Toskana. Antonio da Sangallo il Vecchio entwarf die Kirche in der ersten Hälfte des 16. Jahrhunderts. Sie hat einen geometrischen Grundriss und ist in ihrer architektonischen Klarheit und Form so perfekt, dass man sich gar nicht satt sehen kann. Ihr Inneres ist bewusst kahl und schlicht gehalten, was die erhabene Architektur hervortreten lässt. Erschöpft von so viel

Schönheit sollte man sich auf die Stühle des »La Grotta« fallen und sich dort verwöhnen lassen. In dem rustikalen Restaurant direkt bei San Biagio werden kräftige Nudel- und Fleischspeisen serviert. Dazu reicht man die besten Tropfen, die direkt vor der Haustür angebaut werden.

Montalcino und Montepulciano – Weingiganten

Wichtigste Sehenswürdigkeiten
Montepulciano: Via di Gracciano nel Corso (zahllose Palazzi), Fassade von S. Agostino, Piazza Grande und der Dom.
Montalcino: Palazzo Comunale mit schöner Fassade.

Geschichte
Landwirtschaftliches Gebiet seit der Antike. Bereits im Mittelalter wird Wein angebaut und seit Ende des 19. Jahrhunderts im großen Stil gekeltert. Heute leben die meisten Menschen vom Wein.

Essen und Trinken
Montalcino:
Enoteca la Fortezza di Montalcino, Piazzale Fortezza, Tel. 05 77-84 92 11; alle lokalen Weine.
Enoteca Franci, Piazzale Fortezza 5, Tel. 05 77-84 81 91; lokale Spitzenweine.
Poggio Antico, Poggio Antico, Tel. 05 77-84 92 00; traumhaftes Restaurant mit kreativer und traditioneller Küche.

Osteria del Vecchio Castello, Pieve di San Sigismondo, Tel. 05 77-81 60 26; Traditionsgerichte in elegantem Ambiente.
Taverna Banfi, Poggio alle Mura, Tel. 05 77-81 60 54; kleines, elegantes Restaurant, das eine Mischung aus kreativer und traditioneller Küche bietet.
Montepulciano:
Antico Caffè Poliziano, Via Voltaia nel Corso 27; ältestes und gemütlichstes Café von Montepulciano.
La Grotta, Loc. San Biagio, Tel. 05 78-75 74 79; rustikales Restaurant wo lokale Gerichte serviert werden.

Übernachten
****Diodora,* Loc. Vicinale di Poggiano, 6 Zimmer, Tel. 05 78-71 74 96, Fax 05 78-71 74 98, E-Mail: dionora@bcc.mp.com. Landresidenz mit allem Komfort.

Einkaufen
Montalcino:
Pasticceria Gelateria Mariuccia, Piazza del Popolo 29, Tel. 05 77-84 93 19; unbedingt probieren: die Rustici zum Vin Santo.
Apicoltura Roberto Batignani, Via delle Caserme 5, Tel. 05 77-84 84 44; Honigspezialitäten.
Montepulciano:
Frantoio di Montepulciano, Via Martiena 2–4, Tel. 05 78-71 63 05; das Olivenöl ist wegen seines intensiven Geschmacks berühmt.
Macelleria Augusto Binarelli, Via Voltaia nel Corso 17, Tel. 05 78-75 70 25; lokale Würste.

Information
Montalcino: Costa del Municipio 1, Tel. 05 77-84 93 31, E-Mail: info@prolocomontalcino.it

Weinberg zwischen Pittgliano und Sorano.

Im Reich des Brunello und des Vino Nobile

Weinparadies Südtoskana

Der *Brunello di Montalcino* ist vielleicht der einzige Wein Italiens, der einen Vater hat. Es war Ferruccio Biondi Santi, der nach den Jahren der italienischen Staatseinigung in der zweiten Hälfte des 19. Jahrhunderts auf seine Landgüter in der südlichen Toskana zurückkehrte und sich dafür entschied, die dort wachsenden Weinreben zu erneuern. Dabei setzte er alles auf eine Karte und

die hieß *Sangiovese Grosso,* eine Rebsorte, die wesentlich parasitenresistenter ist als andere. Der Wein, den Ferruccio kelterte, erwies sich als überaus kräftig. Nach einigen Jahren Lagerung in Eichenfässern wurde er immer besser. 1888 kam der erste Brunello di Montalcino auf den Markt und wurde gleich ein großer Erfolg. Auch wenn andere Winzer es Biondi Santi gleichtaten und ebenfalls Sangiovese Grosso anbauten, ging der Verkauf dieses Spitzenprodukts zuerst nur schleppend voran. Noch im Jahr 1970 wurden lediglich 380 000 Flaschen abgefüllt. Heute sind es fünf Millionen. Dieser enorme Sprung muss mit der Erschließung des britischen und amerikanischen Marktes erklärt werden. Seither bauen auch die meisten anderen Winzer von Montalcino ausschließlich Sangiovese Grosso an.

Der Brunello wird auf dem Gebiet der Kommune Montalcino angebaut. Er ist tiefrot und verfügt über ein reiches Aroma, bei dem sich Vanille und Veilchen durchsetzen. Sein Geschmack ist trocken und leicht tanninisch und er hat einen Alkoholgehalt von rund 12,5 Prozent. Nach fünf Jahren Lagerung darf er sich Riserva nennen und gehört sicherlich, stammt er aus guten Jahrgängen wie 1995, 1990 oder 1988, zu den besten Weinen Italiens. Aufmerksamkeit verdient aber auch der *Moscardello di Montalcino*. Er ist eigentlich der älteste Wein, der in Montalcino angebaut wird. Er besteht zu 85 bis 100 Prozent aus Moscato Bianco, ist strohgelb und schmeckt frisch mit einem leicht fruchtigen Aroma.

1 Welchen soll man denn nun zuerst probieren? **2** Was idyllisch aussieht ist echte Knochenarbeit – die Weinlese. **3** Auf Strohmatten trocknet man die Trauben, aus denen in der Cantina Contucci Dessertweine gekeltert werden. **4** Kolossale Fässer im Keller der Cantina Contucci.

Der große Konkurrent des Brunello ist der *Vino Nobile di Montepulciano*. Er ist ein uralter Wein. Schon Papst Paul III. soll ihn in der ersten Hälfte des 16. Jahrhunderts genossen und allen anderen italienischen Tropfen vorgezogen haben. Der französische Philosoph Voltaire (1694–1778) erwähnt ihn in seinem Werk »Candide« und der amerikanische Politiker und Präsident Thomas Jefferson (1743–1826) bestellte ihn sich in die damals noch jungen Vereinigten Staaten von Amerika. Es gibt sogar Dokumente, die den Anbau des Weins bis in das 11. Jahrhundert zurückdatieren. Der Vino Nobile ist ein Produkt aus mindestens 70 Prozent Sangiovese- und rund 20 Prozent Canaiolo-Nero- oder anderen Trauben. Er ist granatrot und wird mit dem Alter immer besser. Sein feines Fruchtaroma wird von einer Rosinen- und Himbeernote be-

stimmt. Er schmeckt etwas trocken und leicht nach Tannin. Wie auch der Brunello hat er einen Alkoholgehalt von mindestens 12,5 Prozent. Für die lange Weintradition des Vino Nobile legen auch die *Cantine Redi* ein Zeugnis ab. Der Weinkeller ist vielleicht einer der eindrucksvollsten ganz Italiens. Von der Via di Colazzi Nummer 5 aus ist dieser an eine Kathedrale erinnernde Bau aus dem 15. Jahrhundert zu erreichen, in dem uralte und riesige Fässer lagern. Eine lange Tradition kann der Weinanbau in der Maremma allerdings nicht vorweisen. Auch wenn Wein schon vor Jahrhunderten angebaut wurde, kann von einer größeren, industriellen Produktion erst seit einigen Jahrzehnten die Rede sein. Der vielleicht bekannteste Wein der südlichen Maremma ist der *Morellino di Scansano*. Er stammt aus dem Gebiet um Scansano, Grosseto und Magliano in Toscana und besteht zu 85 bis 100 Prozent aus Sangiovesetrauben. Seine Farbe ist rubinrot, sein Duft sehr intensiv und erinnert leicht an Sauerkirschen. Der Geschmack ist trocken, streng und leicht tanninisch. Der Morellino hat einen Alkoholgehalt von mindestens elf Prozent.

Immer bekannter auch bei nichtitalienischen Weintrinkern wird seit einigen Jahren der *Bianco di Pitigliano*. Dieser Weißwein aus Trebbiano Toscano (50–80 Prozent) und Greco oder Malvasia Bianco oder Verdello Massimo (20 Prozent) ist strohgelb, verfügt über ein trockenes Aroma, schmeckt frisch und hat einen angenehm harmonischen Nachgeschmack, der an Bittermandeln erinnert. Der *Sovana* hingegen, der auch in Pitigliano und in einigen Nachbarortschaft von Pitigliano angebaut wird, ist ein Rotwein aus Sangiovese- und anderen Trauben.

Aus dem Gebiet zwischen Grosseto und dem Monte Amiata stammt der *Montecucco* – ein junger Wein, der rot und weiß ausgebaut wird. Mit einem Alkoholgehalt von rund 11,5 Prozent schmeckt er frisch und delikat und tritt inzwischen auch aus dem Schatten seiner berühmten Nachbarn heraus.

Weinparadies Südtoskana

Hinter jeder Weggabelung liegen traumhafte Gehöfte, Weingüter und Burgen mit verführerischen Hotels. Keine andere Gegend der Toskana bietet so viele ausgezeichnete Weine!

Montalcino:
Weingüter Brunello di Montalcino:
1 *Tenuta Il Greppo Biondi Santi,* Tenuta Il Greppo, Tel. 05 77-84 80 87; eines der angesehensten Weingüter Italiens. Hier entstand im 19. Jahrhundert der Brunello di Montalcino
2 *Villa Banfi,* Loc. Sant' Angelo Scalo, Tel. 05 77-84 01 11; Zentrum ist das mittelalterliche Castello, wo man Hausweine in einer Trattoria und einem Spitzenrestaurant verkosten kann.
3 *Fattoria dei Barbi,* Loc. Podernovi, Tel. 05 77-848 27 7; Traditionsweingut mit einem berühmten Brunello.
4 *Poggio Antico,* Loc. Poggio Antico, Tel. 05 77-84 80 44; Weingut mit Spitzenrestaurant.

Montepulciano:
Weingüter Vino Nobile di Montepulciano:
5 *Azienda Agricola Poliziano,* Via Fontago, Tel. 05 78-73 81 71; der international wohl bekannteste Nobile di Montepulciano.
6 *Dei,* Via di Martiena 35, Tel. 05 78-71 68 78; Caterina Dei produziert einen kräftigen Nobile. Besonders interessant: der seltene Santa Caterina IGT.
7 *Fattoria del Cerro,* Via Grazianella 5, Tel. 05 78-76 74 91; der Vino Nobile Vigneto Antica Chiusina ist hier der Beste.
8 *Tenuta Valdipiatta,* Via della Ciarliana 25 a, Tel. 05 78-75 79 30; Weinproben in einer pittoresken Grotte.

Weingüter Morellino di Scansano:
9 *Podere Aia della Macina,* Loc. Fosso Lombardo 87, Tel. 05 77-94 06 00; der Bianco di Uve Vermentino ist ein frischer Weißwein für heiße Sommertage.
10 *Castello di Montepò,* Loc. Montepò, Tel. 05 64-58 02 31; auf der mittelalterlichen Burg der Familie Biondi Santi wird der Schiodone gekeltert.
11 *Azienda Agricola Il Macereto,* Loc. Macereto, Tel. 05 64-59 72 19; den Morellino DOC im Restaurant kosten.
12 *Cantina Cooperativa Morellino,* Loc. Saragiolo, Tel. 05 64-50 72 88; hier werden die Reben der Bauern aus der Umgebung gekeltert. Geschmacklich hervorragend.

Weingüter Bianco di Pitigliano/Sovana:
13 *Cantina Cooperativa di Pitigliano,* Loc. Vignagrande, Tel. 05 64-61 61 33; der Wein der Bauern von Pitigliano.

14 *Podere La Ripa,* loc. Podere Sopra la Ripa, Tel. 05 64-61 68 85.
15 *Sassotondo,* loc. Pian di Conati 52, Tel. 05 64-61 42 18; ausgezeichneter Sovana DOC Franze.

Weingut Montecucco
16 *Azienda Agricola Perazzeta,* Via dell'Aia 14, Tel. 05 64-95 40 65; kräftige Landweine.

Historische Hotels

Stilvoll übernachten auf Bauernhöfen, Burgen und in Schlössern

Der Norden

Villa La Massa
Candeli (Florenz), 37 Zimmer, Tel. 055-6 26 11, Fax 055-63 31 02, E-Mail: info@villalamassa.com
Verlangen Sie eines der Zimmer mit Aussicht auf den Arno. Der Blick auf die grüne Landschaft mit den sanften Hügeln ist fantastisch. Das Fünf-Sterne-Haus stammt aus dem 17. Jahrhundert. Auch wenn es modern restauriert wurde, haben die Salons und geräumigen Zimmer dank alter Möbel und Gemälde immer noch den Charme alter Florentiner Landresidenzen in der Umgebung der Stadt. Der Pool im Garten liegt so herrlich, dass es einem schwer fällt, ins quirlige Florenz zu fahren. Zum Haus gehört ein riesiger Park, der den Gästen offensteht.

Villa San Michele
Fiesole (Florenz), 40 Zimmer, Tel. 055-5 67 82 00, Fax 055-5 67 82 50, E-Mail: reservations@villasanmichele.net
Toskanische Mönche lebten wie im Himmelreich. Das ehemalige Franziskanerkloster strahlt so gar nichts von dem Gebot der Armut aus. Die Mönche hatten viel Geschmack und so ließen sie ihr Kloster im 15. Jahrhundert prächtig und in wunderbarer Lage errichten. Heute werden in den historischen Mauern gut betuchte Gäste mit purem Luxus verwöhnt. Auch wenn die nahe Straße manchmal stört: Es gibt nur wenige Hotels, in denen die denkmalpflegerisch perfekt restaurierte Architektur und die Natur des Parks, die Eleganz der Möbel und die Aufmerksamkeit des Personals eine so gelungene Symbiose eingehen.

B&B Florenz
Florenz, Piazza Signoria, Via dei Magazzini 2/4, 8 Zimmer, Tel./Fax 055-2 39 95 46, E-Mail: info@inpiazzadellasignoria.it
Direkt an der Florentiner Piazza della Signoria zu wohnen, ist ein Traum, der nur wenigen vergönnt ist, zumal an dieser Piazza kein Hotel gibt. Der Blick aus einigen Fenstern dieses Bed & Breakfast gleicht den Postkartenansichten. Es gibt Gäste, die verbringen Abende mit einem Glas Wein in der Hand an den Fenstern und schauen dem Treiben auf der Piazza zu. Die Zimmer dieses Hauses sind geschmackvoll und komfortabel. Die Zimmer »La Michelangelo« und »Giotto« sind mit barocken Fresken ausgemalt. Florenz pur! Wie in einem romantischen Film.

Castello di Vincigliata
Florenz, Via di Vincigliata 13, 8 Zimmer, Tel. 055-59 95 65/ 59 97 49, Fax 055-59 91 66, E-Mail: vincigliata@fol.it
Errichtet im 12. Jahrhundert und in den achtziger Jahren des 20. Jahrhunderts ausgebaut von dem in romantische Ritterburgen verliebten englischen Lord John Templer Leader präsentiert sich dieses Castello wie eine Filmkulisse. Komfortable Gästezimmer, die allesamt unterschiedlich entweder mit alten oder auch neuen Möbeln eingerichtet sind. Beeindruckend sind die mehrterrassigen Gartenanlagen mit altem Baumbestand. Castello und Garten sind von einer hohen Mauer umgeben.

Hotel Helvetia & Bristol
Florenz, Via dei Pescioni 2, 45 Zimmer, Tel. 055-2 66 51, Fax 055-28 83 53, E-Mail: reservation.hbf@royaldemeure.com
Herrschaftliche Residenz aus dem 19. Jahrhundert. Diese mitten in Florenz gelegene Luxusherberge bietet noch den ganzen Charme jener Unterkünfte, die in früheren Zeiten von Literaten und Adligen frequentiert wurden. Gemälde der Florentiner Schule des 17. Jahrhunderts und alte Möbel runden das Ambiente ab. Die Zimmer verfügen über jeden Komfort und lassen den Lärm von draußen nicht herein. Eine ideale Absteige für diejenigen, die den Glanz und den Luxus vergangener Zeiten suchen.

Loggiato dei Serviti
Florenz, Piazza SS. Annunziata 3, 38 Zimmer, Tel. 055-28 95 92, Fax 055-28 95 95, E-Mail: info@loggiatodeiservihotel.it
Einfaches, aber sehr zentral gelegenes Hotel, das in einem der schönsten Renaissancegebäude von Florenz untergebracht ist. Die Zimmer sind bequem eingerichtet. Von Luxus keine Spur. Die Loggia des Hotels stammt von genialen Renaissancebaumeister Brunelleschi. Im Inneren des großen Gebäudes hat das Hotel seinen alten Charme bewahrt.

Palazzo Beacci Tornabuoni
Florenz, Via Tornabuoni 1, 28 Zimmer, Tel. 055-21 26 45, Fax 055-28 35 94, E-Mail: info@bthotel.it
Das Hotel nimmt zwei Stockwerke der Renaissancepaläste Minerbetti und Giaconi-Strozzi Del Poeta ein und liegt mitten in der Altstadt von Florenz. Einige der Zimmer sind ganz mit barocken Fresken ausgemalt. Das Ambiente ist elegant und ein Blick ins »goldene Buch« des Hauses zeigt, dass illustre Gäste hier übernachteten, darunter Barbara Bush und Lord Spencer, der Bruder von Lady Diana. Auf einer Dachterrasse wird das Frühstück serviert: Schöner kann man im Herzen von Florenz einen Ferientag nicht beginnen. Alle Gästezimmer sind unterschiedlich groß, denn die Besitzerfamilie Beacci durfte die Architektur und Raumeinteilung ihres Palazzos nicht verändern.

Palazzo Magnani Feroni
Florenz, Borgo San Frediano 5, 12 Suiten, Tel. 055-2 39 95 44, Fax 055-2 60 89 08, E-Mail: info@florencepalace.it
Barockes Ambiente in Reinkultur! So lebten Adlige im 17. Jahrhundert in der Arno-Stadt. Die Zimmer sind um einen Innenhof herum gruppiert und mit vielen alten Möbeln und Kunstwerken eingerichtet worden. Die Panoramaterrasse des Minihotels bietet einen kompletten Rundumblick über die Dächer und Kuppeln von Florenz. Traumhaft! Wer sich nach dem Bummeln entspannen will, kann das im hauseigenen Saunaraum machen.

Relais Villa l'Olmo
Impruneta, Via Imprunetana 19, 10 Suiten, Tel. 055-2 31 13 11, Fax 055-2 31 13 13, E-Mail: florence.chianti@dada.it
Ferien auf dem Land ganz besonders fein und elegant. Dieser große Bauernhof aus dem 18. Jahrhundert ist vollkommen restauriert worden und präsentiert sich heute wie eine Postkartenherberge. Toskanaidylle pur. Die Suiten sind kleine Apparte-

ments, von denen einige über eigene Minischwimmbäder verfügen. Der große Pool im Park wird von allen Gästen genutzt.

Torre di Bellosguardo
Florenz, Via Roti Michelozzi 2, 16 Zimmer, Tel. 055-2 29 81 45/
22 95 29, Fax 055-22 90 08, E-Mail: info@torrebellosguardo.com
Es heißt, dass Italiens Dichterfürst Dante Alighieri nach einem Besuch in dieser Landresidenz mit mittelalterlichem Wehrturm gesagt haben soll, dass er hier immer leben wolle. Auch wenn es sich um eine Legende handelt, wird jeder der Gäste ähnlich empfinden. Das Haus gehörte den Medici, dann den Michelozzi und anschließend der Baronin Marianna Hornstein, die ihre Residenz in ein kleines Luxushotel mit Park und Pool umbaute. Die jetzigen Besitzer, die Familie Amerigo Franchetti, bieten familiäres Ambiente und eleganten Luxus mit schönen alten Möbeln. Die richtige Herberge zum stilgerechten Ausspannen nicht weit vom Zentrum von Florenz entfernt.

Villa la Vedetta
Florenz, Viale Michelangelo 78, 25 Zimmer, Tel. 055-23 85 31, Fax 055-2 30 24 85, info@villalavedettahotel.com
Neues Fünf-Sterne-Haus mit Traumblick auf die Altstadt von Florenz. Diese neoklassizistische Villa verfügt über luxuriöse Zimmer mit eleganten und stilvollen Möbeln und mit allem Komfort. Gefrühstückt wird auf einer Panoramaterrasse. Im gepflegten Park, auch von dort Blick auf Florenz, befindet sich ein großer Pool zum Ausruhen. Neben dem Pool lockt auch ein Jacuzzi für maximal 20 Personen. Die gesamte Inneneinrichtung, das gilt auch für das schicke Hotelrestaurant, ist ein gelungener Mix aus klassischem und zeitgenössischem Design.

Hotel Villa San Michele
Loc. Massa Pisana, Via della Chiesa 462, 6 Suiten, 16 Zimmer,
Tel. 05 83-37 02 76, Fax 05 83-37 02 77,
E-Mail: hltvillasanmichele@tin.it
Errichtet im 12. Jahrhundert und umgebaut im späten 18. Jahrhundert präsentiert sich diese Villa wie ein elegantes Landhotel. Es fehlen eigentlich nur noch einige Pferde zum Ausreiten. Das Gebäude ist von einer Mauer aus dem 14. Jahrhundert umgeben. Die Gästezimmer sind geräumig und elegant eingerichtet. Die Atmosphäre ist sehr ruhig und familiär. Organisiert werden Ausflüge zu Landwirtschaftsbetrieben und Weingütern in der Umgebung.

Locanda l'Elisa
Massa Pisana (Lucca), Via nuova per Pisa 1952, 10 Zimmer, Tel. 05 83-37 97 37, Fax 05 83-37 90 19, E-Mail: info@locandaelisa.it
Der Erbauer dieser Villa aus dem frühen 19. Jahrhundert war ein hoher französischer Beamter aus der napoleonischen Verwaltung, der zusammen mit Elisa Baciocchi, der neuen Herzogin von Lucca, nach Massa Pisana kam. Dem Einrichtungsgeschmack dieses eleganten Herrn blieb das Hotel bis heute treu. Der Eindruck des Hauses ist der einer bürgerlichen Landvilla. Im Garten gibt es einen großen Garten und einen Pool. Die wenigen Zimmer sind komfortabel und elegant eingerichtet.

Castello di Bibbione
Montefiridolfi di San Casciano in Val di Pesa, Via Collina 66,
14 Appartements, Tel. 055-8 24 92 31, Fax 055-8 24 92 31,
E-Mail: info@castellodibibbione.com
Der wohl berühmteste politische Denker der italienischen Renaissance, Niccolo Macchiavelli, kaufte 1511 diese Burganlage, um daraus seine Jagdresidenz zu machen. Noch heute wohnt einer der Nachfahren dieses bekannten Mannes in dem Castello. Dessen Frau, die Gräfin Antonella Rangoni Macchiavelli, betreut die sorgfältige Restaurierung der Anlage. Alle Ferienwohnungen verfügen über einen eigenen Kamin und bieten geschmackvolles Ambiente. Die Betten sind aus Eisen und einige kostbare Antiquitäten geben den Räumen einen eigenen Touch. Den Gästen stehen Mountainbikes und ein Pool im Park zur Verfügung.

Castello di Fezzana
Montespertoli, Via Mezzana 69/71, 6 Appartements,
Tel. 05 71-6 93 91, Fax 05 71-6 93 92, E-Mail: fezzana@fezzana.it
Zunächst war das Castello Sommerresidenz einer adeligen Familie, dann ein Kloster und heute dient es als Ferienhaus. Die Kirche aus dem 9. Jahrhundert blieb erhalten. Der Agriturismo produziert Wein und ein kräftiges Olivenöl, das den Hobbyköchen in den Ferienwohnungen zur Verfügung steht. Das Mobiliar ist toskanisch rustikal. Unter Balkendecken schläft man ausgezeichnet. Im Sommer werden Kochkurse angeboten und Weinkeller der Umgebung besichtigt. Im Garten gibt es einen Pool mit Massagewanne.

Villa Villoresi
Sesto Fiorentino, Cia Ciampi 2, Loc. Colonnata, 28 Zimmer,
Tel. 055-44 32 12, Fax 055-44 20 63,
E-Mail: villoresi@abitarelastoria.it
Die Umgebung des Hauses ist sicherlich nicht besonders schön, aber als sich eine adelige Familie im 17. Jahrhundert diese Villa errichtete, gab es hier nur viel Grün und Idylle. Heute ist das leider nicht mehr so, aber das zum Teil mit Fresken ausgemalte Gebäude strahlt viel Charme aus. Die großen Zimmer im ersten Stock sind mit historischen Möbeln eingerichtet. Man fühlt sich in eine andere Zeit versetzt, in eine Landresidenz aus der Mitte des 19. Jahrhunderts. Die meisten Gästezimmer sind groß. Vor allem jene – sie sind unbedingt zu empfehlen –, die von der großen Loggia im ersten Stock aus zu erreichen sind.

Villa Gamberaia
Settignano (Florenz), Via del Rossellino 72, 2 Appartements
und die gesamte Villa, Tel. 055-69 72 05, Fax 055-60 70 90
E-Mail: villagam@tin.it
Ein Traum von einem Ferienhaus: Wer will, kann die gesamte Barockvilla mit ihren kostbaren Möbeln und Fresken sowie einem

1 Den Eingang zur Luxusherberge »Villa San Michele« bilden Renaissancearkaden. **2** Die »Locanda Elisa« ist in einer Villa des 19. Jahrhunderts untergebracht. **3** Niccolo Macchiavelli besaß einst das Castello di Bibbione.

Stilvoll übernachten 185

der schönsten Parks im Umland von Florenz komplett mieten. Pool und Personal inbegriffen. Kein billiger Spaß, aber die ideale Umgebung, um toskanische Landlords in stilgerechtem Ambiente zu spielen. Die Atmosphäre ist absolut elegant. Die jetzigen Besitzer der seit Jahrhunderten von illustren Italienreisenden gerühmten Villa ließen dem Gebäude seinen privaten und aristokratischen Charme.

Villa Campestri
Vicchio del Mugello, Via di Campestri 19–22, 25 Zimmer,
Tel. 055-8 49 01 07, Fax 055-8 49 01 08, www.villacampestri.it
Schwimmen im Pool, Spaziergänge im Park, Kunsttouren im nahen Florenz oder aber auch ein hauseigener Kochkurs – die Villa Campestri ist eine ideale Unterkunft für diejenigen, die Florenz besichtigen, aber auf dem Land wohnen wollen, ohne gleich zu verarmen. Die herrschaftliche Landresidenz wurde im 14. Jahrhundert errichtet und erhielt im 18. Jahrhundert ihr heutiges Gesicht. Die Atmosphäre ist familiär elegant und von der langen Geschichte des Hauses zeugen die vielen Kunstgegenstände und alten Möbel. Im Restaurant der Villa werden klassische toskanische Gerichte serviert.

Der Westen

Castello di Magona
Campiglia Marittima (Livorno), Via Venturina 27, 8 Zimmer,
Tel. 05 65-85 12 35, Fax 05 65-85 51 27,
E-Mail: relais@castellodimagona.it
Stilgerecht wäre es, bei strömenden Regen, Blitz und Donner in dieses 1573 errichtete Castello einzutreten, dessen große Säle mit ihren alten Wandteppichen und schweren Truhen aus der Renaissance nur spärlich beleuchtet sind. Man fühlt sich wie in einem Geisterschloss. Das Schloss gehörte den Großherzögen der Toskana, was die Präsenz von beeindruckenden historischen Möbeln erklärt. Eines der großen Schlafzimmer, die »Camera del Granduca«, verfügt über ein seltenes Barockbett mit Spiegeleinfassungen. Im Garten gibt es einen Pool.

Palazzo Mannaioni
Mannaione, Via Marconi 2, 5 Suiten, 24 Zimmer, Tel. 05 71-69 83 00, Fax 05 71-69 82 99, E-Mail: info@mannaioni.com
Mannaione ist ein kleines idyllisches Dorf nicht weit von San Gimignano entfernt. Mitten im Ort befindet sich der Palazzo Mannaioni aus der späten Renaissance. Im 19. Jahrhundert wurde er grundlegend umgebaut und erhielt sein heutiges Aussehen. Die Gästezimmer sind geschmackvoll klassisch eingerichtet und relativ groß. Das Hotel ist komfortabel, verfügt über einen Pool mit Wassermassage, Garten und Tennisplatz. Es werden Fahrräder zum Erkunden der Umgebung verliehen.

Grand Hotel Villa di Corliano
Rigoli, San Giuliano Terme (Pisa), Via Statale 12, 15 Zimmer,
Tel. 0 50-81 81 93, Fax 0 50-81 88 97, E-Mail: info@villacorliano.it
Eine der schönsten Landvillen der Umgebung von Pisa! Mitten in einem englischen Landschaftsgarten erhebt sich diese barocke Villa, deren Säle komplett mit Fresken und Marmorbüsten ausgeschmückt sind. Da das Gebäude unter Denkmalschutz steht, konnten nicht in alle Gästezimmer eigene Bäder eingebaut werden. Aber darüber sieht man angesichts des umwerfenden Ambientes gern hinweg. Im sieben Hektar großen Park befinden sich ein Kaffeehaus aus dem 18. Jahrhundert, eine Mühle und die obligatorische Familienkapelle, in der auch sehr stilvoll Hochzeiten zelebriert werden können. Man muss nur vorbuchen.

Der Osten

Castello di Brolio
Brolio di Gaiole in Chianti, Loc. Castello di Brolio,
2 Appartements, Tel. 055-2 65 78 42, Fax 055-2 64 51 84,
E-Mail: info@stagionidelchianti.com
Umgeben von einer mittelalterlichen Mauer erhebt sich diese Burganlage der Familie Ricasoli seit dem Jahr 1141 auf einem Hügel, von dem der Blick über die weiten Weinfelder der Nachfahren des Bauherrn schweift. Hier werden einige der besten Rotweine der Toskana angebaut. Im Castello stehen den Gästen zwei geräumige und hübsch eingerichtete Ferienwohnungen zur Verfügung. Es ist keine Seltenheit, den Burgbesitzer am Pool zu treffen.

Villa Sant' Agnese
Castiglion Fiorentino, Via Madonna del Bagno 108,
1 Appartement für 6–8 Personen, Tel./Fax 05 75-65 96 09,
E-Mail: villasantagnese@villasantagnese.com
Eine Renaissancevilla unter Denkmalschutz. Besonders schön ist die doppelte Loggia. Im 16. Jahrhundert lebten hier einige Nonnen. Heute heißen Rocco und Liliana Mungo Gäste in ihrem Haus willkommen. Geboten wird eine große, schön eingerichtete und mit alten Möbeln ausgestattete Ferienwohnung. Die Zimmer gehen auf die Loggia hinaus, die man für Mittag- und Abendessen nutzen kann. Die Villa liegt in einer zauberhaften Umgebung: Zypressen und Weingärten und Natur, so weit das Auge reicht.

Hotel Borgo San Felice
Castelnuovo Berardenga, Loc. San Felice, 28 Zimmer,
Tel. 05 77-39 64, Fax 05 77-35 90 89, E-Mail: info@borgosanfelice.it
Man nehme ein mittelalterliches Dorf in der Provinz Siena, also an traumhaftem Ort, und baue es um. Das Resultat? Ein Luxus-Village mit beheiztem Pool. Im Restaurant können selbst produzierter Wein und Olivenöl gekostet werden. Das Hotel ist eine Art Dorf vom Allerfeinsten. Die gut betuchten Gäste sind unter sich. Die Räumlichkeiten sind ganz in sanften Ockerfarben gehalten. Obwohl die einzelnen Zimmer relativ nahe beieinander liegen, herrscht immer eine diskrete Atmosphäre.

Castello di Montalto della Berardenga
Castelnuovo Berardenga, Loc. Montalto, 8 Appartements,
Tel. 05 77-35 56 75, Fax 05 77-35 56 82, E-Mail: info@montalto.it.
Die Burg ist aus einem Dorf entstanden, das zum ersten Mal im 9. Jahrhundert erwähnt wurde. Der mittelalterliche Charakter existiert noch heute und die einzelnen Gebäude sind in komfortable Ferienwohnungen umgebaut worden. Die Anlage bietet einen Pool, Tennisplatz, Tischtennisplatte, Bocciabahn und einen ausgedehnten Park. Ideal für Familien, die den Mittelalter-Kick suchen. Die Ferienwohnung »Torre del Vescovo« ist mit Antiquitäten ausgestattet und mit herrlichen Wandfresken ausgemalt. Wer will, kann sich in der Burgkapelle stilgerecht trauen lassen.

Villa di Geggiano
Pianella di Castelnuovo Berardenga, Via Geggiano, Tel. 05 77-3 56 87 98, Fax 05 77-35 70 75, E-Mail: villadigeggiano@tin.it
Klassische Villa des 18. Jahrhunderts, die wegen der Schönheit ihrer Architektur und des barocken Gartens als nationales Monument klassifiziert worden ist. Restauriert wurde sie im letzten Jahrhundert von dem berühmten Kunsthistoriker Ranuccio Bianchi Bandinelli und seinen Söhnen. Die Gäste wohnen nicht in der Villa, sondern in Nebengebäuden, aber Kunstinteressierte werden gern durch das Haus geführt.

Villa Vistarenni
Gaiole in Chianti, Località Vistarenni, 4 Appartements in der Villa, Tel. 05 77-73 84 76, Fax 05 77-73 85 49,
E-Mail: vistarenni@chiantinet.it
Das Landgut liegt zwischen Gaiole und Radda. Auf 35 Hektar Land wird Rotwein angebaut. Zum ersten Mal wurde das Gut Vistarenna 1049 erwähnt. Die heutige Villa wurde im prunkvollen Stil des 16. Jahrhunderts errichtet. Im mit jahrhundertealten Zypressen bestandenen Park lockt ein Pool. Die Ferienwohnungen im ersten Stock der Villa, elegant mit alten Möbeln eingerichtet, bieten aristokratischen Charme vom Feinsten. In der hauseigenen Cantina können sich die Gäste mit dem Wein von den Feldern vor der Tür versorgen.

Castello di Gargonza
Gargonza di Monte San Savino, 10 Suiten, 15 Appartements für 2–10 Personen, 7 Zimmer, Tel. 05 75-84 70 21,
Fax 05 75-84 70 54, E-Mail: gargonza@gargonza.it
Um das Jahr 1000 wurde diese befestigte Burg- und Dorfanlage errichtet. Bis heute befindet sie sich mitten in einem Wald mit uralten Zypressen. Die Lage kann nicht romantischer sein! Wo früher einmal Dante Alighieri residierte, genießen heute vor allem deutsche Gäste die hübschen und unterschiedlich großen Ferienwohnungen und Zimmer. Besonders beliebt sind die Wohnungen bei Familien. Allen Gästen stehen ein Pool und ein Restaurant zur Verfügung.

Castello di Mugnana
Greve in Chianti, Via di Mugnana 106, 10 Zimmer,
Tel./Fax 055-29 41 51, E-Mail: mugnana@dada.it
Im Jahr 1000 wurde diese Burganlage auf etruskischen Ruinen errichtet. Vom Garten aus schweift der Blick über eine vollkommen unverbaute Landschaft. Die Atmosphäre ist durch und durch mittelalterlich. Die Anlage ist sehr stimmungsvoll und bietet in einem Flügel der Burg mehrere gemütliche Doppelbettzimmer. Besonders schön sind die Unterkünfte im Burgturm, wo man in einem Baldachinbett ruht. Die Möbel sind einfach und rustikal, man wohnt eben auf dem Land. Im Park befindet sich ein Pool.

Castello di Verrazzano
Greve in Chianti, 2 Appartements, 6 Zimmer,
Tel. 055-85 42 43, Fax 055-85 42 41, info@verrazzano.com.
1485 wurde in diesem rustikalen Landhaus Giovanni da Verrazano geboren, einer der wichtigsten Entdecker Nordamerikas. Sein Haus aus dem Jahr 1000, das in den letzten Jahren von Grund auf restauriert und in den Originalzustand versetzt wurde, bietet heute bequeme Doppelbettzimmer und Ferienwohnungen im typisch toskanischen Stil mit Bauernmöbeln aus dunklem Holz.

Castello Vicchiomaggio
Greve in Chianti, 4 Appartements, Tel. 055-85 40 79,
Fax 055-85 39 11, E-Mail: vicchiomaggio@vicchiomaggio.it
Leonardo da Vinci war hier bereits Gast, aber damals musste er dafür nicht bezahlen, sondern war von den kunstsinnigen Hausherren eingeladen worden. Das Gebäude steht auf den Ruinen einer befestigten Anlage aus dem 5. Jahrhundert. In der Renaissance erhielt es sein heutiges Aussehen. Die Gäste wohnen mit-

ten im Chianti. Der Wein wächst vor den Fenstern. Das Gebäude ist nationales Kulturgut. Die Ferienwohnungen sind einfach, aber komfortabel möbliert. Die Besitzer organisieren Weintouren und -verkostungen, Besuche bei Ölbauern und Kochkurse.

Castello di Lamole
Lamole di Greve in Chianti, 7 Appartements,
Tel./Fax 055-63 04 98, E-Mail: info@castellodilamole.it
Urlaub auf dem Bauernhof oder genauer: in mittelalterlichen Bauten aus dem Jahr 1000. Die Familie Marasco – sie führte in Florenz die *Pension Quisisana*, in der der Film »Zimmer mit Aussicht« gedreht wurde – renovierte die Anlage und schuf Ferienwohnungen mit viel Charme. Eingerichtet sind sie mit alten Möbeln und sie verfügen über alle modernen technischen Vorzüge. Im Park gibt es einen Pool. Wer sich selbst leckere Speisen zubereiten möchte, der kann Produkte aus dem familieneigenen landwirtschaftlichen Betrieb erwerben. Im Sommer finden kleine Konzerte statt.

Villa Petrolo
Mercatale di Montevarchi (Arezzo), 2 Appartements, 4 Ferienhäuser, Tel. 0 55-99 11 3 22, Fax 055-99 27 49,
E-Mail: petrolo@ petrolo.it.
Zwischen Arezzo, Florenz und Siena gelegen bietet dieses Weingut luxuriöse Appartements und Ferienwohnungen mit bis zu zehn Betten. Die Villa stammt aus dem 18. Jahrhundert, dazu gehört ein großer Barockgarten. Zwei der Ferienwohnungen

1 Innenhof des Castello di Magona in Campiglia Marittima. **2** Traum von der Toskana: Villa S. Agnese. **3** Die prachtvoll gelegene Villa Vistarenni (18. Jahrhundert) war früher im Besitz der Familie Strozzi.

befinden sich in der Villa und sind mit alten Möbeln eingerichtet. Die Ferienhäuser sind rustikal und nicht weit vom Haupthaus entfernt. Eine Besonderheit: drei Schwimmbäder, Tennisplatz und drei kleine Seen für Sportfischer.

Castelletto di Montebenichi
Montebenichi Bucine (Arezzo), 9 Zimmer, Tel. 055-9 91 01 10, Fax 055-99 10 01 13, E-Mail: info@castello.it
Wohnen im Museum! Die ehemalige mittelalterliche Festung, die sich mitten in einem Bilderbuchdorf erhebt, ist in ein komfortables Hotel mit nur 6 Zimmern und 3 Suiten verwandelt worden. Die Besitzer Marco Gasparini und Arnaldo Soriani haben alle Räume mit historischen Möbeln aus ihren privaten Sammlungen eingerichtet. Die Bücher der großen Bibliothek wie auch die Getränke in den Salons stehen den Gästen rund um die Uhr zur Verfügung. Man kann sich wie zu Hause fühlen. Im hauseigenen kleinen Park lockt ein Pool mit Panoramablick.

Castello di Cacchiano
Monti in Chianti, 1 Appartement, Tel. 055-2 65 78 42, Fax 055-2 64 51 84, E-Mail: info@stagionidelchianti.com
Das im 10. Jahrhundert von der Familie Ricasoli errichtete Kastell gehört zu den schönsten seiner Art in der Provinz Siena. Die Burg war Teil einer Reihe von Wehranlagen der Familie Medici gegen die aggressiven Sienesen. Im 17. Jahrhundert wurde sie in eine elegante Landresidenz umgebaut. Die Ferienwohnung »Il Bindaccio« für sieben Personen ist in einem Flügel der Burg untergebracht. Einfache, aber funktionale Möbel verleihen den Zimmern eine rustikale Atmosphäre. Hier geht es nicht elegant, dafür aber familiär zu. Der Pool und der Grill stehen den Gästen zur Verfügung.

Castello La Suvera
Pievescola do Casole d'Elsa, Loc. Suvera, 36 Zimmer, Tel. 05 77-96 03 00, Fax 05 77-96 02 20, E-Mail: lasuvera@lasuvera.it.
Die Grafen Arghendeschi ließen im 11. Jahrhundert diese prächtige Landresidenz errichten. Als einer der ihren zum Papst (Julius II.) gewählt wurde, steckten sie viel Geld in die Anlage und bauten sie repräsentativ aus. Heute wird das Anwesen als Luxushotel genutzt. Es bietet einen beheizten Pool und einen Tennisplatz. Es besteht die Möglichkeit zu reiten. Die Säle und Gästezimmer sind wie ein Museum oder ein Antiquitätenladen eingerichtet. Das ganze Haus hat Stil und Klasse. Besonders schön: die Zimmer mit Himmelbetten. Nichts ist kitschig, alles ist elegant ausgestattet – ein Ziel für Reisende, die in einem historischen Ambiente wohnen möchten.

La Collegiata
San Gimignano, Strada Nr. 27, 19 Zimmer, Tel. 05 77-94 32 01, Fax 05 77-94 05 66, E-Mail: info@collegiata.it.
Die Toskana schafft sich ihre Klischees immer wieder selbst, denn wo sonst kann man so wunderbar in einem Renaissancekloster wohnen? Das 1587 errichtete Gebäude strahlt eine diskrete und elegante Atmosphäre aus. Man fühlt sich wie der Gast eines Landedelmannes. Die Zimmer sind geräumig und mit alten Möbeln eingerichtet und neben dem barocken Garten mit seinen geometrisch beschnittenen Hecken bieten uralte Zypressen Schatten am hauseigenen Pool.

La Locanda del Castello
San Giovanni d' Asso, Piazza Emanuele II 4, 9 Zimmer, Tel. 05 77-80 29 39, Fax 05 77-80 29 42, keine E-Mail-Adresse
Mitten in dem malerischen Dorf in der Provinz Siena ist in einem Palazzo aus dem 16. Jahrhundert ein neues Gasthaus eingerichtet worden. Altes Gemäuer und modernes Design gehen mit Großmuttermöbeln eine eigentümliche, sehr ansprechende Symbiose ein. Man schläft unter jahrhundertealten Balkendecken. Dem Palazzo gegenüber steht das prächtige Rathaus. Aus den Zimmern blickt man auf den schönen Platz. Das hauseigene Restaurant serviert Traditionsgerichte.

Castello di Ripa d' Orcia
San Quirico d' Orcia, Loc. Ripa d' Orcia, 7 Appartements, 6 Zimmer, Tel. 05 77-89 73 76, Fax 05 77-89 80 38, E-Mail: info@castelloripadorcia.com
Die Burganlage aus dem 12. Jahrhundert erreicht der Toskanabesucher über eine so malerische Straße, dass man sich wünscht, sie möge gar nicht mehr enden. Die Festung liegt mitten in der Natur, in einem Tal mit Wald und Feldern. Die einzigen Geräusche sind die von Vögeln und rauschenden Bäumen. Die Gästezimmer und Ferienwohnungen sind rustikal eingerichtet, komfortabel und ideal für Familienurlaube geeignet. Im Restaurant des Castello werden Speisen serviert, die aus Produkten der eigenen Landwirtschaft zubereitet werden.

Grand Hotel Continental
Siena, Via Banchi di Sopra 85, 51 Zimmer, Tel. 05 77-5 60 11, Fax 05 77-5 60 15 55, E-Mail: reservation.ghc@royaldemeure.com
Luxusherberge in einem prächtigen barocken Palazzo. Schöner lässt es sich in Siena nicht wohnen. Die beeindruckendsten Zimmer, über zwei Stockwerke hoch, mit Fresken, befinden sich im ersten und zweiten Stock. Kostbare Möbel, kleine Aufmerksamkeiten (Obst und Süßes) und Stereoanlage auf den Zimmern. Reizvoll: das kleine Turmappartement – ganz im britischen Landhausstil eingerichtet, mit Blick über die Dächer der Stadt. Die Salons strahlen die ganze Pracht einer Adelsresidenz aus. Der Weinkeller und das Restaurant gehören zu den besten in Siena.

Hotel Certosa di Maggiano
Siena, Strada di Certosa 82, 9 Zimmer, 8 Suiten, Tel. 05 77-28 81 80, Fax 05 77-28 81 89, info@certosadimaggiano.it
Ein Traum von einem Hotel in der Toskana! Eine prächtige Klosteranlage inklusive Kirche und Klostergarten wurde in ein Fünf-Sterne-Haus verwandelt. Gefrühstückt wird unter barocken Bogengängen. Den Drink vor dem Dinner nehmen die Gäste gemeinsam mit dem Hausherrn im Billardzimmer ein und gegessen wird in barockem Ambiente mit Blick in den Park, wo ein Pool zum Ausruhen lockt. Schön sind die Zimmer mit Blick in den Innenhof. Schade ist nur, dass die komfortablen und modernklassisch eingerichteten Zimmer nicht dem prächtigen Stil des übrigen Hauses entsprechen.

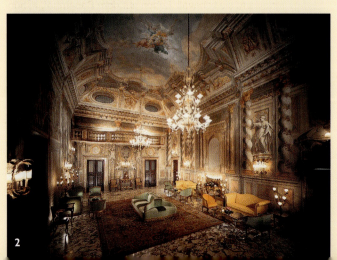

Palazzo Ravizza
Siena, Piano dei Mantellini 34, 32 Zimmer, Tel. 05 77-28 04 62, Fax 05 77-22 15 97, E-Mail: bureau@palazzoravizza.it
Hübsches barockes Gebäude mitten im historischen Zentrum von Siena. Errichtet im 17. Jahrhundert bietet dieses Traditionshotel nur den nötigen Komfort und spartanisch eingerichtete Zimmer: nur wenige Möbel, die die Zimmer noch größer wirken lassen. Gefrühstückt wird bei gutem Wetter, also mindestens sechs Monate des Jahres, im hoteleigenen Garten.

Castello di Poggiarello di Stigliano
Stigliano di Sovicille, Loc. Poggiarello, 4 Appartements im Turm, Tel./Fax 05 77-34 20 68, www.tuscanycastle.com.
Im Turm dieser mittelalterlichen Burganlage in der Provinz Siena wurden vier großzügige Ferienwohnungen eingerichtet. Der Blick aus den Fenstern ist großartig: Natur pur. Auch wenn es keinen Swimmingpool gibt, bietet der weite Park der Anlage genügend Platz zum Ausruhen und Entspannen. Nicht weit vom Turm entfernt stehen Reisenden Ferienwohnungen in alten Bauernhäusern zur Verfügung. Auch sie sind komfortabel mit allem ausgestattet, was man in einem Ferienappartement benötigt.

Castello di Volpaia
Volpaia di Radda in Chianti, 5 Appartements, Tel. 05 77-73 80 66, Fax 05 77-73 86 19, E-Mail: info@volpaia.com.
Wehrhaftes Dorf aus dem Mittelalter mit kleinen Landhäusern, die in hübsche und geräumige Ferienwohnungen umgewandelt wurden. Die Anlage verfügt über einen Pool und einen Tennisplatz. Im Sommer werden auch Kochkurse und Weinverkostungen veranstaltet. In einem kleinen Palazzo aus dem 15. Jahrhundert befinden sich vier schöne Ferienwohnungen, die allesamt mit alten Möbeln eingerichtet sind und viel Charme haben.

Der Süden

Dimora del Baccinello
Baccinello di Scansano, Loc. Fattoria Vecchia, 5 Appartements, 5 Zimmer, Tel. 05 64-98 20 13, Fax 05 64-98 20 16, E-Mail: info@casavancanzetoscana.com
Das Haus ist einige Jahrhunderte alt. Früher war es ein kleines Benediktinerkloster. Die Mönche betrieben Landwirtschaft. Ein junges Unternehmerehepaar kaufte die heruntergekommene Anlage auf und renovierte sie liebevoll. Leben auf dem Bauernhof, in hübschen Gästezimmern oder Ferienwohnungen, die alle im Landhausstil mit viel Holz und Terrakotta möbliert sind. Im Restaurant wird zünftig gespeist, für die Fitness kann man im Pool sorgen.

La Cisterna nel Borgo
Castiglione d'Orcia, Loc. Rocca d'Orcia, Vicolo San Sebastiano, 3 Zimmer, Tel./Fax 05 77-88 72 80, keine E-Mail-Adresse
Klein, fein und sehr gemütlich. Die Gäste wohnen mitten in einem Dorf, das seinen ganzen mittelalterlichen Charme bewahren konnte. Das Gästehaus bietet nur drei Zimmer. Sie sind einfach, aber mit Komfort eingerichtet. Die alten Möbel erinnern an typisch toskanische Bauernhäuser. Von großem Vorteil: Das Haus verfügt über einen Parkplatz, sodass man seinen Wagen nicht außerhalb des Gassengewirrs parken muss.

Castello di Velona
Montalcino, Loc. Velona, 35 Zimmer, Tel./Fax 05 77-83 56 61, www.castellodivelona.it
Der Blick aus einigen Zimmern und im Park ist so umwerfend, dass es Gäste gibt, die tagelang am Pool liegen und die absolute Stille und die Aussicht genießen. Das Fünf-Sterne-Hotel baute man in die Ruine einer mittelalterlichen Burg, die oberhalb eines kleinen Tals liegt, in dem es keinen Auto- oder Zugverkehr gibt. Man genießt nur Natur und ein Panorama, in dem nichts Modernes stört. Die Zimmer sind geräumig und klassisch-elegant. Manche sind sogar mit Wandmalereien geschmückt. Der Service ist von ausgesuchter Höflichkeit. Eine Traumunterkunft, die leider ihren Preis hat.

Hotel Relais Il Chiostro di Pienza
Pienza, Via Rossellino 26, 37 Zimmer, Tel. 05 78-74 84 00, Fax 05 78-74 84 40, E-Mail: ilchiostrodpienza@virgilio.it.
Mitten in der Renaissance wohnen! Das ist in diesem Vier-Sterne-Hotel möglich, das in ein Kloster des 15. Jahrhunderts gebaut wurde. Man betritt es durch einen schönen Innenhof. Unbedingt zu empfehlen: die Zimmer mit Blick in das Tal. Es gibt Gäste, die wollen sich von der Aussicht gar nicht mehr trennen. Das gleiche umwerfende Panorama bietet die Hotelterrasse. Die Zimmer sind bequem und geschmackvoll eingerichtet. Der große Vorteil des Hauses: Es liegt mitten in Pienza.

Torre di Cala Piccola
Porto Santo Stefano, Loc. Cala Piccola, 50 Zimmer, Tel. 05 64-82 51 11, Fax 05 64-82 52 35, www.torredicalapiccola.com
Der Turm war eine Wehranlage der Spanier und wurde im frühen 16. Jahrhundert errichtet, als es in diesem Hafenstädtchen kriegerisch zuging. Heute dreht sich alles um Entspannung. Der Turm und das Gelände drum herum wurden in eine elegante Ferienanlage verwandelt. Der Hotelkomplex steht in einem Garten mit Pinien und Olivenbäumen. Man fühlt sich wie im Paradies. Das Meer ist nur einen Katzensprung entfernt. Zum Haus gehört ein privater Badestrand, an dem es nie zu voll wird.

Sette Querce
San Casciano dei Bagni, Viale Manciati 2, 9 Zimmer, Tel. 05 78-5 81 74, Fax 05 78-5 81 72, E-Mail: settequerce@ftbcc.it
Designhotel auf dem Land. Jedes der geräumigen Zimmer ist in einem eigenen Pastellton gehalten. Man benötigt nur wenige Schritte, um vom Haus zu den Thermenanlagen zu gelangen.

1 Castelletto di Montebenichi. **2** Grand Hotel Continental in Siena.
3 Torre di Cala Piccola. **4** Suite in der Dimora del Baccinello.

Register

Personen

Aeppli, Eva 167
Agostino, Giovanni di 110
Alighieri, Dante 185
Aretino, Spinello 128
Ariosto, Ludovico 35
Asciano, Giovanni 118
Bartolo, Taddeo di 174, 176
Bassano, Leandro 132
Beccafumi, Domenico 109, 119
Bernini, Gian Lorenzo 43
Bicci di Lorenzo 114
Bonaparte, Elisa 30
Bonaparte, Napoleon di 94
Bonaventura, Segna di 139
Botero, Fernando 44, 59
Bril, Paul 30
Brunelleschi, Filippo 15
Bruni, Leonardo 15
Buonarotti, Michelangelo 133
Canova, Antonio 43
Caravaggio, Michelangelo 158
Carducci, Giosue 81
Carretto, Ilaria del 30
Cimabue 128
Cosimo I. di Medici 80, 131
Cucchi, Enzo 27
D´Annunzio, Gabriele 58, 77, 133
Daddi, Bernardo 80
Donatello 26, 108, 109, 176
Domenichino 30
Duccio di Buoninsegna 8, 109, 133
Duse, Eleonora 58
Francesca, Piero della 131 f.
Friedrich II., Kaiser 26
Gaddi, Taddeo 22, 53
Garibaldi, Giuseppe 123
Gastone, Gian 47
Ghesce Ciampa Gyatso 39
Ghiberti, Lorenzo 14, 109
Ghiberti, Vittorio 14
Ghirlandaio, Domenico 70, 76
Giacometti, Alberto 77
Giovane, Palma il 132
Gozzoli, Benozzo 53, 70, 73
Guidotti, Galgano 89
Guinigi, Paolo 32
Henze, Hans Werner 175
Hüppi, Alfonso 167
Karavans, Dani 44
Leopold von Habsburg 47 f.
Lippi, Filippo 26
Lippi, Filippino 72
Lorenzetti, Ambrogio 86, 90, 106, 109, 118
Lorenzo di Bicci 114
Lorenzetti, Pietro 109, 127
Lorenzo il Magnifico 27, 154
Luca Signorelli 118, 128
Macchiavelli, Niccolò 154
Maiano, Benedetto da 73
Maiano, Giovanni da 26
Maiano, Giuliano da 26
Marcovaldo, Coppo di 107
Martini, Simone 106
Masaccio 17
Masolino 17
Mayes, Francis 113, 138
Medici, Cosimo I. 131
Memmi, Lippo 80
Michelangelo 14 f., 43, 100
Mitoraj, Igor 44, 59
Modigliani, Amadeo 83 f.
Montaigne, Michel de 29
Moore, Henry 44
Neroni, Bartolomeo 119
Orcagna, Andrea 17
Palma, d. J. 132
Pascoli, Giovanni 35
Piccolomini, Enea Silvio (siehe auch Papst Pius II.) 169
Pinturicchio 107
Pisano, Andrea 14
Pisano, Giovanni 21, 51, 85
Pisano, Nicola 51
Pius II. (Papst) 108, 121, 169 f.
Plessi, Fabrizio 27
Pollaiolo, Antonio 176
Pontormo 30
Puccini, Giacomo 58, 61
Quercia, Jacopo della 30 f., 109
Robbia, Andrea della 25, 133
Rossellino, Antonio 17
Rossellino, Bernardo 15, 108, 169
Rosso Fiorentino 76
Roth, Dieter 167
Sangallo, Antonio da (d. Ä.) 176
Sangallo, Giuliano da 26 f.
Sansovino, Andrea 17, 75
Seidel, Esther 169
Shelley, Percy 57
Signorelli, Luca 118, 128, 132, 138
Simone, Giuliano di 36
Sodoma, Giovanni 110, 118
Spoerri, Daniel 167 ff.
Tarkovski, Andrej 121
Tinguely, Jean 167
Tintoretto 30
Toscani, Oliviero 80
Uccello, Paolo 18
Vasari, Giorgio 54, 128
Verdi, Giuseppe 47
Verona, Giovanni da 118
Vignola, Giacomo Barozzida da 175
Wiedmer, Paul 168

Orte und Sehenswürdigkeiten

Ansedonia 161
Arcidosso 40
Arezzo 125 ff.
 – Casa di Giorgio Vasari 128
 – Pal. d. Fraternita dei Laici 128
 – Pieve di S. Maria 127
 – S. Domenico 128
 – S. Nicolò 138
Argentario 96
Asciano 123
Ayurveda 122
Bagnaia 122
Bagno Vignoni 121
Bagnore 40
Barberino Val d´Elsa 113
Barga 35 ff.
Bibbiena 133
Campese 96
Campiglia Marittima 82
Campo dei Miracoli 51
Capalbio 159, 161
Capraia Isola 94
Caprese Michelangelo 133
Carrara 43 ff.
Casciana Alta 80
Casciano Terme 79
Castellina 113
Castelnuovo Berardenga 114
Castelnuovo di Garfagnana 36
Castiglion 139
Castiglion Fiorentino 139
Castiglioncello 80
Castiglione di Garfagnana 36
Cecina 80
 – Scacciapensieri 80
Chianciano Terme 122
Chianti 113
 – Castello dei Ricasoli 113
Chiusdino 89
Comunità Dzogchen 40
Cortona 137 ff.
 – Mus. d. Accademia Etrusca 137
 – Piazza Signorelli 137
Cosa 161
Crete 117 ff.
 – Castello di Chiusure 118
 – Cuna 119
Cuna (Crete) 119
Donoratico 81
Elba 94 f.
Festival Cantiere dell´Arte 122
Festival di Barga 35
Florenz 13 ff.
 – Akademie-Museum 13
 – Baldovino 16
 – Basilica di S. Maria del Fiore 14
 – Battistero di S. Giovanni 14
 – Beccofino 16
 – Boboligärten 13, 17
 – Cappella Pazzi 15
 – Enoteca Antinori 14
 – Enoteca Pinchiorri 16
 – Fuoriporta 17
 – Galleria dell´Accademia 15
 – Lungarno degli Scarlatti 16
 – Museo Archeologico 14
 – Museo degli Argenti 17
 – Mus. d. Opera del Duomo 14
 – Ospedale degli Innocenti 14
 – Palazzo Antinori 14
 – Palazzo de´Mozzi 17
 – Palazzo della Signoria 13
 – Palazzo Guadagni 17
 – Palazzo Pitti 17
 – Palazzo Strozzi 13
 – Palazzo Torrigiani 17
 – Piazza Antinori 14
 – Piazza della Repubblica 13
 – Piazza della Signoria 13
 – Piazza S. Croce 15
 – Piazza SS. Annunziata 14
 – Ponte S. Trinità 13
 – Ponte Vecchio 18
 – S. Marco 15
 – S. Miniato al Monte 17
Forte dei Marmi 60
Gaiole 114
Galleria Comunale Palazzo Pretorio 26
Gallo Nero 115
Garfagnana 35 ff.
Giannutri 97
Giglio 96
Grechetto 128
Greve 114 f.
Grosseto 148
Isola del Giglio 96
Isola di Capraia 93
Isola di Montecristo 96
Isola di Pianosa 95
Isola Gorgona 93
Istituto Lama Tzong Khapa 39
La Verna 133
Lago di Massaciuccoli 61
Livorno 79
Lucca 29 ff.
 – Antico Caffè di Simo 31
 – Buca di Sant´Antonio 33
 – Case dei Guinigi 30
 – Dom 30
 – La Cacioteca 31

– Palazzo Mansi 30
– Passeggiata delle Mura 29
– Piazza del Mercato 29
– Piazza Napoleone 29
– S. Frediano 31
– S. Michele in Foro 30
– Via Fillilungo 31
– Villa Reale 33
Lucignano d´Arbia 119
Luni 43
Magliano 149
Marciana Alta 94
Marciana Marina 94
Maremma 147 ff.
– Butteri 147
– Merca 147
– Punta Ala 149
Marina di Bibbona 80
Marina di Carrara 43
Marina di Castagneto 153
Marmorstraße 44
Marsiliana 147
Massa 60
Massa Marittima 85 ff.
– Dom 85
– Fortezza dei Senesi 86
– Palazzo de´Mozzi 17
– Palazzo del Podestà 85 f.
– Piazza Garibaldi 86
Merca 147
Monsumanno Terme 22
Montalcino 173 ff.
Monte Amiata 40, 154, 171
Monte Argentario 157 ff.
Monte Arpagna 93
Monte Capanne 94
Monte Castello 93
Monte Giovo 35
Monte Oliveto Maggiore 117 ff.
Monte Pisanino 35
Monteaperti 119
Montecatini Terme 47 ff.
– Terme Excelsior 48
– Terme Leopoldine 48
– Terme Tettuccio 47
– Terme Torretta 48
Montepulciano 122, 175 f.
Monticiano 90
Necropoli etrusca (Populonia) 83
Orbetello 96, 159
Ospedale degli Innocenti 14
Pania di Corfino 37
Parco Naturale dell´Orecchiella 36
Parco Nazionale del Monte Falterona 134
Pienza 167 ff.
Pietrasanta 43 ff., 59
Piombino 94

Pisa 51 ff.
– Campo dei Miracoli 51
– Chinzica 55
– Mus. d. Opera del Duomo 53
– Museo delle Sinopie 52
– Museo Naz. di S. Matteo 54
– S. Caterina 53
– Palazzo dei Cavalieri 54
– S. Paolo a Ripa d´Arno 55
Pistoia 21 ff.
– La Bottegaia 22
– Piazza del Duomo 21
– S. Giovanni Fuorcivitas 22
– S. Andrea 21
Pitigliano 163 ff.
– Castello Orsini 163
Poggibonsi 115
Poggio a Caiano 27
Poggio di Monte Siepi 90
Pomaia 39 ff.
Pomarancio 176
Ponte S. Trinità 13
Ponte Vecchio 18
Poppi 134
Populonia 83, 148
Porto Azzurro 94
Porto Ercole 157 f.
– Il Gambero Rosso 157
– Il Pellicano 157
Porto S. Stefano 157
Prato 25
– Galleria Comunale Palazzo Pretorio 26
– Museo Luigi Pecci 27
– Mus. d.Opera del Duomo 26
– Villa Poggio a Caiano 27
– Villa Rucellai 25
Radda 115, 123
– Badia a Coltibuono 115
– Palazzo Leopoldo 123
Rapolano 123
Rapolano Terme 123
Relais S. Pietro in Polvano 140
Riviera delle Etruschi 79 ff.
Roselle 149
S. Casciano 115
S. Casciano dei Bagni 122
S. Galgano 89 f.
S. Gimignano 69 ff.
– La Cisterna 69
– Palazzo del Popolo 71 f.
S. Quirico d´Orcia 171
Sansepolcro 131 ff.
S. Andrea 21
Saturnia 151 ff.
Seggiano 167
Serre di Rapolano 118
Siena 105 ff.

– Libreria Piccolomini 109
– Palazzo Piccolomini 107
– Palazzo Salimbeni 109
– Piazza del Campo 105
– Piazza del Duomo 108
– Pinacoteca Nazionale 109
Sovana 165
Stazema 60
Strada del Chianti 113 ff.
Suvereto 82
Terranera 94
Uccellina (Naturschutzpark) 148
Val d´Orcia 154, 167 ff.
Val di Merse 89 f.
Versilia 57 ff.
Viareggio 60
Volterra 75 ff.
– Museo Etrusco Guarnacci 76
– Palazzo Solaini 76
– Vecchio Mulino 76
– Villa Nencini 77

Hotels
Der Norden
Albergo Pietrasanta (Pietrasanta) 45
Alla Corte degli Angeli (Lucca) 33
Byron (Forte dei Marmi) 61
Corona (Bagni di Lucca) 37
Gallery Hotel Art (Florenz) 19
Grand Hotel & La Pace (Montecatini Terme) 49
Grand Hotel Croce di Malta (Montecatini Terme) 49
Le Residenze Johlea (Florenz) 19
Locanda l´Elisa (Lucca) 33
Maremonti (Marina di Massa) 61
Plaza e de Russie (Viareggio) 61
Relais dell´Orologio (Pisa) 55
Residenza Solferino, (Castigliocello) 41
Tettuccio (Montecatini Terme) 49
Villa Godilonda (Loc. Castigliocello) 41
Villa la Principessa (Lucca) 33
Villa Rucellai (Prato) 27
Villa La Massa (Florenz) 184
Villa S. Michele (Fiesole) 184
B&B Florenz (Florenz) 184
Castello di Vincigliata (Florenz) 184
Hotel Helvetia & Bristol (Florenz) 184
Loggiato dei Serviti (Florenz) 184
Palazzo Beacci Tornabuoni (Florenz) 184
Palazzo Magnani Feroni (Florenz) 184
Relais Villa l'Olmo (Impruneta) 184

Torre di Bellosguardo (Florenz) 185
Villa la Vedetta (Florenz) 185
Hotel Villa S. Michele (Loc. Massa Pisana) 185
Locanda l´Elisa (Massa Pisana, Lucca) 185
Castello di Bibbione (Montefiridolfi di S. Casciano) 185
Castello di Fezzana (Montespertoli) 185
Villa Villoresi (Sesto Fiorentino) 185
Villa Gamberaia (Settignano, Florenz) 185
Villa Campestri (Vicchio del Mugello) 186

Der Westen
Agriturismo Villa Montaperti (Volterra) 77
Albergo Villa Nencini (Volterra) 77
Castello di Magona (Campiglia Marittima) 186
Da Vestro (Monticiano) 91
Duca del Mare (Massa Marittima) 87
Grand Hotel Villa di Corliano (Rigoli, San Giuliano Terme) 186
Hotel da Giacomino (Capo S. Andrea, Elba) 97
Hotel Hermitage (Elba) 97
Il Saracino (Capraia) 97
L'Antico Pozzo (San Gimignano) 73
La Cisterna (San Gimignano) 73
Palazzo Mannaioni (Mannaione) 186
Pardini´s Hermitage (Isola di Giglio) 97
Residence La Fenice (Massa Marittima) 87
Villa Parisi (Castiglioncello) 83

Der Osten
Adler Thermae (Bagno Vignoni) 123
Bed & Breakfast Serre di Rapolano (Serre di Rapolano) 119
Borgo Casa del Vento (Loc. Casa del Vento) 115
Borgo Casabianca (Asciano) 119
Buddha Spa (S. Casciano dei Bagni) 123
Castelletto di Montebenichi (Arezzo) 188
Castello di Brolio (Gaiole in Chianti) 186
Castello di Cacchiano (Monti in Chianti) 188

Castello di Gargonza (Gargonza) 187
Castello di Lamole (Greve in Chianti) 187
Castello di Modanella (Serre di Rapolano) 119
Castello di Montalto della Berardenga (Castelnuovo Berardenga) 187
Castello di Mugnana (Greve in Chianti) 187
Castello di Ripa d´Orcia (S. Quirico d´Orcia) 188
Castello di Spaltenna (Loc. Spaltenna) 115
Castello di Verrazzano (Greve in Chianti) 187
Castello La Suvera (Pievescola) 188
Castello Vicchiomaggio (Greve in Chianti) 187
Centro Termale Fonteverde (S. Casciano dei Bagni) 123
Grand Hotel Continental (Siena) 188
Hotel Borgo San Felice (Castelnuovo Berardenga) 186
Hotel Certosa di Maggiano (Siena) 188
Hotel Le Terme (Bagno Vignoni) 123
Hotel Terme San Giovanni (Rapolano Terme) 123
La Collegiata (S. Gimignano) 188
La Locanda del Castello (S. Giovanni d´Asso) 188
Oroscopo (Sansepolcro) 135
Palazzo Leopoldo (Radda in Chianti) 123
Palazzo Ravizza (Siena) 189
Relais il Falconiere (Cortona) 139
Relais il Fienile (Bibbiena) 135
Relais San Pietro in Polvano (Castiglion Fiorentino) 139
Relais Villa Petrischio (Cortona) 139
Spa´Deus (Radda in Chianti) 123
Villa di Geggiano (Castelnuovo Berardenga) 187
Villa I Bossi (Arezzo) 129

Villa Petrolo (Mercatale, Arezzo) 187
Villa Sant´Agnese (Castiglion Fiorentino) 186
Villa Vistarenni (Gaiole in Chianti) 187
Castello di Poggiarello (Stigliano di Sovicille) 189
Castello di Volpaia (Radda in Chianti) 189

Der Süden
Alleluja (Punta Ala) 149
Antico Casale (Scansano) 149
Castello di Velona (Montalcino) 189
Della Fortezza (Sovana) 165
Dimora del Baccinello (Baccinello di Scansano) 189
Diodora (Loc. Vicinale di Poggiano) 177
Gallia Palace Hotel (Punta Ala) 149
Grand Hotel Tombolo (Marina di Castagneto) 155
Hotel Relais Il Chiostro di Pienza (Pienza) 189
Hotel Terme San Filippo (Castiglione d´Orcia) 155
Il Giardino di Daniel Spoerri (Seggiano) 171
Il Chiostro di Pienza (Pienza) 171
Il Pellicano (Porto Ercole) 161
L´Andana (Castiglione della Pescaia) 149
L´Olmo (Montichiello) 171
La Cisterna nel Borgo (Castiglione d´Orcia) 189
La Torre (Loc. Vittoria, Val d´Orcia) 171
Le Canelle (Albinia) 149
Le Pisanelle (Manciano) 149
Relais La Saracina (Val d´Orcia) 171
Sette Querce (S. Casciano dei Bagni) 189
Terme di Saturnia (Saturnia) 155
Torre di Cala Piccola (Porto Ercole) 161
Torre di Cala Piccola (Porto S. Stefano) 189

Impressum

Der Fotograf:
Mirko Milovanovic, studierte Fotodesign in Dortmund und arbeitet seit 1993 als freier Fotograf vor allem für Werbung, Reise, Theater- und Tanzprojekte. Darüber hinaus realisiert er multimediale Arbeiten und Diavorträge u. a. über China. Im C. J. Bucher Verlag publizierte er »Zeit für Klöster«.
www.milografie.de

Der Autor:
Thomas Migge, Politologe und Historiker, schreibt für verschiedene Zeitschriften und Magazine. Er ist Autor zahlreicher Bildbände. Im C. J. Bucher Verlag erschienen von ihm »Venetien – Reisen und Genießen«. »Rom – Reisen und Genießen« sowie »Italienische Riviera«. Lebt seit 15 Jahren in Rom.

Dank:
Der Fotograf bedankt sich herzlich bei allen Museen, Kirchen, Hotels und Restaurants, die die Aufnahmen unterstützt haben. Ferner bei dem ATP-Büro in Carrara, bei Garibaldi in München und allen Personen die dem Fotografen hilfreich waren.

Einbandfotos:
Vorderseite: Im Winzerdorf Volpaia (großes Bild); Castello di Magona, Suite; Zypressengruppe bei Val d´Orcia; S. Frediano, Lucca; (oben, von links nach rechts).
Rückseite: Massa Marittima.
S. 1: Restaurant Villa San Marco, Soiana.

Bildnachweis:
Castelletto di Montebenichi: S. 188 l.; Castello di Bibbione, Montefridolfi: S. 185 r.; Centro Termale Fonteverde, San Casciano dei Bagni: S. 122[1]; Grand Hotel Continental, Siena: S. 188 r.; Grand Hotel Tombolo, Marina di Castagneto: S. 150[3]; Locanda l´Elisa, Massa Pisana: S. 185 l.; Josef H. Neumann, Dortmund: S. 42/43; Hubert Stadler, Fürstenfeldbruck: S. 12[2], 42[3], 92[2], 96/97, 187; Terme di Saturnia, Saturnia: S. 154[2,4], 155[6]; Villa Sant´Agnese: Castiglion Fiorentino: S. 186 r.; Villa San Michele, Florenz: S. 184; LOOK, München: S. 96[2]; Istituto Lama Tzong Khapa, Pomaia: S. 38[3]; Torre di Cala Piccola, Porto Santo Stefano: S. 189 l.

Alle Karten des Bandes zeichnete Astrid Fischer-Leitl, München.

Unser Gesamtverzeichnis finden Sie unter www.bucher-verlag.de

Alle Angaben dieses Bandes wurden von den Autoren sorgfältig recherchiert und vom Verlag auf Stimmigkeit und Aktualität geprüft. Allerdings kann keine Haftung für die Richtigkeit der Informationen übernommen werden. Für Hinweise und Anregungen sind wir dankbar. Zuschriften an den:

C. J. Bucher Verlag
Produktmanagement
Postfach 80 02 40
D-81673 München
E-Mail: lektorat@bucher-verlag.de

Lektorat und Bildkonzept:
Joachim Hellmuth
Textlektorat: Caroline Kazianka, Kristin Bamberg
Graphische Gestaltung:
Werner Poll
Herstellung: Bettina Schippel
Repro: Repro Ludwig, Zell am See
Printed and bound in Italy
by Printer Trento

Die Deutsche Bibliothek – CIP Einheitsaufnahme
Ein Titeldatensatz für diese Publikation ist bei Der Deutschen Bibliothek erhältlich.

© 2005 C. J. Bucher Verlag GmbH, München
Alle Rechte vorbehalten
ISBN 3-7658-1486-5